自由贸易协定商务应用指南丛书

《中国—澳大利亚自由贸易协定》
商务应用指南

中国国际贸易促进委员会　编

图书在版编目（CIP）数据

《中国—澳大利亚自由贸易协定》商务应用指南 /
中国国际贸易促进委员会编 . — 北京 : 中国商务出版社，
2022.8
（自由贸易协定商务应用指南丛书）
ISBN 978-7-5103-4381-0

Ⅰ . ①中… Ⅱ . ①中… Ⅲ . ①自由贸易—国际贸易—
贸易协定—中国、澳大利亚 Ⅳ . ① F752.761.1

中国版本图书馆 CIP 数据核字 (2022) 第 143082 号

自由贸易协定商务应用指南丛书

《中国—澳大利亚自由贸易协定》商务应用指南
《ZHONGGUO—AODALIYA ZIYOU MAOYI XIEDING》SHANGWU YINGYONG ZHINAN

中国国际贸易促进委员会　编

出版发行：中国商务出版社
地　　址：北京市东城区安定门外大街东后巷 28 号　　邮　编：100710
责任部门：外语事业部（010-64243656）
责任编辑：李自满
直销客服：010-64255862
总 发 行：中国商务出版社发行部（010-64208388　64515150）
网购零售：中国商务出版社淘宝店（010-64286917）
网　　址：http://www.cctpress.com
网　　店：http://shop595663922.taobao.com
邮　　箱：278056012@qq.com
排　　版：德州华朔广告有限公司
印　　刷：三河市鹏远艺兴印务有限公司
开　　本：700 毫米 ×1000 毫米　1/16
印　　张：21.25
字　　数：333 千字
版　　次：2022 年 11 月第 1 版　　　印　次：2022 年 11 月第 1 次印刷
书　　号：ISBN 978-7-5103-4381-0
定　　价：78.00 元

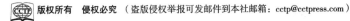

《中国—澳大利亚自由贸易协定》
商务应用指南

编写组：

南开大学亚太经合组织研究中心：

于晓燕（团队负责人） 刘晨阳（团队负责人）

孟 夏 罗 伟 许家云 李 俊 曹以伦 景国文

张 鑫 尚 冲 诸葛梦婷

中国国际贸易促进委员会：

朱光宇 张 妍 邱贞妮 赵玉臻 周 惠

审核组： 永 平 孙盛含 陈 娜 赵颖欣 郑崇文 张苑驰

徐 婷 田 耕 孔 蕊 孙 怡

审校组： 李学新 赵桂茹 高 爽 李自满 汪 沁 李 君

刘静知 谢星光

卷首语

　　以世界贸易组织（WTO）为代表的多边贸易体制和以自由贸易协定（FTA）为主要表现形式的区域性贸易安排，是驱动经济全球化发展的两个"轮子"。近年来，开放水平更高、灵活性更强的区域性贸易蓬勃发展，在推动全球贸易发展、构建世界经济新规则等方面发挥了重要作用。

　　党中央高度重视自由贸易区建设。党的十七大报告将自由贸易区建设上升为国家战略。党的十八大报告提出，要加快实施自由贸易区战略。党的十九大报告提出，要支持多边贸易体制，促进自由贸易区建设，推动建设开放型世界经济。党的十九届五中全会强调，实施自由贸易区提升战略，构建面向全球的高标准自由贸易区网络。截至目前，我国已与26个国家和地区签署了19个自贸协定，自贸伙伴遍及亚洲、大洋洲、拉丁美洲、欧洲和非洲。特别是2022年1月1日《区域全面经济伙伴关系协定》（RCEP）正式生效，标志着世界上人口数量最多、成员结构最多元、发展潜力最大的自贸区正式落地，将为区域乃至全球贸易投资增长、经济复苏和繁荣发展作出重要贡献。

　　大力推广实施自由贸易协定，是实施自由贸易区提升战略、推进贸易高质量发展的关键环节，对于增强我国产业在国际国内两个市场配置资源的能力、加快构建新发展格局，具有重要意义。由于自由贸易协定涉及领域广、专业性强、较为复杂，我国企业对于自由贸易协定优惠政策不了解、不掌握、不会用的情况较为普遍，自由贸易协定总体利用率还不够高。自由贸易协定推广实施工作亟须加强。

　　近年来，中国贸促会认真贯彻落实党中央关于自由贸易区建设的系列决策部署，充分发挥连接政企、衔接内外、对接供需的独特优势，围绕信息发布、政策宣介、企业培训和优惠原产地证书签发等，深入开展自贸协定推广实施工作。为帮助广大企业更好了解我国已签署的各项自由贸易协定，用好用足相关优惠政策，中国贸促会组织编写了自由贸易协定商务应用指南丛书，涉及中国—东盟、中国—巴基斯坦、中国—新加坡、中国—韩国、亚太贸易协定、《内地与港澳关于建立更紧密经贸关系的安排》（CEPA）、中国—格鲁吉亚、《海峡两岸经济合作框架协议》（ECFA）、中国—智利、中国—秘鲁、中国—哥斯达黎加、中国—新西兰、中国—澳大利亚、中国—冰岛、中国—瑞士以及《区域全面经济伙伴关系协定》共16个自贸协定。

自由贸易协定商务应用指南丛书通过规则解读、趋势研判和案例剖析相结合的方式，系统介绍各自由贸易协定的详细规则和使用方法，力求全面准确、重点突出、通俗易懂，为广大企业提供看得懂、用得上的"明白纸"和"工具书"。

中国国际贸易促进委员会会长

任鸿斌

2022年10月8日

目 录

第一章

中国—澳大利亚双边经贸关系及自由贸易区的建设进程

中国和澳大利亚均为亚太地区重要经济体，两国在货物与服务贸易、投资及经济技术合作等领域长期保持密切往来。2005年，中澳两国正式启动自由贸易协定谈判。历经10年21轮谈判和磋商，《中国—澳大利亚自由贸易协定》于2015年12月20日正式生效。该协定的签署和实施强化了双边经贸关系，推动了亚太地区贸易投资自由化和便利化进程，同时也为中国企业参与双边贸易、投资及经济合作创造了更加公平透明和稳定的经济环境。通过阅读本章，企业可以了解和掌握如下内容：

1. 中国和澳大利亚的经济概况；

2. 中国和澳大利亚的双边货物贸易、服务贸易和直接投资发展情况；

3. 中国—澳大利亚自由贸易区谈判及建设的宏观背景及重要意义；

4. 中国—澳大利亚自由贸易区的谈判及建设历程；

5.《中国—澳大利亚自由贸易协定》的主要内容。

第一节　中国和澳大利亚经济及贸易发展情况

中国是世界重要经济体之一，同时也是世界第一大货物出口国和第二大货物进口国。近年来，中国经济发展迅速，为世界经济发展做出了重要贡献。澳大利亚是世界重要的发达经济体之一，同时也是亚太地区具有影响力的成员。中澳两国贸易往来密切，在产品结构上具有较强的互补性。近年来，中国已经发展成为澳大利亚最为重要的贸易伙伴，是澳大利亚第一大货物出口目的地，第一大货物进口来源地以及第一大服务出口目的地。

一、中国和澳大利亚经济概况

（一）中国经济概况

1. 宏观经济基本情况

中国位于亚洲东部，太平洋西岸，陆地面积约为960万平方公里，2020年末总人口约为14.12亿。[①] 表1-1为2010—2020年中国的宏观经济基本情况。

表1-1　2010—2020年中国宏观经济基本情况

年份	国内生产总值（万亿元人民币）	国内生产总值（万亿美元）	国内生产总值占世界的比重（%）	国内生产总值年增长率（%）	城镇登记失业率（%）	人均国内生产总值（万元人民币）	人均国内生产总值（美元）
2010	41.2	5.88	9.34	10.6	4.10	3.1	4550
2011	48.8	7.30	10.48	9.3	4.10	3.6	5447
2012	53.9	8.23	11.47	7.8	4.10	4.0	6265
2013	59.3	9.24	12.34	7.7	4.05	4.3	6992
2014	64.4	10.36	13.30	7.3	4.09	4.7	7684
2015	68.9	10.87	14.80	7.0	4.05	5.0	8067

---

① 中国的国土面积及人口数据来源于中国统计出版社，《中国统计年鉴2021》。

续　表

年份	国内生产总值（万亿元人民币）	国内生产总值（万亿美元）	国内生产总值占世界的比重（%）	国内生产总值年增长率（%）	城镇登记失业率（%）	人均国内生产总值（万元人民币）	人均国内生产总值（美元）
2016	74.6	11.20	14.81	6.8	4.02	5.4	8148
2017	83.2	12.24	15.17	6.9	3.90	6.0	8879
2018	91.9	13.61	15.86	6.8	3.80	6.6	9977
2019	98.7	14.34	16.34	6.0	3.62	7.0	10217
2020	101.6	14.72	17.38	2.3	4.24	7.2	10500

资料来源：根据中国统计出版社各年度《中国统计年鉴》数据计算整理，各指标以最新发布数据为准。

近年来，中国宏观经济发展态势良好，产业构成日趋改善。如表1-1所示，2010—2019年，中国国内生产总值年增长率始终保持在较高水平。2020年，受新冠肺炎疫情影响，中国经济增长速度略有下滑。近年来，中国国内生产总值在世界经济所占比重逐年上升。人均国内生产总值稳定增长，并已于2019年超过1万美元。中国的城镇登记失业率总体保持稳定。第一和第二产业增加值占国内生产总值的比重呈逐步下降趋势，第三产业所占比重则稳步上升（见表1-2）。

表1-2　2010—2020年中国各产业增加值占国内生产总值的比重

（单位：%）

年份	第一产业比重	第二产业比重	第三产业比重
2010	9.3	46.5	44.2
2011	9.2	46.5	44.3
2012	9.1	45.4	45.5
2013	8.9	44.2	46.9
2014	8.6	43.1	48.3
2015	8.4	40.8	50.8
2016	8.1	39.6	52.4
2017	7.5	39.9	52.7
2018	7.0	39.7	53.3
2019	7.1	38.6	54.3
2020	7.7	37.8	54.5

资料来源：中国统计出版社，《中国统计年鉴2021》。

2. 货物贸易

中国的货物贸易规模快速扩大，对世界货物贸易的贡献不断提升。2010年以来中国货物贸易发展情况见表1-3。根据世界贸易组织的统计，2020年，中国货物出口规模保持世界第一位，出口金额约占世界货物出口总额的14.7%；中国货物进口规模保持世界第二位，进口金额约占世界货物进口总额的11.5%。[①]

表1-3 2010—2020年中国货物贸易规模

（单位：亿美元）

年份	进口总额	出口总额	进出口总额	贸易差额
2010	13962.5	15777.5	29740.0	1815.0
2011	17434.8	18983.8	36418.6	1549.0
2012	18184.1	20487.1	38671.2	2303.0
2013	19499.9	22090.0	41589.9	2590.1
2014	19592.4	23422.9	43015.3	3830.5
2015	16795.6	22734.7	39530.3	5939.1
2016	15879.3	20976.3	36855.6	5097.0
2017	18437.9	22633.5	41071.4	4195.6
2018	21357.3	24866.8	46224.1	3509.5
2019	20784.1	24994.8	45778.9	4210.7
2020	20659.6	25899.5	46559.1	5239.9

资料来源：中国统计出版社，《中国统计年鉴2021》。

3. 服务贸易

中国服务贸易规模快速增长，进口需求增长尤其引人注目。如表1-4所示，2010—2019年，中国服务贸易增长迅速。2020年，受新冠肺炎疫情影响，中国服务贸易规模有所萎缩。目前，中国服务贸易的绝对规模仍然显著小于货物贸易，但服务贸易进口额及进出口总额的增长速度已明显超越同期货物

① 资料来源：世界贸易组织，*World Trade Statistical Review 2021*。

贸易的增长速度。[①] 中国对服务贸易进口的需求增长尤其引人注目。如表1–5所示，运输服务、旅行服务、建筑服务、电信、计算机和信息服务是中国服务贸易出口的主要部门。而中国服务贸易进口的主要部门为运输服务和旅行服务。中国服务贸易出口的主要目的地为中国香港、欧盟、美国、日本和新加坡；进口主要来源地为中国香港、美国、欧盟、日本和加拿大。[②]

中国服务贸易世界排名基本保持稳定，进口占比显著上升。2020年，中国服务贸易出口居世界第四位，与2010年排名相同，中国服务贸易出口额约占世界服务贸易出口总额的5.7%，比2010年的4.61%有所上升；中国服务贸易进口排名从2010年的世界第三位上升至第二位，中国服务贸易进口额约占世界服务贸易进口总额的8.2%，比2010年的5.47%有显著提升。[③]

表1–4 2010—2020年中国服务贸易规模

（单位：亿美元）

年份	进口金额	出口金额	进出口总额	贸易差额
2010	1934.0	1783.4	3717.4	−150.6
2011	2478.4	2010.5	4488.9	−467.9
2012	2813.0	2015.8	4828.8	−797.2
2013	3306.1	2070.1	5376.1	−1236.0
2014	4328.8	2191.4	6520.2	−2137.4
2015	4355.4	2186.2	6541.6	−2169.2
2016	4521.0	2095.3	6616.3	−2425.7
2017	4675.9	2280.9	6956.8	−2395.0
2018	5250.4	2668.4	7981.8	−2582.0
2019	5014.0	2836.0	7850.0	−2178.0
2020	3810.9	2806.3	6617.2	−1004.6

资料来源：中国统计出版社，《中国统计年鉴2021》。

中国服务贸易部门结构正在不断优化。根据商务部统计，2020年，受新

[①] 根据表1–4数据，2010—2020年，中国服务进口额的年均增长率为7.02%，服务进出口总额的年均增长率为5.94%；根据表1–3数据，同期，中国货物进口额的年均增长率为4%，货物进出口总额的年均增长率为4.58%。
[②] 资料来源：世界贸易组织，*Trade Profiles 2021*。
[③] 资料来源：世界贸易组织，*Trade Profiles 2011*；世界贸易组织，*World Trade Statistical Review 2021*。此段数据统计中不包括政府服务。

冠肺炎疫情影响，旅行等传统服务贸易部门在中国服务贸易中所占比重显著下降，但电信、计算机和信息服务、金融服务、保险服务以及知识产权使用费等知识密集型服务在服务贸易中占比继续提高，贸易结构不断优化。2020年，中国知识密集型服务进出口额为20331.2亿元，增长8.3%，占服务贸易进出口总额的比重达到44.5%，比上年提升9.9个百分点。[①] 2020年中国各服务部门进出口情况见表1-5。

表1-5　2020年中国服务贸易部门构成情况

服务类别	进出口		出口		进口		贸易差额		
	金额（亿元人民币）	同比（%）	金额（亿元人民币）	同比（%）	金额（亿元人民币）	同比（%）	2020年（亿元人民币）	2019年（亿元人民币）	逆差减少（亿元人民币）
总额	45642.7	−15.7	19356.7	−1.1	26286.0	−24.0	−6929.3	−15024.9	8095.6
运输	10434.8	0.2	3904.1	22.9	6530.7	−9.7	−2626.6	−4059.1	1432.6
旅行	10192.9	−48.3	1141.3	−52.1	9051.6	−47.7	−7910.3	−14941.6	7031.3
建筑	2295.8	−10.8	1733.6	−10.3	562.2	−12.3	1171.4	1290.8	−119.4
保险服务	1222.3	13.9	370.9	12.5	851.4	14.5	−480.5	−413.7	−66.8
金融服务	507.7	15.4	288.7	7.0	219.0	28.5	69.7	99.3	−29.6
电信、计算机和信息服务	6465.4	16.0	4191.4	12.8	2274.0	22.5	1917.4	1860.0	57.4
知识产权使用费	3194.4	12.9	598.9	30.5	2595.6	9.4	−1996.6	−1912.6	−84.1
个人、文化和娱乐服务	298.2	−18.1	90.7	9.8	207.5	−26.3	−116.8	−198.8	82.0
维护和维修服务	760.2	−20.4	528.6	−24.7	231.6	−8.2	297.0	450.0	−153.0
加工服务	1209.3	−11.8	1174.8	−12.9	34.5	60.2	1140.3	1327.7	−187.4
其他商业服务	8643.2	1.7	5160.8	2.0	3482.4	1.3	1678.4	1621.5	56.9
政府服务	418.5	15.3	172.9	62.4	245.6	−4.3	−72.7	−150.1	77.4

资料来源：商务部，《中国对外贸易形势报告》（2021年春季）。

4. 直接投资

2010年以来，中国的外商直接投资基本保持稳定增长。中国对外直接投

[①] 资料来源：商务部，《中国对外贸易形势报告》（2021年春季）。

资规模在2010—2016年总体呈快速增长态势，并于2014年超过了同期外商直接投资规模。2017—2019年，中国对外直接投资规模有所下调，2020年又回升至接近2017年的水平。总体而言，2010年以来，中国对外直接投资的增长速度超过了同期外商直接投资的增长速度（见表1-6）。

表1-6　2010—2020年中国外商直接投资及对外直接投资情况

（单位：亿美元）

年份	中国外商直接投资	中国对外直接投资流量	中国年末对外直接投资存量
2010	1057.30	688.1	3172.1
2011	1160.11	746.5	4247.8
2012	1117.16	878.0	5319.4
2013	1175.86	1078.4	6604.8
2014	1195.62	1231.2	8826.4
2015	1262.67	1456.7	10978.6
2016	1260.01	1961.5	13573.9
2017	1310.35	1582.9	18090.4
2018	1349.66	1430.4	19822.7
2019	1381.35	1369.1	21988.8
2020	1443.69	1537.1	25806.6

资料来源：《中国统计年鉴2021》附录，国际主要社会经济指标。

（二）澳大利亚经济概况

1. 宏观经济基本情况

澳大利亚国土面积约为774.1万平方公里，2020年总人口约为2569万。[①]
澳大利亚宏观经济基本情况见表1-7。2010年以来，澳大利亚宏观经济总体保持稳定增长，但在世界经济中所占比重有所下降。2020年，受新冠肺炎疫情影响，澳大利亚经济出现了负增长，失业率显著上升。与其他发达经济体

---

① 资料来源：中国统计出版社，《中国统计年鉴2021》。

类似，服务业在澳大利亚国民经济中占有重要地位。2020年，农业、工业和服务业增加值在国内生产总值中所占比重分别为1.9%、25.7%和66.0%。[①]

表1-7　2010—2020年澳大利亚宏观经济基本情况

年份	国内生产总值（万亿美元）	国内生产总值占世界比重（%）	国内生产总值年增长率（%）	人均国内生产总值（美元）	失业率（%）
2010	1.24	1.96	2.1	52022	5.2
2011	1.49	2.14	2.24	62081	5.1
2012	1.54	2.15	3.7	67512	5.2
2013	1.56	2.08	2.4	67653	5.7
2014	1.45	1.87	2.6	62215	6.1
2015	1.34	1.82	2.2	56756	6.1
2016	1.20	1.59	2.8	49971	5.7
2017	1.32	1.64	2.3	54028	5.6
2018	1.43	1.67	2.9	57355	5.3
2019	1.39	1.59	2.2	55057	5.2
2020	1.33	1.57	−0.3	51812	6.6

资料来源：《中国统计年鉴2021》附录，国际主要社会经济指标。

2. 货物贸易

澳大利亚货物贸易增长速度低于中国，在世界贸易中所占比重及排名稳中有降。澳大利亚货物贸易发展情况见表1-8。2020年，澳大利亚货物出口规模位居世界第23位，出口金额约占世界货物出口总额的1.4%。同年，澳大利亚货物进口规模位居世界第24位，货物进口金额约占世界货物进口总额的1.2%，排名及占比较2010年均有所下降。[②]

[①] 资料来源：中国统计出版社，《中国统计年鉴2021》。
[②] 资料来源：世界贸易组织，*World Trade Statistical Review 2021*。

表1–8　2010—2020年澳大利亚货物贸易规模

（单位：亿美元）

年份	进口总额	出口总额	进出口总额	贸易差额
2010	2016	2126	4142	110
2011	2437	2704	5141	267
2012	2609	2564	5173	−45
2013	2421	2526	4947	105
2014	2369	2412	4781	43
2015	2087	1877	3964	−210
2016	1960	1925	3885	−35
2017	2288	2311	4599	23
2018	2354	2571	4925	217
2019	2216	2710	4926	494
2020	2084	2504	4588	420

资料来源：根据中国统计出版社各年度《中国统计年鉴》数据计算整理，各指标以最新发布数据为准。

3. 服务贸易

澳大利亚服务贸易波动增长，但增长速度低于中国，世界排名有所下降。表1–9为澳大利亚服务贸易基本情况。2010—2019年，澳大利亚服务贸易进口及出口规模均呈波动增长态势，增长速度明显低于中国。澳大利亚在服务贸易中处于逆差状态，逆差规模在2013年后有所萎缩。2020年，受到新冠肺炎疫情影响，澳大利亚服务贸易数据明显下滑，其中服务贸易进口受到的影响更为突出，因此服务贸易差额转变为顺差。

2020年，澳大利亚服务贸易出口世界排名从2010年的第22位下降至第25位，出口额约占世界服务贸易出口总额的1%。同年，澳大利亚服务贸易进口世界排名从2010年的第20位下降至第29位，进口额约占世界服务贸易进口总额的0.8%。[①]旅行和运输服务是澳大利亚最重要的服务贸易部门。2019年，中国是澳大利亚第一大服务出口目的地，约占澳大利亚当年服务出口总额的

---

① 资料来源：世界贸易组织，*Trade Profiles 2011*；世界贸易组织，*World Trade Statistical Review 2021*。统计数据中不包括政府服务。

19.1%。[①]

表1-9　2010—2020年澳大利亚服务贸易规模

（单位：亿美元）

年份	进口总额	出口总额	进出口总额	贸易差额
2010	577.09	518.99	1096.08	−58.1
2011	695.17	580.91	1276.08	−114.26
2012	741.91	585.62	1327.53	−156.29
2013	756.37	579.10	1335.47	−177.27
2014	710.31	590.81	1301.12	−119.5
2015	637.05	548.71	1185.76	−88.34
2016	624.15	580.29	1204.44	−43.86
2017	683.94	651.48	1335.42	−32.46
2018	733.80	694.04	1427.84	−39.76
2019	719.75	709.81	1429.56	−9.94
2020	384.79	485.32	870.11	100.53

资料来源：世界贸易组织。

4. 直接投资

2010年以来，澳大利亚外商直接投资规模及其在世界所占比重呈波动变化态势，绝对规模小于中国。同期，澳大利亚对外直接投资规模及其在世界所占比重呈波动下降趋势（见表1-10）。

表1-10　2010—2020年澳大利亚外商直接投资及对外直接投资

年份	外商直接投资（流量）		对外直接投资（流量）	
	规模（亿美元）	世界占比（%）	规模（亿美元）	世界占比（%）
2010	368	2.64	198	1.42
2011	589	3.65	17	0.11
2012	596	4.00	79	0.60
2013	568	3.91	14	0.10

---

① 资料来源：世界贸易组织，*Trade Profiles 2021*。统计数据中不包括政府服务。

续 表

年份	外商直接投资（流量）		对外直接投资（流量）	
	规模（亿美元）	世界占比（%）	规模（亿美元）	世界占比（%）
2014	585	4.17	182	1.33
2015	296	1.46	−93	−0.55
2016	484	2.34	23	0.14
2017	452	2.75	64	0.40
2018	685	4.77	78	0.90
2019	392	2.56	93	0.76
2020	201	2.02	92	1.24

资料来源：联合国贸易与发展会议数据库。

二、中国和澳大利亚双边货物贸易发展情况

目前，中国是澳大利亚第一大货物贸易伙伴、第一大货物出口目的地和第一大货物进口来源地。中国主要从澳大利亚进口以金属矿砂为主的矿产品、动物产品、贱金属及其制品、食品饮料及化工产品等。中国对澳大利亚出口主要集中在机电产品、杂项制品、纺织原料及纺织制品、贱金属及其制品以及塑料和橡胶等产品。

中澳双边货物贸易近年来增长迅速。2020年，中国自澳大利亚进口货物和对澳大利亚出口货物的规模比2010年均增长了近一倍。在双边货物贸易中，中国始终处于逆差状态（见表1-11）。

表1-11　2010—2020年中国与澳大利亚双边货物贸易基本情况

（单位：亿美元）

年份	中国进口金额	中国出口金额	中国贸易总额	中国贸易差额
2010	611.05	272.20	883.25	−338.85
2011	826.67	339.10	1165.77	−487.57
2012	845.68	377.35	1223.03	−468.33
2013	989.54	375.54	1365.08	−614.00
2014	976.31	391.46	1367.77	−584.85

年份	中国进口金额	中国出口金额	中国贸易总额	中国贸易差额
2015	735.10	403.07	1138.17	-332.03
2016	708.95	372.82	1081.77	-336.13
2017	950.09	414.38	1364.47	-535.71
2018	1050.83	475.48	1526.31	-575.35
2019	1196.08	481.04	1677.12	-715.04
2020	1148.37	534.82	1683.19	-613.55

资料来源：根据联合国 UN Comtrade 数据库，中国报告数据整理计算。

近年来，自华货物进口、对华货物出口以及货物进出口总额在澳大利亚货物贸易中所占比重均显著上升，对华货物贸易在澳大利亚经济发展中的重要性大幅提高（见表1-12）。

表1-12　2010—2020年对中国货物贸易在澳大利亚货物贸易总规模中所占比重情况

（单位：%）

年份	自华进口占比	对华出口占比	与华进出口总额占比
2010	18.84	25.34	22.17
2011	18.55	27.39	23.28
2012	18.36	29.60	24.04
2013	19.30	34.63	27.27
2014	20.59	33.86	27.41
2015	23.13	32.49	27.66
2016	23.36	31.64	27.50
2017	22.23	33.19	27.73
2018	24.50	34.71	29.78
2019	25.71	38.67	32.78
2020	28.80	40.84	35.26

资料来源：根据联合国 UN Comtrade 数据库，澳大利亚报告数据计算。

中国自澳货物进口、对澳货物出口以及中国与澳货物贸易总额在中国货物贸易总规模中所占比重有所上升，但幅度较小（见表1-13）。

表1-13 2010—2020年对澳大利亚货物贸易在中国货物贸易总规模中所占比重情况

（单位：%）

年份	自澳进口占比	对澳出口占比	与澳进出口总额占比
2010	4.38	1.73	2.97
2011	4.74	1.79	3.20
2012	4.65	1.84	3.16
2013	5.07	1.70	3.28
2014	4.98	1.67	3.18
2015	4.38	1.77	2.88
2016	4.46	1.78	2.94
2017	5.15	1.83	3.32
2018	4.92	1.91	3.30
2019	5.78	1.93	3.67
2020	5.59	2.06	3.62

资料来源：根据联合国 UN Comtrade 数据库，中国报告数据计算。

中国对澳大利亚出口产品以各类制成品为主，而中国自澳大利亚进口产品类别则较为集中，矿产品等原料性产品所占比重较为突出。中国对澳出口产品以各类工业制成品为主，机电产品占比最高。中澳双边货物贸易在产品结构方面显现出较强的互补性。

表1-14为2020年中国对澳出口主要货物的类别。前五类货物分别为机电产品[1]、杂项制品、纺织原料及纺织制品、贱金属及其制品，以及塑料、橡胶及其制品。其中，机电产品出口占比最为显著。表1-15为2010年和2020年中国对澳出口货值排在前十位的货物（HS2位章编码）统计。

---

[1] 根据国务院关税税则委员会编制的《中华人民共和国进出口税则（2020）》，第16类产品全称为机器、机械器具、电气设备及其零件；录音机及放声机、电视图像、声音的录制和重放设备及其零件、附件。本书简称为机电产品。

表1-14　2020年中国对澳大利亚出口主要货物类别构成情况

海关分类 类	HS 编码 章	商品类别	金额（亿美元）	在中国对澳出口总额中占比（%）
类	章	总值	534.82	100.00
第16类	84~85	机电产品	185.57	34.70
第20类	94~96	杂项制品	65.57	12.26
第11类	50~63	纺织原料及纺织制品	58.61	10.96
第15类	72~83	贱金属及其制品	47.33	8.85
第7类	39~40	塑料、橡胶及其制品	35.14	6.57

资料来源：根据联合国 UN Comtrade 数据库，中国报告数据整理计算。

表1-15　2010年和2020年中国对澳大利亚出口货值排名前十位货物（HS2位编码）

2010年				2020年			
HS章号	货物名称	出口额（亿美元）	在中国对澳出口总额中占比（%）	HS章号	货物名称	出口额（亿美元）	在中国对澳出口总额中占比（%）
84	核反应堆、锅炉、机器、机械器具及其零件	57.94	21.28	85	电机、电气设备及其零件；录音机及放声机、电视图像、声音的录制和重放设备及其零件、附件	95.38	17.83
85	电机、电气设备及其零件；录音机及放声机、电视图像、声音的录制和重放设备及其零件、附件	49.81	18.30	84	核反应堆、锅炉、机器、机械器具及其零件	90.20	16.87
94	家具；寝具、褥垫、弹簧床垫、软坐垫及类似的填充制品；未列名灯具及照明装置；发光标志、发光铭牌及类似品；活动房屋	15.99	5.87	94	家具；寝具、褥垫、弹簧床垫、软坐垫及类似的填充制品；未列名灯具及照明装置；发光标志、发光铭牌及类似品；活动房屋	42.06	7.86

2010 年				2020 年			
HS 章号	货物名称	出口额（亿美元）	在中国对澳出口总额中占比（%）	HS 章号	货物名称	出口额（亿美元）	在中国对澳出口总额中占比（%）
61	针织或钩编的服装及衣着附件	15.18	5.58	39	塑料及其制品	28.07	5.25
73	钢铁制品	14.28	5.25	73	钢铁制品	23.98	4.48
62	非针织或非钩编的服装及衣着附件	12.05	4.43	95	玩具、游戏品、运动用品及其零件、附件	19.33	3.61
39	塑料及其制品	8.55	3.14	61	针织或钩编的服装及衣着附件	18.46	3.45
76	铝及其制品	8.41	3.09	62	非针织或非钩编的服装及衣着附件	17.90	3.35
87	车辆及其零件、附件，但铁道及电车道车辆除外	6.65	2.44	87	车辆及其零件、附件，但铁道及电车道车辆除外	17.04	3.19
95	玩具、游戏品、运动用品及其零件、附件	6.45	2.37	63	其他纺织制成品；成套物品；旧衣着及旧纺织品；碎织物	16.62	3.11
合计		195.29	71.75	合计		369.03	69.00

资料来源：根据联合国 UN Comtrade 数据库，中国报告数据计算。

中国自澳进口货物的类别主要为各类原料性产品。其中，矿产品所占比重最高。中国自澳进口的其他主要货物类别还包括第 1 类活动物，动物产品，第 15 类贱金属及其制品，第 4 类食品，饮料、酒及醋，烟草及烟草代用品的制品以及第 6 类化学工业及其相关工业的产品。表 1-16 为 2020 年中国自澳进口主要货物类别构成中排在前五位的货物。表 1-17 为 2010 年和 2020 年中国自澳进口货值排在前十位的货物（HS2 位章编码）统计。

表1-16 2020年中国自澳大利亚进口主要货物类别构成

海关分类	HS 编码	商品类别	金额（亿美元）	在中国自澳进口总额中占比（%）
类	章	总值	1148.37	100.00
第5类	25~27	矿产品	968.72	84.36
第1类	01~05	活动物；动物产品	36.31	3.16
第15类	72~83	贱金属及其制品	28.25	2.46
第4类	16~24	食品；饮料、酒及醋；烟草及烟草代用品的制品	20.96	1.82
第6类	28~38	化学工业及其相关工业的产品	19.43	1.69

资料来源：根据联合国 UN Comtrade 数据库，中国报告数据计算。

表1-17 2010年和2020年中国自澳大利亚进口货值前十位的货物（HS2位编码）

	2010年				2020年		
HS编码	货物名称	进口值（亿美元）	在中国自澳进口总额中占比（%）	HS编码	货物名称	进口值（亿美元）	在中国自澳进口总额中占比（%）
26	矿砂、矿渣及矿灰	394.65	64.59	26	矿砂、矿渣及矿灰	768.38	66.91
27	矿物燃料、矿物油及其蒸馏产品；沥青物质；矿物蜡	80.43	13.16	27	矿物燃料、矿物油及其蒸馏产品；沥青物质；矿物蜡	193.09	16.81
74	铜及其制品	27.27	4.46	2	肉及食用杂碎	22.01	1.92
28	无机化学品；贵金属、稀土金属、放射性元素及其同位素的有机及无机化合物	15.06	2.47	74	铜及其制品	14.51	1.26
51	羊毛、动物细毛或粗毛；马毛纱线及其机织物	14.29	2.34	71	天然或养殖珍珠、宝石或半宝石、贵金属、包贵金属及其制品；仿首饰；硬币	12.32	1.07
75	镍及其制品	13.78	2.25	51	羊毛、动物细毛或粗毛；马毛纱线及其机织物	12.18	1.06
76	铝及其制品	7.15	1.17	44	木及木制品；木炭	10.71	0.93

续 表

2010年				2020年			
HS 编码	货物名称	进口值（亿美元）	在中国自澳进口总额中占比（%）	HS 编码	货物名称	进口值（亿美元）	在中国自澳进口总额中占比（%）
99	未分类产品	6.42	1.05	21	杂项食品	8.94	0.78
10	谷物	5.21	0.85	10	谷物	8.08	0.70
41	生皮（毛皮除外）及皮革	4.98	0.82	28	无机化学品；贵金属、稀土金属、放射性元素及其同位素的有机及无机化合物	7.56	0.66
	合计	569.24	93.16		合计	1057.78	92.11

资料来源：根据联合国 UN Comtrade 数据库，中国报告数据计算。

三、中国与澳大利亚双边服务贸易发展情况

中澳双边服务贸易规模明显小于货物贸易，但中国进口增速较快。如表1–18所示，2019年中国自澳大利亚进口服务规模比2010年增长了近1.3倍，高于同期货物进口增长速度；同期中国对澳大利亚服务出口规模增长了七成多，低于同期服务进口增速；中国对澳大利亚服务贸易进出口总额同期增长了约1.1倍。中国在与澳大利亚的双边服务贸易中长期居于逆差地位，且逆差规模有扩大趋势。中国自澳大利亚进口服务主要为运输和旅行服务等；中国对澳大利亚出口服务主要有运输服务、旅行服务、建筑服务、电信、计算机和信息服务等。

表1–18　2010—2019年中国对澳大利亚服务贸易进出口基本情况

（单位：亿美元）

年份	中国进口额	中国出口额	中国贸易总额	中国贸易差额
2010	61.69	41.64	103.33	−20.05
2011	81.43	49.51	130.94	−31.92
2012	90.17	51.81	141.98	−38.36
2013	107.72	52.37	160.09	−55.35
2014	130.41	54.91	185.32	−75.50

年份	中国进口额	中国出口额	中国贸易总额	中国贸易差额
2015	119.20	55.09	174.29	−64.11
2016	122.08	53.24	175.32	−68.84
2017	138.01	59.28	197.29	−78.73
2018	146.78	69.48	216.26	−77.30
2019	141.03	72.68	213.71	−68.35

资料来源：根据世界贸易组织服务贸易数据库中国报告的总服务数据（包括估值）整理计算。

四、中澳双边直接投资情况

澳大利亚对中国直接投资有所增长，但在中国引进外资总规模中占比较小。如表1-19所示，2010—2020年，澳大利亚对中国直接投资规模呈波动增长态势，但在中国外商直接投资总额中所占比重并未提升。

表1-19　2010—2020年澳大利亚对中国外商直接投资情况

年份	中国外商直接投资总额（亿美元）	澳大利亚对中国外商直接投资金额（亿美元）	澳大利亚对中国直接投资在中国外商直接投资总额中占比（%）	金额同比增长（%）
2010	1057.3	3.3	0.31	−17.59
2011	1160.1	3.1	0.27	−4.76
2012	1117.2	3.4	0.30	9.19
2013	1175.9	3.3	0.28	−2.46
2014	1195.6	2.4	0.20	−27.65
2015	1262.7	3.1	0.24	28.66
2016	1260.0	2.6	0.21	−14.42
2017	1310.4	2.8	0.21	5.16
2018	1349.7	2.9	0.21	4.60
2019	1381.3	4.3	0.31	48.35
2020	1443.7	3.4	0.24	−20.30

资料来源：根据中国统计出版社各年度《中国统计年鉴》数据计算整理。

中国对澳直接投资呈先升后降趋势。如表1-20所示，2010—2017年，中国对澳大利亚直接投资流量增长显著，绝对规模及增长速度均显著高于同期澳大利亚对华直接投资。但2017年后，中国对澳大利亚直接投资流量明显下降。对澳大利亚直接投资流量在中国对外直接投资总量中所占比重先升后降，直接投资存量从2010年持续扩张至2018年，自2019年后有所回调。

表1-20　2010—2020年中国对澳大利亚直接投资流量及存量情况

年份	中国对外直接投资流量合计（亿美元）	中国对澳大利亚直接投资流量（亿美元）	中国对澳大利亚直接投资流量在中国对外直接投资总量中占比（%）	截至当年中国对澳大利亚直接投资存量（亿美元）
2010	688.1	17.0	2.47	78.7
2011	746.5	31.7	4.24	110.4
2012	878.0	21.7	2.47	138.7
2013	1078.4	34.6	3.21	174.5
2014	1231.2	40.5	3.29	238.8
2015	1456.7	34.0	2.33	283.7
2016	1961.5	41.9	2.13	333.5
2017	1582.9	42.4	2.68	361.8
2018	1430.4	19.9	1.39	383.8
2019	1369.1	20.9	1.52	380.7
2020	1537.1	12.0	0.78	344.4

资料来源：根据中国统计出版社各年度《中国统计年鉴》数据计算整理。

第二节　中国—澳大利亚自由贸易区谈判及建设进程

中国—澳大利亚自由贸易区的谈判和建设是中国应对21世纪世界和地区经济合作形势变化的重要举措，同时也是中国深化改革开放的客观要求，是中国实施自由贸易区战略的重要成果之一。中澳自由贸易区谈判和建设在推进亚太地区经济合作，促进中国贸易投资发展等方面具有重要的现实意义。同时，自由贸易区的建设为中国企业深度参与中澳双边贸易投资等创造了更多的机遇。

一、中国—澳大利亚自由贸易区谈判及建设的宏观背景及重要意义

（一）宏观背景

1. 全球范围内自由贸易协定谈判趋势增强是重要的外部因素。

21世纪初，世界贸易组织多哈回合贸易谈判进展缓慢，无法满足世界经济发展需求，部分经济体开始加快区域及双边自由贸易区建设，以提高贸易投资自由化速度。全球范围内自由贸易协定谈判及签署数量因此大幅度提升。中国和澳大利亚两国均对自由贸易区建设予以高度关注，并积极参与。

2. 中国经济贸易的飞速发展及进一步深化改革开放的需要是重要的内部因素。

进入21世纪以来，中国经济发展举世瞩目，全球影响力也在不断增强。经济领域的飞速发展对中国的相关经济政策改革提出了新的要求。中国致力于在贸易及投资等诸多领域全面深化改革开放，为经济活动创造更加良好的政策环境。与澳大利亚等发达经济体开展自由贸易谈判将为深化改革开放注入新的动力。

3. 双边经贸关系的不断深化促进两国共同开启自由贸易协定谈判。

21世纪初，中澳两国经贸关系日益紧密。中国是澳大利亚矿产品和农产品的重要进口国。同时，中国的各类工业制成品对澳大利亚出口不断增长。此外，两国在服务贸易、投资等领域也表现出较高的合作潜力。中国巨大的消费市场也对澳大利亚产业界具有强烈的吸引力。不断深化的经济联系为开启自由贸易谈判奠定了良好基础。

（二）重要意义

中国—澳大利亚自由贸易区是中国与发达经济体共同建设的重要的双边自由贸易区。该自由贸易区实现了全面、高质量和利益平衡的预期目标，在加强亚太地区经济合作，强化双边经贸关系，落实国家自由贸易区战略，深化中国的改革开放，构建企业良好营商环境等领域具有十分重要的意义。

1. 就推进地区经济合作而言，协定有利于强化亚太地区经济合作。

中国和澳大利亚同为亚太地区重要经济体，也是亚太经济合作组织的两个主要成员。中国与澳大利亚签署自由贸易协定必将给亚太地区经济合作带来重要的推动作用。同时，协定有助于推进《区域全面经济伙伴关系协定》（RCEP）及亚太自由贸易区（FTAAP）建设进程，为亚太地区务实推进经济一体化，深化沟通与融合，实现持久稳定与繁荣发挥积极的促进作用。

2. 就双边关系而言，协定对密切两国的经济交往有很好的助推作用。

《中国—澳大利亚自由贸易协定》进一步促进了两国资金、资源和人员流动，推动了两国经济优势互补，全面提升了两国经贸合作关系，使两国生产者和消费者都广泛获益。该协定在货物贸易、服务贸易、投资以及其他规则领域做出了突破性尝试，为两国合作提供了制度保障，降低了双边贸易和投资往来的门槛，为两国经贸关系未来的发展确立了更加开放、便利、透明和规范的制度安排。

3. 就战略地位而言，协定在中国自由贸易区战略部署中占有重要地位。

《国务院关于加快实施自由贸易区战略的若干意见》要求，加快正在进行的自由贸易区谈判进程，积极推动与中国周边大部分国家和地区建立自由贸易区，在中长期形成包括邻近国家和地区、涵盖"一带一路"沿线国家和地区以及辐射五大洲重要国家的全球自由贸易区网络。澳大利亚作为中国周边经济总量较大的主要发达经济体，是中国实施自由贸易区战略过程中无法忽视的对象。因此，《中国—澳大利亚自由贸易协定》的签署是党中央、国务院实施对外开放战略的重要决策，是贯彻落实党的十八届三中全会部署，构建开放型经济新体制，建设面向全球的高标准自由贸易区网络进程中迈出的重要和坚实的一步。

4. 对中国经济发展而言，协定显示了中国进一步深化改革，扩大对外开放的决心。

《中国—澳大利亚自由贸易协定》的签署充分表明中国有信心、有能力继续坚定不移地深化改革，推进对外开放。协定在货物贸易、服务贸易、投资及其他合作等领域均做出了深度开放的承诺，对中国未来经济改革开放及发展具有一定的指引作用。

5. 对中国企业而言，该协定的生效为深度参与国际经贸合作创造了良好的营商环境。

《中国—澳大利亚自由贸易协定》自由化水平高，覆盖领域广，为中国企业创造了更加自由、透明、稳定和公平的外部条件，降低了企业参与国际贸易及投资的成本，增加了获利机会。同时，该协定在商务人员移动、资格认证等合作领域也有突破，为企业参与国际商务活动提供了更多的便利条件，创造了良好的营商环境。

二、中国—澳大利亚自由贸易区的谈判及建设历程

（一）《中国—澳大利亚自由贸易协定》的谈判历程

自由贸易协定是相关自由贸易区建设的法律依据，并为自由贸易区建设制定具体的内容和步骤安排。因此，自由贸易区的谈判及建设历程也表现为相关自由贸易协定的谈判和签署以及各成员在协定中所做具体承诺的落实过程。

2005年，中国与澳大利亚正式启动自由贸易协定谈判，并签署了启动谅解备忘录。此后，中澳两国政府共展开了21轮自由贸易谈判。谈判过程虽有波折，但在两国领导人的共同关注和推动下，最终取得了实质性成果。《中国—澳大利亚自由贸易协定》谈判主要内容见表1-21。

表1-21 《中国—澳大利亚自由贸易协定》各轮谈判内容

年份	谈判轮次	谈判内容
2005	第1至第3轮	谈判的程序、领域和贸易体制；澳方承认中国完全市场经济地位
2006	第4至第7轮	未来协定的法律框架、基本原则和具体领域案文，协定框架和包含章节，货物和服务贸易领域的市场准入、投资、原产地规则、海关程序、政府采购等
2007	第8至第10轮	货物贸易首次出价和要价、农产品关税配额管理、服务、投资、非关税措施、原产地规则、检验检疫、海关程序、知识产权、争端解决等
2008	第11至第13轮	货物贸易、服务贸易、投资、知识产权、非关税措施、原产地规则、海关程序、检验检疫、争端解决等

续 表

年份	谈判轮次	谈判内容
2010—2012	第14轮至第18轮	农产品市场准入、非农产品贸易、服务贸易、投资、原产地规则、海关程序、电子商务、知识产权等
2013	第19轮	展开深度磋商和讨论，维持谈判势头
2014	第20至第21轮	拟达到的贸易投资自由化水平；货物贸易、服务贸易、投资、协定案文等

2014年11月17日，两国政府签署了实质性结束该协定谈判的意向声明。[①] 2015年6月17日，两国政府正式签署《中国—澳大利亚自由贸易协定》。2015年12月9日，两国政府互换两国外交照会，共同确认协定于2015年12月20日正式生效。

（二）《中国—澳大利亚自由贸易协定》的落实

《中国—澳大利亚自由贸易协定》生效之日，双方立即按照协定启动了首轮关税减让，并按照协定安排，自2016年起，于每年的1月1日启动当年的关税减让安排。目前，澳大利亚已按照协定，完成了全部货物贸易关税减让安排。中国也正在严格按照协定履行各轮关税减让安排。此外，中国已根据协定，对羊毛、牛肉及奶粉等产品的进口实施了特殊安排。双方在服务、投资、商务人员移动以及其他领域的合作也在根据协定的要求有序推进。

三、《中国—澳大利亚自由贸易协定》的主要内容

《中国—澳大利亚自由贸易协定》的文本由正文、附件、换文和谅解备忘录共同组成。正文部分除序言以外共17章，各章中附件共11个。协定还包括4个附件，分别是货物贸易减让表、特定产品原产地规则、服务贸易减让表以及换文。除协定正文和附件之外，还包括两国政府关于"投资便利化安排"和"假日工作签证安排"的谅解备忘录，以及关于中医药服务的合作换文。以上三个文件与协定同时签署和生效。《中国—澳大利亚自由贸易协定》文本主要内容见表1-22。

---

① 中国自由贸易区服务网：http://fta.mofcom.gov.cn/Australia/australia_special.shtml。

表1-22　《中国—澳大利亚自由贸易协定》主要内容

章节		主要条款	章节附件
正文	序言		
	第一章 初始条款定义	建立自由贸易区；与其他协定的关系；一般适用的定义	
	第二章 货物贸易	适用范围；定义；国内税和法规的国民待遇；关税取消；货物分类；海关估价；非关税措施；进口许可；行政费用和手续；贸易法规的实施；出口补贴；透明度和非关税措施审议；国别关税配额；农产品特殊保障措施；货物贸易委员会；争端解决等	国别关税配额
			农产品特殊保障措施
	第三章 原产地规则和 实施程序	第一节原产地规则；第二节实施程序	原产地证书
			原产地声明
	第四章 海关程序与 贸易便利化	适用范围；定义；海关程序与便利化；合作；风险管理；信息技术的应用；透明度；复议与诉讼；预裁定；货物放行；易腐货物；暂准进口货物；接受副本；磋商	
	第五章 卫生与植物 卫生措施	目标；适用范围；定义；国际义务；透明度；合作；区域化和等效性；控制、检验和批准程序；技术援助和能力建设；磋商和争端解决；卫生与植物卫生措施委员会	
	第六章 技术性贸易壁垒	目标；适用范围；定义；国际标准；技术法规；合格评定程序；透明度；贸易便利化；信息交换；合作和技术援助；磋商和争端解决；技术性贸易壁垒委员会	
	第七章 贸易救济	定义；实施双边保障措施；双边保障措施的范围和期限；调查程序与透明度要求；临时双边保障措施；通知和磋商；补偿；全球保障措施；反倾销措施；补贴与反补贴措施	
	第八章 服务贸易	第一部分范围与定义；第二部分承诺方式；第三部分其他规定	第七条项下涵盖的部门
			金融服务
	第九章 投资	第一节投资；第二节投资者—国家争端解决	行为守则
			依据第二节向一方送达文书
	第十章 自然人移动	范围；定义；快速申请程序；临时入境的准予；透明度；自然人移动委员会；争端解决；与其他章节的关系	自然人移动具体承诺

章节		主要条款	章节附件
	第十一章 知识产权	目的和原则；定义；义务为最低义务；国际协定；国民待遇；透明度；知识产权和公共健康；权利用尽；获得和维持程序；专利申请的修改、更正及意见陈述；18个月公布；作为商标的标识类型；证明商标和集体商标；驰名商标；地理标识；植物育种者权利；遗传资源、传统知识和民间文艺；未披露信息的保护；著作权集体管理；服务提供商责任；执法；边境措施；一般性合作；协商机制－知识产权委员会	
	第十二章 电子商务	目的和目标；定义；关税；透明度；国内监管框架；电子认证和数字证书；网络消费者保护；在线数据保护；无纸贸易；电子商务合作；争端解决规定	
	第十三章 透明度	定义；公布；通报和信息提供；行政程序；复议和诉讼	
	第十四章 机制条款	自贸协定联合委员会的职能；自贸协定联合委员会的程序规则；联系点	
	第十五章 争端解决	合作；适用范围；联系点；场所的选择；磋商；斡旋、调停和和解；仲裁庭的设立与组成；仲裁庭的职能；解释规则；仲裁庭程序规则；仲裁庭程序的中止或终止；仲裁庭报告；最终报告的执行；合理期限；一致性审查；补偿、中止减让和义务；中止后审查	行为守则 仲裁庭程序示范规则
	第十六章 一般条款与例外	信息披露与保密；一般例外；安全例外；税收；协定审议；保障国际收支平衡的措施；竞争合作；政府采购	
	第十七章 最终条款	附件；生效；修订；终止；作准文本	
附件	附件一	关税减让表	
	附件二	产品特定原产地规则	
	附件三	不符措施清单；服务贸易具体承诺减让表	
	附件四	换文： 技术工人技能评估、金融服务、教育服务、法律服务、投资者与国家争端解决透明度规则	
换文		关于中医药服务的换文	
备忘录		关于投资便利化安排的谅解备忘录	
		关于假日工作签证安排的谅解备忘录	

　　综上所述，中国和澳大利亚是世界及亚太地区具有影响力的经济体。两国在货物贸易、服务贸易及投资等领域保持着密切的经济联系。《中国—澳大利亚自由贸易协定》的签署和实施具有重要意义。这是一项高质量和全面综合的自由贸易协定，对双边经贸关系具有深刻长远影响。同时，该协定的实施也将为中国企业创造可观的市场机会。企业应把握机遇，对协定各项相关措施的落实予以高度重视。

第二章

《中国—澳大利亚自由贸易协定》中的货物贸易

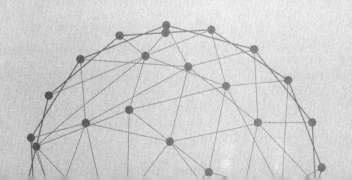

　　货物贸易的市场准入安排是《中国—澳大利亚自由贸易协定》中的核心内容，直接决定了中国企业从协定的实施中所获得优惠的幅度。《中国—澳大利亚自由贸易协定》第二章货物贸易及附件一关税减让表对货物贸易市场准入做出了详细的约定，主要包括关税减让安排以及中方关于羊毛、牛肉和奶粉等部分产品的特殊安排。通过本章的阅读，企业可以了解和掌握以下问题：

　　1. 企业应如何理解《中国—澳大利亚自由贸易协定》的总体关税优惠水平及其可能给企业带来的优惠幅度？

　　2. 企业应如何使用《中国—澳大利亚自由贸易协定》中的关税减让表？

　　3. 中国和澳大利亚两国是如何进行关税减让安排的？

　　4. 目前，中国和澳大利亚两国各类货物的关税优惠幅度有多大？

　　5. 中国的进口和出口企业应如何利用协定关税减让寻找新的商机？

　　6. 从事原产于澳大利亚的牛肉、奶粉及羊毛等产品进口的中国企业应注意协定下哪些特殊安排可能带来的影响。

第一节 货物贸易的规则解读

《中国—澳大利亚自由贸易协定》中的货物贸易规则不仅包括相互给予国民待遇、取消关税和非关税措施、提高透明度等总体规则，还涵盖了关税减让安排等详细措施。企业可结合协定正文中的第二章货物贸易章节以及附件1中两国的关税减让表，详细了解相关规定。

一、货物贸易的总体规则

（一）相互承诺给予国民待遇，并取消关税

根据世界贸易组织的有关规则，中澳两国在协定中相互承诺给予另一方的产品国民待遇，并按照各自关税减让表的规定对原产于另一方的产品取消关税。其中，国民待遇是世界贸易组织的重要原则之一。根据该原则，《中国—澳大利亚自由贸易协定》一缔约方的产品在进入另一缔约方市场后，在进口国国内税收、销售、运输等诸多领域享有与国内产品同等的待遇。双方同时承诺，任何一方不得对原产自另一方的货物提高现行关税或新增关税。

（二）对羊毛、牛肉和奶粉产品实施特殊贸易安排

中国在协定中对部分羊毛、牛肉和奶粉等产品的进口采取了特殊的贸易安排。其中，中国对原产自澳大利亚的羊毛产品实施国别关税配额管理，对牛肉和奶粉产品实施农产品特殊保障措施。

（三）遵守世界贸易组织规则，原则上不采取非关税措施

《中国—澳大利亚自由贸易协定》规定，双方继续履行世界贸易组织非关税措施的相关协定。除此之外，除非另有新的约定，对双边进出口货物不再

采取或维持包括数量限制等在内的任何非关税措施。

（四）确保非关税措施的透明度，并设立货物贸易委员会对非关税措施进行审议

双方根据协定所采取的非关税措施必须保证具有足够的透明度。任何非关税措施不能对双边贸易造成不必要的障碍。协定同时要求成立货物贸易委员会，对非关税措施进行审议，以保证这些措施不会对双边贸易造成不利影响。

二、企业如何理解货物贸易优惠水平

（一）最惠国关税和协定优惠关税的税率差异决定了每一类产品的受惠程度

最惠国关税税率（也称 MFN 关税税率）是指世界贸易组织各成员对原产于另一成员的进口产品征收关税的税率水平。而协定优惠关税税率是指自由贸易协定的某一缔约方对原产于另一缔约方的进口产品的关税税率。协定优惠关税税率通常要低于最惠国关税税率。对每一种产品而言，上述两种关税税率差异越大，则说明自由贸易协定的关税减让幅度越大，从事此类产品贸易的企业也就越有机会从协定中受益。本节第四部分详细阐述了中澳两国最惠国关税情况，而本章第二节则分别介绍了两国对每一类产品所征收的协定优惠关税情况。通过上述两部分内容的对比，企业可以清晰地了解协定为各类产品贸易所带来的优惠。

（二）参与关税减让的产品范围决定了协定的总体优惠水平

自由贸易协定关税减让所覆盖的产品范围也是企业应关注的问题。自由贸易协定双方都会列有明确的关税减让表。在减让表中，协定下关税减让的货物种类越多，则协定的优惠水平越高。自由贸易协定关税优惠的覆盖率通常有两种衡量方式。一种是以参与协定下关税减让的税目数量占某缔约方全部税目数量的比重为标准；而另一种方法则以贸易金额为统计对象，测算全部双边贸易额中，零关税进口货物的贸易金额所占的比重，并以此为标准衡

量协定关税减让的覆盖范围。两种测算结果越高则代表自由贸易协定的总体优惠水平越高。

三、如何获取进出口货物优惠关税税率

（一）中澳关税减让表基本形式

关税减让表是企业了解每一类别产品所适用协定优惠关税水平的重要文件。《中国—澳大利亚自由贸易协定》附件1即为中澳两国的具体关税减让表。其中澳大利亚关税减让表示例见图2-1，中国关税减让表示例见图2-2。

HS Code (HS2012)	Description	Base rate	Staging Category	Year 1	Year 2	Year 3	Year 4	Year 5
7210	FLAT-ROLLED PRODUCTS OF IRON OR NON-ALLOY STEEL, OF A WIDTH OF 600 mm OR MORE, CLAD, PLATED OR COATED:							
7210.1	-Plated or coated with tin:							
7210.11.00	--Of a thickness of 0.5 mm or more	0%	0	0%				
7210.12.00	--Of a thickness of less than 0.5 mm	0%	0	0%				
7210.20.00	-Plated or coated with lead, including teme-plate	0%	0	0%				
7210.30.00	-Electrolytically plated or coated with zinc	5%	3	3.3%	1.7%	0%		
7210.4	-Otherwise plated or coated with zinc:							
7210.41.00	--Corrugated	5%	3	3.3%	1.7%	0%		
7210.49.00	--Other	5%	5	4%	3%	2%	1%	0%
7210.50.00	-Plated or coated with chromium oxides or with chromium and chromium oxides	5%	3	3.3%	1.7%	0%		
7210.6	-Plated or coated with aluminium:							
7210.61.00	--Plated or coated with aluminium-zinc alloys	5%	5	4%	3%	2%	1%	0%
7210.69.00	--Other	5%	3	3.3%	1.7%	0%		
7210.70.00	-Painted, varnished or coated with plastics	5%	3	3.3%	1.7%	0%		
7210.90.00	-Other	5%	3	3.3%	1.7%	0%		
7211	FLAT-ROLLED PRODUCTS OF IRON OR NON-ALLOY STEEL, OF A WIDTH OF LESS THAN 600 mm, NOT CLAD, PLATED OR COATED:							
7211.1	-Not further worked than hot-rolled:							
7211.13.00	--Rolled on four faces or in a closed box pass, of a width exceeding 150 mm and a thickness of not less than 4 mm, not in coils and without patterns in relief	5%	0	0%				
7211.14.00	--Other, of a thickness of 4.75 mm or more	5%	0	0%				

图2-1 《中国—澳大利亚自由贸易协定》澳大利亚关税减让表示例

协调制度编码(2013)	货品名称	基础税率(%)	实施期类别	第1年(%)	第2年(%)	第3年(%)	第4年(%)	第5年(%)	第6年(%)	第7年(%)	第8年(%)	第9年(%)	第10年(%)	第11年(%)	第12年(%)	第13年(%)	第15年(%)
01069011	改良种用蛙苗	0	A-0	0													
01069019	其他改良种用动物	0	A-0	0													
01069090	其他动物	10	A-5	8	6	4	2	0									
02011000	整头及半头鲜、冷牛肉	20	C-10*	18	16	14	12	10	8	6	4	2	0				
02012000	鲜、冷的带骨牛肉	12	C-10*	10.8	9.6	8.4	7.2	6	4.8	3.6	2.4	1.2	0				
02013000	鲜、冷的去骨牛肉	12	C-10*	10.8	9.6	8.4	7.2	6	4.8	3.6	2.4	1.2	0				
02021000	冻的整头及半头牛肉	25	C-10*	22.5	20	17.5	15	12.5	10	7.5	5	2.5	0				
02022000	冻的带骨牛肉	12	C-10*	10.8	9.6	8.4	7.2	6	4.8	3.6	2.4	1.2	0				
02023000	冻的去骨牛肉	12	C-10*	10.8	9.6	8.4	7.2	6	4.8	3.6	2.4	1.2	0				
02031110	鲜、冷的整头及半头乳猪肉	20	A-5	16	12	8	4	0									
02031190	其他鲜、冷的整头及半头猪肉	20	A-5	16	12	8	4	0									
02031200	鲜、冷的带骨猪前腿、后腿及其肉块	20	A-5	16	12	8	4	0									
02031900	其他鲜、冷猪肉	20	A-5	16	12	8	4	0									
02032110	冻整头及半头乳猪肉	12	A-5	9.6	7.2	4.8	2.4	0									
02032190	其他冻整头及半头猪肉	12	A-5	9.6	7.2	4.8	2.4	0									
02032200	冻的带骨猪前腿、后腿及其肉块	12	A-5	9.6	7.2	4.8	2.4	0									
02032900	其他冻猪肉	12	A-5	9.6	7.2	4.8	2.4	0									
02041000	鲜或冷的整头及半头羔羊	15	B-9	13.3	11.7	10	8.3	6.7	5	3.3	1.7	0					
02042100	鲜或冷的整头及半头绵羊肉	23	B-9	20.4	17.9	15.3	12.8	10.2	7.7	5.1	2.6	0					

图2-2 《中国—澳大利亚自由贸易协定》中国关税减让表示例

（二）关税减让表由哪些要素构成

如图2-1及图2-2所示，中国和澳大利亚的关税减让表均包括协调制度编码、货品名称、基础税率、实施期类别以及每一年度的具体优惠关税水平。

协调制度编码是指《商品名称及编码协调制度》（简称"协调制度"，又称"HS"）中的商品编码，是在原海关合作理事会商品分类目录和国际贸易标准分类目录的基础上，协调国际上多种商品分类目录而制定的一部国际贸易商品分类目录，目前广泛应用于海关监管、海关征税及海关统计。协调制度编码的前6位为世界统一制定，各国自行制定第7和第8位编码。企业在使用时需要注意，中澳两国均采用8位编码，但分类方式并不相同。因此，即使两国的8位编码相同，代表的具体货品也并不一致，需要根据货品特征分别进行查询。中国关税减让表采用的是2013版HS编码，澳大利亚关税减让表采用的是2012版HS编码。

货品名称是各国针对每一协调制度8位编码做出的货品特征的具体描述。

基础税率是指《中国—澳大利亚自由贸易协定》生效之前两国对每一类别货品征收的最惠国关税税率。基础税率是自由贸易协定关税减让的起点。中澳两国均以2013年1月1日的最惠国关税税率作为关税减让的基础税率。

实施期类别是中澳两国分别为原产于伙伴国的每一种进口产品设定的关税减让期限类别。由于两国的基础税率水平及产业发展水平不同，两国的实施期类别也有较大差异。澳大利亚减让表的实施期类别共分为3种，而中国关税减让表的实施期类别共分为13种。具体情况请参见本节第五部分内容。

优惠关税水平是两国关税减让表的最后一项内容，是各类产品每一年度的具体关税水平。由于对关税减让周期的规定不同，双方关税减让表的此项内容有显著差异。澳大利亚的关税减让表规定的最长减让周期为协定生效后第5年，而中国的关税减让表规定的最长关税减让周期为协定生效后的第15年。需要注意的是，协定生效后第1年的关税减让具体日期为《中国—澳大利亚自由贸易协定》生效当日，即2015年12月20日。而从第2年开始，每年的关税减让具体日期为当年的1月1日，即第2年的关税减让安排需在2016年1月1日完成，以此类推。

（三）企业如何获取关税减让表

从事中澳双边货物贸易的企业可通过中国自由贸易区服务网（http://fta.mofcom.gov.cn）及中国国际贸易促进委员会FTA服务网（http://www.ccpit-fta.com）中的"权威资料"专栏获取中澳两国关税减让表，并根据所从事贸易的具体产品特征查询该产品所适用的协调制度编码、每一年度的具体关税水平等信息。

四、自由贸易协定关税减让的起点：中澳两国最惠国关税情况

（一）对照最惠国关税，深入了解协定的关税优惠幅度

企业想了解《中国—澳大利亚自由贸易协定》关于货物贸易的关税减让情况，应首先了解中澳两国最惠国关税税率水平，最惠国关税税率水平是世界贸易组织成员之间实施的关税税率水平。通过将协定优惠关税税率与最惠国关税税率进行对比，企业可以更好地了解协定所带来的关税优惠幅度，也更加有利于促进企业积极申请协定下的优惠原产地证明，提高协定的利用效率。

（二）协定生效前两国最惠国关税情况

根据世界贸易组织的统计，2015年《中国—澳大利亚自由贸易协定》生效之时，澳大利亚全部产品简单平均最惠国关税水平为2.5%，其中农产品为1.2%，非农产品为2.7%。全部产品中有50.3%的HS6位税目实现了零关税进口，其中，有77%的农产品税目和45.9%的非农产品税目的最惠国关税税率为零。协定生效之初，澳大利亚平均关税水平较低，零关税进口产品占比很高，关税减让压力较小。

同年，中国全部产品简单平均最惠国实际关税水平为9.9%，其中农产品为15.6%，非农产品为9.0%。全部产品中有6.9%的HS6位税目实现了零关税进口，其中，有7.2%的农产品税目和6.9%的非农产品税目的最惠国关税税率为零。中国的关税水平明显高于澳大利亚，关税减让压力相对较大，特别

是在农产品贸易领域。协定在关税减让方式、减让期等方面充分考虑了这一特征。中国方面采取了相对较长的关税减让期。

（三）当前两国最惠国关税情况

澳大利亚最惠国关税基本保持稳定。2020年，澳大利亚全部产品简单平均最惠国关税水平为2.4%，比2015年略有下降，其中农产品为1.2%，非农产品为2.6%。有76.8%的农产品税目和48%的非农产品税目的最惠国关税税率为零。澳大利亚各主要产品类别的最惠国平均关税情况见表2-1。

中国最惠国关税有所改善。2020年，中国全部产品简单平均最惠国关税水平为7.5%，比2015年有显著下降，其中农产品为13.8%，非农产品为6.5%。有7.2%的农产品税目和8.5%的非农产品税目的最惠国关税税率为零。中国各主要产品类别的最惠国实际关税情况见表2-2。

（四）中国进口和出口企业的受益程度有所差异，进口企业的受益更为显著

原产于澳大利亚的产品在对中国出口时，中国进口企业如能要求出口方配合向澳大利亚申请取得《中国—澳大利亚自由贸易协定》优惠原产地证书，将会获得更为显著的关税减让福利，从而降低进口成本。由于澳大利亚超过3/4的农产品税目和接近一半的非农产品税目在2020年已经将最惠国关税降至零，中国出口企业的协定受惠程度低于进口企业。因此，中国出口企业应首先全面了解所出口产品在澳大利亚适用的最惠国关税与协定优惠关税水平，以及两者的差异情况。

表2-1　2015年和2020年澳大利亚各产品类别最惠国关税情况

（单位：%）

产品类别	2015年			2020年		
	平均关税水平	零关税税目在全部税目中的占比	最高关税水平	平均关税水平	零关税税目在全部税目中的占比	最高关税水平
动物产品	0.4	92.8	5	0.4	92.8	5

续　表

产品类别	2015年			2020年		
	平均关税水平	零关税税目在全部税目中的占比	最高关税水平	平均关税水平	零关税税目在全部税目中的占比	最高关税水平
奶类产品	2.8	76.2	16	3.1	76.2	19
水果、蔬菜和植物	1.4	71.1	5	1.4	71.2	5
咖啡和茶	1.0	79.2	5	1.0	79.2	5
谷物及其制品	1.1	76.7	5	1.1	76.7	5
油籽、油脂	1.5	70.5	5	1.5	70.5	5
糖类及其制品	1.8	61.8	5	1.8	61.8	5
饮料和烟草	3.5	29.6	5	3.6	28.5	5
棉花	0.0	100.0	0	0.0	100.0	0
其他农产品	0.3	94.7	5	0.3	94.7	5
鱼和鱼类产品	0.0	99.6	5	0.0	99.6	5
矿产和金属	2.7	45.4	5	2.7	45.5	5
石油	0.0	100.0	0	0.0	100.0	0
化学品	1.8	63.6	5	1.7	66.0	5
木材、纸类等	3.3	33.4	5	3.3	34.9	5
纺织品	4.2	16.2	5	4.2	16.4	5
服装	4.6	8.1	5	4.6	8.1	5
皮革、鞋类等	4.1	17.0	5	4.1	17.6	5
非电气机械	2.9	42.9	5	2.7	45.3	5
电气机械	2.9	41.8	5	2.4	51.0	5
运输设备	4.7	34.0	126	3.4	32.2	5
别处未列明的制成品	1.3	73.1	5	1.3	74.5	5

资料来源：世界贸易组织，*World Tariff Profiles 2016*，*World Tariff Profiles 2021*。

表2-2　2015年和2020年中国各产品类别最惠国关税情况

（单位：%）

产品类别	2015年			2020年		
	平均关税水平	零关税税目在全部税目中的占比	最高关税水平	平均关税水平	零关税税目在全部税目中的占比	最高关税水平
动物产品	14.1	13.8	25	13.2	13.8	25
奶类产品	12.3	0	20	12.3	0	20

续　表

产品类别	2015年			2020年		
	平均关税水平	零关税税目在全部税目中的占比	最高关税水平	平均关税水平	零关税税目在全部税目中的占比	最高关税水平
水果、蔬菜和植物	14.8	4.9	30	12.2	4.9	30
咖啡和茶	14.9	0	32	12.3	0	30
谷物及其制品	23.0	8.8	65	19.5	8.8	65
油籽、油脂	10.9	9.1	30	10.9	9.1	30
糖类及其制品	28.7	0	50	28.7	0	50
饮料和烟草	235	2.1	65	18.2	2.0	65
棉花	22.0	0	40	22.0	0	40
其他农产品	11.9	8.5	38	11.8	8.5	38
鱼和鱼类产品	10.6	5.0	23	7.2	4.4	15
矿产和金属	7.8	5.9	50	6.3	5.9	50
石油	5.3	16.7	9	5.3	16.7	9
化学品	6.7	0.4	47	6.2	2.0	47
木材、纸类等	4.5	36.0	20	3.2	41.0	12
纺织品	9.6	0	38	7.0	0	38
服装	16.0	0	25	6.8	0	12
皮革、鞋类等	13.5	0.6	25	10.6	0.6	25
非电气机械	8.2	9.2	35	6.8	10.3	25
电气机械	9.0	24.0	35	5.6	30.1	20
运输设备	11.4	0.8	45	9.6	0.8	45
别处未列明的制成品	12.1	10.0	35	6.7	16.0	20

资料来源：世界贸易组织，*World Tariff Profiles 2016*，*World Tariff Profiles 2021*。

五、关税减让总体安排及特点

（一）关税减让总体特点：范围广，幅度大，安排有差异

《中国—澳大利亚自由贸易协定》关税减让的主要特征表现为范围广，幅度大，两国减让安排有差异。这些特征主要是由两国现行关税水平高低、内部产业部门承受能力等因素决定的。协定的关税减让涉及绝大多数双边贸易的产品类别，并且多数产品的关税最终将降至零。其中，中国对原产于澳大

利亚的进口产品的关税减让幅度尤其显著，这将给中国进口企业创造更多的贸易机会。两国的减让期安排也有差异。澳大利亚的关税减让期较短，最长为5年，中国的最长关税减让期为15年。

（二）澳大利亚的关税减让：速度快，全覆盖，已实现全部零关税

澳大利亚的关税减让表将货物按照不同实施期限分为以下类别，并分别制定了不同的关税减让安排：

1. "0"类别：此类货物的关税税率已于2015年12月20日《中国—澳大利亚自由贸易协定》生效之时一次性削减至零。例如，72111400类产品（厚度≥4.75mm的其他热轧板材）即为0类产品，基础税率为5%，在协定生效当日澳大利亚关税降至零。

2. "3"类别：此类货物的关税税率自2015年12月20日《中国—澳大利亚自由贸易协定》生效之时起，已分3次于2017年1月1日削减至零。例如，72104100类产品（镀锌的瓦楞形铁或非合金钢宽板材）为3类产品，澳大利亚基础税率为5%，协定生效时税率降至3.3%，2017年1月1日将税率降至零。

3. "5"类别：此类货物的关税税率自2015年12月20日《中国—澳大利亚自由贸易协定》生效之时起，已分5次于2019年1月1日削减至零。例如，72104900（镀锌的其他形铁或非合金钢宽板材）类产品为5类产品，澳大利亚基础税率为5%，协定生效时税率降至4%，经过每年匀速降税，于2019年1月1日将税率降至零。

协定附件1澳大利亚关税减让表详细列明了每一税目货物的关税基础税率和各年度关税水平。

（三）中国的关税减让安排：仍在减让过程中，情况更复杂

中国对来自澳大利亚原产货物的关税减让安排相对更为复杂，部分产品的关税减让期限安排也相对较长，最长达到协定生效后15年。另有极少部分产品保留实行最惠国关税税率。中国的关税减让表将协定下的货物按照不同

实施期限分为 A 类、B 类、C 类、D 类和"国别关税配额"类等五大类别。其中，A 类产品为关税减让期不超过 5 年的产品；B 类产品是指关税减让期为 6 到 15 年的产品；C 类产品为根据协定实施农产品特殊保障措施的产品；D 类产品为保持基础税率，不进行协定下关税减让的产品；而"国别关税配额"类产品则特指根据协定实施国别关税配额管理的产品。各类别产品的具体关税减让安排如下：

1."A-0"类别：此类货物的关税税率已于2015年12月20日《中国—澳大利亚自由贸易协定》生效之时一次性削减至零。例如，03061612（冻北方长额虾虾仁）类产品为 A-0 类产品，其基础税率为5%，2015年12月20日降为零。

2."A-3"类别：此类货物的关税税率自2015年12月20日《中国—澳大利亚自由贸易协定》生效之时起，分3次已于2017年1月1日削减至零。例如，27011290（未制成型的其他烟煤，不论是否粉化）类产品为 A-3 类产品，其基础税率为6%，2015年12月20日降为4%，2017年1月1日降至零。

3."A-5"类别：此类货物的关税税率自2015年12月20日《中国—澳大利亚自由贸易协定》生效之时起，分5次已于2019年1月1日削减至零。例如，03083090（冻、干、盐腌或盐渍的海蜇）类产品为A-5类产品，其基础税率为10%，2015年12月20日降为8%，经过每年匀速降税，于2019年1月1日降至零（如图2-3所示）。

4."B-6"类别：此类货物的关税税率自2015年12月20日起，分6次于2020年1月1日削减至零。例如，41039019（山羊板皮，经逆鞣处理的除外）类产品为 B-6 类产品，其基础税率为9%，2015年12月20日降为7.5%，此后每年匀速削减关税，至2020年1月1日削减至零（如图2-4所示）。

5."B-8"类别：此类货物的关税税率自2015年12月20日起，分8次于2022年1月1日削减至零。例如，20091100（冷冻的橙汁）类产品即 B-8类产品，其基础税率为7.5%，2015年12月20日降为6.6%，此后每年匀速削减关税，并于2022年1月1日削减至零。

6."B-9"类别：此类货物的关税税率自2015年12月20日起，将分9次于2023年1月1日削减至零。例如，08052020（阔叶柑橘）类产品即 B-9 类产品，其基础税率为12%，2015年12月20日降为10.7%，此后每年匀速削减关税，并将于2023年1月1日削减至零。

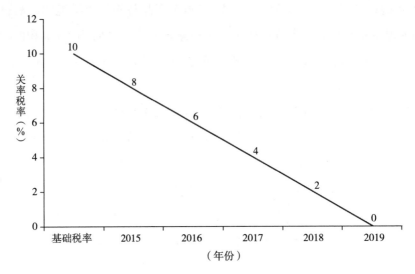

图2-3 03083090类产品关税减让安排示例

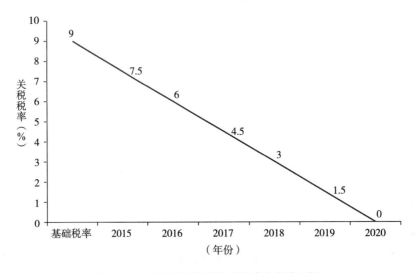

图2-4 41039019类产品关税减让安排示例

7."B-10"类别：此类货物的关税税率自2015年12月20日起，将分10次于2024年1月1日削减至零。例如，04051000（黄油）类产品即B-10类产品，其基础税率为10%，2015年12月20日降为9%，此后每年匀速削减关税，并将于2024年1月1日削减至零。

8. "B-12" 类别：此类货物的关税税率自2015年12月20日起，将分12次于2026年1月1日削减至零。例如，04021000（脂肪含量 ≤ 1.5% 固状乳及奶油）类产品即 B-12 类产品，其基础税率为10%，2015年12月20日降为9%，此后每年匀速削减关税，并将于2026年1月1日削减至零。

9. "B-15" 类别：此类货物的关税税率自2015年12月20日起，将分15次于2029年1月1日削减至零。例如，85287292（其他彩色数字电视接收机）类产品即 B-15 类产品，其基础税率为30%，2015年12月20日降为28%，此后每年匀速削减关税，并将于2029年1月1日削减至零。

10. "C-10*" 类别：此类货物的关税税率自2015年12月20日起，将分10次于2024年1月1日削减至零。同时，此类产品应遵守关于农产品特殊保障机制的规定，具体要求参见本章第三节内容。例如，02011000（整头及半头鲜、冷牛肉）类产品即 C-10* 类产品，其基础税率为20%，2015年12月20日降为18%，此后每年匀速削减关税，并将于2024年1月1日削减至零。

11. "C-12*" 类别：此类货物的关税税率自2015年12月20日起，将分12次于2026年1月1日削减至零。同时，此类产品应遵守关于农产品特殊保障机制的规定，具体要求参见本章第三节内容。例如，04022900（脂肪量 > 1.5% 的加糖固状乳及奶油）类产品即 C-12* 类产品，其基础税率为10%，2015年12月20日降为9.2%，此后每年匀速削减关税，并将于2026年1月1日将该类产品进口关税削减至零。

12. "国别关税配额" 类别：此类产品应适用国别关税配额，每年配额内进口产品税率为零，超出配额后的进口适用基础税率。例如，51011100（未梳的含脂剪羊毛）类产品基础税率为38%，2015年12月20日国别配额内税率降为零，具体管理要求等参见本章第三节内容。

13. "D" 类别：此类产品未进行协定内的关税减让，仍适用中国的最惠国关税税率。例如，12019010（黄大豆）类产品即 D 类产品，该类产品的基础税率为3%，协定生效后，继续维持这一税率。

协定附件一中华人民共和国减让表详细列明了每一税目货物的基础税率

和各年度协定关税税率。

第二节 货物贸易自由化政策措施

本书采用世界贸易组织关税统计的产品分类方式，对截至2020年12月，中国和澳大利亚各类货物的现行协定优惠关税水平以及未来减让安排进行详细介绍。产品具体分类方式参见本章附录。从事中澳双边贸易的企业可根据本企业开展贸易的产品类别，对照了解目前及未来该产品的关税减让具体信息。

一、澳大利亚给予中国的货物贸易自由化政策措施

中国出口企业利好：澳大利亚已实现全部产品零关税进口。根据协定安排，澳大利亚已于2019年1月1日将全部原产于中国的进口产品的关税削减至零。澳大利亚已完成协定规定的关税减让义务。这对中国出口企业而言是重要利好消息。目前，中国企业出口产品时，在取得规定的优惠原产地证明文件后，即可以零关税进入澳大利亚市场。

二、中国给予澳大利亚的货物贸易自由化政策措施

中国进口及进口竞争企业：关注变化，针对不同产品制定贸易策略。与澳大利亚不同，中国尚未完成全部关税减让安排。各类产品的具体关税情况有较大差异。中国进口企业应及时关注不同产品关税调整情况，从中寻找商机，敦促澳大利亚出口方及时开具优惠原产地证明，以降低成本。中国进口竞争企业也应根据国内市场需求、关税变化及澳方进口产品在中国同类产品中所占比重等信息科学制定策略，应对挑战。

（一）农产品的市场准入安排

1.动物产品：降税幅度大，多数产品已实现零关税。

动物产品是中国自澳大利亚进口的第二大重要产品，进口规模仅次于矿

产品。除满足国内消费需求外，动物产品还是重要的生产原料。2020年中国此类产品的最惠国平均关税为13.2%，其中13.8%的税目关税为零，最高关税水平为25%。截至2020年12月，中国已经完成了大多数动物产品的关税减让，将原产于澳大利亚的产品进口关税降至零。尚未完成全部关税减让目标的动物产品（见表2-3）共包括19个税目。其中，部分牛肉产品属于"C-10*"类产品，将于协定生效第10年即2024年1月1日将关税降至零。此类产品同时适用农产品特殊保障措施，相关注意事项参见本章第三节内容。除此之外，还有部分羊肉、牛肉等产品分别为B-8、B-9和B-10类产品，将在2022年、2023年和2024年的1月1日将关税降至零。

中国进口企业目前已经可充分受惠。协定的关税减让范围覆盖了全部动物产品，最终全部减至零关税。与13.2%的最惠国平均关税相比，减让幅度非常显著。就减让周期而言，多数产品的减让期已结束，少部分牛肉、羊肉等产品的降税期也将在三年内全部结束，企业可对其关税变化予以适当关注。2021年尚未实现零关税的产品中最高关税为7.5%，也已显著低于最惠国关税水平。

对中国进口竞争企业而言，关税减让的影响总体上是可控的。已经完成的关税削减并未造成显著冲击。对于牛肉等重点关注产品，关税减让是分10年进行的，已经为中国企业预留了准备时间。此外，中国对部分牛肉产品设有农产品特殊保障措施，可以有效避免进口激增对国内企业的冲击。在未来三年，中国企业需抓紧时间继续培养市场竞争能力。

表2-3 截至2020年12月《中国—澳大利亚自由贸易协定》下中国尚未实现零关税进口的动物产品名录

HS 编码	货品名称	基础税率（%）	实施期类别	第1年（%）	第2年（%）	第3年（%）	第4年（%）	第5年（%）	第6年（%）	第7年（%）	第8年（%）	第9年（%）	第10年（%）
02011000	整头及半头鲜、冷牛肉	20	C-10*	18	16	14	12	10	8	6	4	2	0
02012000	鲜、冷的带骨牛肉	12	C-10*	10.8	9.6	8.4	7.2	6	4.8	3.6	2.4	1.2	0

HS 编码	货品名称	基础税率（%）	实施期类别	第1年（%）	第2年（%）	第3年（%）	第4年（%）	第5年（%）	第6年（%）	第7年（%）	第8年（%）	第9年（%）	第10年（%）
02013000	鲜、冷的去骨牛肉	12	C-10*	10.8	9.6	8.4	7.2	6	4.8	3.6	2.4	1.2	0
02021000	冻的整头及半头牛肉	25	C-10*	22.5	20	17.5	15	12.5	10	7.5	5	2.5	0
02022000	冻的带骨牛肉	12	C-10*	10.8	9.6	8.4	7.2	6	4.8	3.6	2.4	1.2	0
02023000	冻的去骨牛肉	12	C-10*	10.8	9.6	8.4	7.2	6	4.8	3.6	2.4	1.2	0
02041000	鲜或冷的整头及半头羔羊	15	B-9	13.3	11.7	10	8.3	6.7	5	3.3	1.7	0	
02042100	鲜或冷的整头及半头绵羊肉	23	B-9	20.4	17.9	15.3	12.8	10.2	7.7	5.1	2.6	0	
02042200	鲜或冷的带骨绵羊肉	15	B-9	13.3	11.7	10	8.3	6.7	5	3.3	1.7	0	
02042300	鲜或冷的去骨绵羊肉	15	B-9	13.3	11.7	10	8.3	6.7	5	3.3	1.7	0	
02043000	冻的整头及半头羔羊	15	B-9	13.3	11.7	10	8.3	6.7	5	3.3	1.7	0	
02044100	冻的整头及半头绵羊肉	23	B-9	20.4	17.9	15.3	12.8	10.2	7.7	5.1	2.6	0	
02044200	冻的其他带骨绵羊肉	12	B-9	10.7	9.3	8	6.7	5.3	4	2.7	1.3	0	
02044300	冻的其他去骨绵羊肉	15	B-9	13.3	11.7	10	8.3	6.7	5	3.3	1.7	0	
02045000	鲜、冷、冻的山羊肉	20	B-9	17.8	15.6	13.3	11.1	8.9	6.7	4.4	2.2	0	
02062900	其他冻牛杂碎	12	B-8	10.5	9	7.5	6	4.5	3	1.5	0		
02068000	鲜、冷的羊、马、驴、骡杂碎	20	B-10	18	16	14	12	10	8	6	4	2	0
02069000	冻的羊、马、驴、骡杂碎	18	B-8	15.8	13.5	11.3	9	6.8	4.5	2.3	0		
02102000	干、熏、盐制的牛肉	25	B-10	22.5	20	17.5	15	12.5	10	7.5	5	2.5	0

2. 奶类产品：减让期长，设有农产品保障措施。

2020年中国此类产品的最惠国平均关税为12.3%，零关税税目数量为零，最高关税水平为20%。根据中国的关税减让安排，奶类产品中，04052000（乳酱）和04064000（蓝纹乳酪和娄地青霉生产的带有纹理的其他乳酪）属于A-5类产品，已经在2019年1月1日完成关税减让，进口关税削减至零。其他产品仍处于关税减让期，具体减让安排（见表2-4）。仍处于减让期的产品包括B-10、B-12和C-12* 类产品，减让期将分别在2024年1月1日和2026年1月1日结束，届时关税将降至零。对于04022100（脂肪量＞1.5% 未加糖固状乳及奶油）和04022900（脂肪量＞1.5% 的加糖固状乳及奶油）两种C-12* 产品，同时适用农产品特殊保障措施，具体情况参见本章第三节相关内容。

目前，协定为中国进口企业带来的减免优惠尚未完全释放。中国对奶类产品设定的关税减让期最长达到12年，尚有5年才能完全实现零关税。2021年1月1日，奶类产品的协定优惠税率均不超过4.5%，显著低于最惠国关税，但仍有减让空间。进口企业未来会有新的受惠机会，可对该产品的进口情况予以持续关注。

对中国进口竞争企业而言，影响是可控的。首先，由于关税减让期较长，市场冲击是长时间缓慢释放的，企业有充足时间进行应对。其次，以HS第4章产品为例，2019年澳大利亚产品在中国同类产品进口中的占比不足10%，远低于新西兰产品的比重（超过50%），市场影响力有限。此外，中国对部分奶类产品设有农产品特殊保障措施，有效避免了进口激增对国内企业的冲击。企业可密切关注未来五年关税减让对市场的影响，抓紧时间培养竞争能力。同时，也可通过对外直接投资等形式获取优质奶源，提高市场竞争力。

3. 水果、蔬菜和植物：多数产品已实现零关税进口。

2020年中国此类产品的最惠国平均关税为12.2%，其中4.9%的税目关税为零，最高关税水平为30%。多数此类产品已经在2020年12月前完成关税减让承诺，实现了零关税进口。目前，有7个税号的B-9类产品仍处于减让期内（见表2-5），将于2023年1月1日完成关税减让，将进口关税降至零。

总体而言，对于中国进口企业，该类产品的减让幅度大，减让期短，已

表2-4 截至2020年12月中《中国—澳大利亚自由贸易协定》下中国尚未实现零关税进口的奶类产品名录

HS编码	货品名称	基础税率（%）	实施期类别	第1年（%）	第2年（%）	第3年（%）	第4年（%）	第5年（%）	第6年（%）	第7年（%）	第8年（%）	第9年（%）	第10年（%）	第11年（%）	第12年（%）
04011000	脂肪含量未超1%未浓缩及未加糖的乳及奶油	15	B-10	13.5	12	10.5	9	7.5	6	4.5	3	1.5	0		
04012000	脂肪含量在1%~6%未浓缩及未加糖的乳及奶油	15	B-10	13.5	12	10.5	9	7.5	6	4.5	3	1.5	0		
04014000	按重量计脂肪含量超过6%，但不超过10%的未浓缩及未加糖或其他甜物质的乳及奶油	15	B-10	13.5	12	10.5	9	7.5	6	4.5	3	1.5	0		
04015000	按重量计脂肪含量超过10%的未浓缩及未加糖或其他甜物质的乳及奶油	15	B-10	13.5	12	10.5	9	7.5	6	4.5	3	1.5	0		
04021000	脂肪含量≤1.5%固状乳及奶油	10	B-12	9.2	8.3	7.5	6.7	5.8	5	4.2	3.3	2.5	1.7	0.8	0
04022100	脂肪量>1.5%未加糖固状乳及奶油	10	C-12*	9.2	8.3	7.5	6.7	5.8	5	4.2	3.3	2.5	1.7	0.8	0
04022900	脂肪量>1.5%的加糖固状乳及奶油	10	C-12*	9.2	8.3	7.5	6.7	5.8	5	4.2	3.3	2.5	1.7	0.8	0
04029100	浓缩但未加糖的非固状乳及奶油	10	B-12	9.2	8.3	7.5	6.7	5.8	5	4.2	3.3	2.5	1.7	0.8	0
04029900	浓缩并已加糖的非固状乳及奶油	10	B-12	9.2	8.3	7.5	6.7	5.8	5	4.2	3.3	2.5	1.7	0.8	0
04031000	酸乳	10	B-10	9	8	7	6	5	4	3	2	1	0		
04039000	酪乳及其他发酵或酸化的乳及奶油	20	B-10	18	16	14	12	10	8	6	4	2	0		
04049000	其他编号未列名的含天然乳的产品	20	B-10	18	16	14	12	10	8	6	4	2	0		
04051000	黄油	10	B-10	9	8	7	6	5	4	3	2	1	0		
04059000	其他从乳中提取的脂和油	10	B-10	9	8	7	6	5	4	3	2	1	0		
04061000	鲜乳酪（未熟化或未固化）	12	B-10	10.8	9.6	8.4	7.2	6	4.8	3.6	2.4	1.2	0		
04062000	各种磨碎或粉化的乳酪	12	B-10	10.8	9.6	8.4	7.2	6	4.8	3.6	2.4	1.2	0		
04063000	经加工的乳酪，但磨碎或粉化的除外	12	B-10	10.8	9.6	8.4	7.2	6	4.8	3.6	2.4	1.2	0		
04069000	其他乳酪	12	B-10	10.8	9.6	8.4	7.2	6	4.8	3.6	2.4	1.2	0		

经带来了明显的关税减免优惠。部分柑橘属产品的关税减让期即将在两年后结束，可再释放一部分减税优惠。中国企业可对此予以持续关注。

对中国进口竞争企业而言，关税减让的影响较为有限。中国国内市场需求巨大，澳大利亚并非中国此类产品的主要进口来源地。目前，关税减让已接近完成，并未给中国进口竞争企业带来明显影响。

表2-5　截至2020年12月《中国—澳大利亚自由贸易协定》下中国尚未实现零关税进口的水果、蔬菜和植物名录

HS 编码	货品名称	基础税率（%）	实施期类别	第1年（%）	第2年（%）	第3年（%）	第4年（%）	第5年（%）	第6年（%）	第7年（%）	第8年（%）	第9年（%）
08051000	鲜或干橙	11	B-9	9.8	8.6	7.3	6.1	4.9	3.7	2.4	1.2	0
08052010	鲜或干蕉柑	12	B-9	10.7	9.3	8	6.7	5.3	4	2.7	1.3	0
08052020	阔叶柑橘	12	B-9	10.7	9.3	8	6.7	5.3	4	2.7	1.3	0
08052090	其他鲜或干的柑橘及杂交柑橘	12	B-9	10.7	9.3	8	6.7	5.3	4	2.7	1.3	0
08054000	鲜或干的葡萄柚，包括柚	12	B-9	10.7	9.3	8	6.7	5.3	4	2.7	1.3	0
08055000	鲜或干的柠檬及酸橙	11	B-9	9.8	8.6	7.3	6.1	4.9	3.7	2.4	1.2	0
08059000	其他鲜或干的柑橘属水果	30	B-9	26.7	23.3	20	16.7	13.3	10	6.7	3.3	0

4. 咖啡和茶：已经全部实现零关税。

2020年中国此类产品的最惠国平均关税为12.3%，零关税税目数量为零，最高关税水平为30%。根据中国关税减让安排，中国在2020年12月前已经完成了全部此类产品的关税减让，所有产品关税降至零。

对中国进口企业而言，该类产品关税减让幅度大，减让期短，受惠较为明显。对中国进口竞争企业而言，澳大利亚不是此类产品的主要进口来源地，且关税减让已经结束，未来进口不会对企业造成不利影响。

5. 谷物及其制品：少量产品不参与关税减让，其他产品已全部减至零关税。

谷物是中国自澳大利亚进口的重要产品类别。2020年中国此类产品的最惠国平均关税为19.5%，零关税税目在该类产品全部税目中所占比重为8.8%，

最高关税水平为65%。目前，根据中国的关税减让表，第10章和第11章的部分产品（共26个税号）为D类产品（见表2-6），保留基础税率，不在协定下进行关税减让。其他产品均已完成关税减让。

对中国进口企业而言，该类产品关税减让幅度很大，减让期短，除少量D类产品外，已全部实现零关税进口，进口企业受惠较为显著。

对中国进口竞争企业而言，澳大利亚是此类产品的重要进口来源地之一，关税减让对部分国内企业造成了一定的影响，特别是澳大利亚部分企业的不当贸易行为对国内产业已构成实质性冲击。2020年5月，中国对自澳大利亚进口大麦做出反倾销和反补贴调查最终裁决，认定倾销和补贴行为存在，对该产品采取反倾销和反补贴措施。中国企业应对此类产品贸易予以关注，如遇不当贸易行为造成损失，应及时配合政府部门做好应对。

表2-6　截至2020年12月《中国—澳大利亚自由贸易协定》下中国尚未实现零关税进口的谷物及其制品名录

HS 编码	货品名称	基础税率（%）	实施期类别
10011100	种用硬粒小麦	65	D
10011900	其他硬粒小麦	65	D
10019100	种用其他小麦及混合麦	65	D
10019900	其他小麦及混合麦	65	D
10051000	种用玉米	20	D
10059000	其他玉米	65	D
10061011	种用籼米稻谷	65	D
10061019	种用稻谷	65	D
10061091	其他籼米稻谷	65	D
10061099	其他稻谷	65	D
10062010	籼型糙米	65	D
10062090	其他糙米	65	D
10063010	籼型精米	65	D
10063090	其他精米	65	D
10064010	籼米碎米	65	D
10064090	其他碎米	65	D

HS 编码	货品名称	基础税率（%）	实施期类别
11010000	小麦或混合麦的细粉	65	D
11022000	玉米细粉	40	D
11029011	籼米大米细粉	40	D
11029019	其他大米细粉	40	D
11031100	小麦粗粒及粗粉	65	D
11031300	玉米粗粒及粗粉	65	D
11031921	籼米大米粗粒及粗粉	10	D
11031929	其他大米粗粒及粗粉	10	D
11032010	小麦团粒	65	D
11042300	经其他加工的玉米	65	D

6. 油籽、油脂：部分产品不减让，其他已减让完毕。

2020年中国此类产品的最惠国平均关税为10.9%，零关税税目在该类产品全部税目中所占比重为9.1%，最高关税水平为30%。目前，根据中国的关税减让表，其中的第12章和第15章的部分产品（共36个税号）为D类产品（见表2-7），保留基础税率，不在协定下进行关税减让。其他产品均已完成关税减让。

对中国进口企业而言，除D类产品外，中国已完成其余产品关税减让，减让期短，受益快。对进口竞争企业而言，澳大利亚不是中国此类产品的主要进口来源地，加之部分产品不参与关税减让，对国内企业没有明显冲击。目前，减让期已结束，市场压力已释放完毕，未来贸易不会对中国进口竞争企业造成显著影响。

表2-7 截至2020年12月《中国—澳大利亚自由贸易协定》下中国尚未实现零关税进口的油籽、油脂名录

HS 编码	货品名称	基础税率（%）	实施期类别
12019010	黄大豆	3	D
12019020	黑大豆	3	D
12019030	青大豆	3	D
12019090	其他大豆	3	D

HS 编码	货品名称	基础税率（%）	实施期类别
12051090	其他低芥子酸油菜子	9	D
12059090	其他油菜子	9	D
15071000	初榨豆油的分离品	9	D
15079000	精制的豆油及其分离品	9	D
15081000	初榨花生油的分离品	10	D
15089000	精制的花生油及其分离品	10	D
15091000	初榨油橄榄油及其分离品	10	D
15099000	精制的油橄榄油及其分离品	10	D
15100000	其他橄榄油及其分离品	10	D
15111000	初榨棕榈油的分离品	9	D
15119010	精制的棕榈液油（熔点19~24度）	9	D
15119020	精制的棕榈硬脂（熔点44~56度）	8	D
15119090	其他精制的棕榈油及其分离品	9	D
15121100	初榨葵花油或红花油的分离品	9	D
15121900	精制的葵花油或红花油及其分离品	9	D
15122100	初榨棉子油的分离品	10	D
15122900	精制的棉子油及其分离品	10	D
15131100	初榨椰子油分离品	9	D
15131900	椰子油及其分离品	9	D
15132100	初榨棕榈仁油或巴巴苏棕榈果油及其分离品	9	D
15132900	精制的棕榈仁油或巴巴苏棕榈果油及其分离品	9	D
15141100	初榨低芥子酸菜子油及其分离品	9	D
15141900	其他低芥子酸菜子油或芥子油及其分离品	9	D
15149110	初榨菜子油及其分离品	9	D
15149190	初榨芥子油及其分离品	9	D
15149900	其他菜子油或芥子油及其分离品	9	D
15151100	初榨亚麻子油及其分离品	15	D
15151900	精制的亚麻子油及其分离品	15	D
15152100	初榨玉米油的分离品	10	D
15152900	精制的玉米油及其分离品	10	D
15179090	混合制成的食用油脂或制品	25	D
15180000	化学改性的动、植物油、脂及其制品；其他税号未列名的非食用油、脂或制品	10	D

7. 糖类及其制品：部分产品不参与关税减让，其他产品已减让完毕。

2020年中国此类产品的最惠国平均关税为28.7%，零关税税目在该类产品全部税目中所占比重为零，最高关税水平为50%。根据中国的关税减让表，其中的部分产品（共7个税号）为D类产品（见表2-8），保留基础税率，不在协定下进行关税减让。其他12个税号的产品均为A-5类产品，已于2019年1月1日完成关税减让，实现零关税进口。

对中国进口企业而言，该类产品关税减让幅度很大，减让期短，且除例外产品外，其他产品已完成减让，受惠较为明显。对中国进口竞争企业而言，澳大利亚不是中国此类产品的主要进口来源地，在同类产品进口总额中占比不足5%。且除例外产品外，关税减让已经结束，市场压力已释放完毕，未来进口不会对企业造成不利影响。

表2-8 截至2020年12月《中国—澳大利亚自由贸易协定》下中国尚未实现零关税进口的糖类及其制品名录

HS 编码	货品名称	基础税率（%）	实施期类别
17011200	未加香料或着色剂的甜菜原糖	50	D
17011300	本章子目注释二所述的甘蔗糖	50	D
17011400	其他甘蔗糖	50	D
17019100	加有香料或着色剂的糖	50	D
17019910	砂糖	50	D
17019920	绵白糖	50	D
17019990	其他精制糖	50	D

8. 饮料和烟草：烟草不减让，饮料已基本减让完毕。

2020年中国此类产品的最惠国平均关税为18.2%，其中2%的税目关税为零，最高关税水平为65%。根据中国的关税减让表，其中的20091100（冷冻的橙汁）、20091200（非冷冻的，白利糖度值不超过20的橙汁）和20091900（其他橙汁）三个税号的橙汁产品为B-8类产品，将在2022年将进口关税税率降至零。中国同时将24章的全部烟草产品（共12个税号）设定为D类产品（见表2-9），保留基础税率，不在协定下进行关税减让。其他产品均已完成关税减让，实现零关税进口。

对中国进口企业而言，该类产品关税减让幅度很大，减让期短，其中烟草产品不参加关税减让，进口企业无额外获益。饮料产品除三个税号将在2022年1月1日完成减让外，其他产品已全部实现零关税进口。进口企业受惠较为显著，其中，葡萄酒产品是中国自澳进口的重要产品之一，已实现零关税进口，贸易成本下降显著，企业有获利机会。

对中国进口竞争企业而言，澳大利亚是葡萄酒的重要进口来源地之一，关税减让对部分国内企业造成了一定的影响，特别是澳大利亚部分企业的不当贸易行为对中国国内产业已构成实质性冲击。2021年3月，中国对自澳进口葡萄酒做出反倾销和反补贴调查最终裁决，认定倾销和补贴行为存在，对该产品采取反倾销和反补贴措施。中国企业应对此类产品贸易予以关注，如遇不当贸易行为造成损失，应及时配合政府部门做好应对。烟草产品因不参与关税减让，故对国内竞争企业没有影响。

表2-9 截至2020年12月《中国—澳大利亚自由贸易协定》下中国尚未实现零关税进口的饮料和烟草名录

HS 编码	货品名称	基础税率（%）	实施期类别	第1年（%）	第2年（%）	第3年（%）	第4年（%）	第5年（%）	第6年（%）	第7年（%）	第8年（%）
20091100	冷冻的橙汁	7.5	B–8	6.6	5.6	4.7	3.8	2.8	1.9	0.9	0
20091200	非冷冻的，白利糖度值不超过20的橙汁	30	B–8	26.3	22.5	18.8	15	11.3	7.5	3.8	0
20091900	其他橙汁	30	B–8	26.3	22.5	18.8	15	11.3	7.5	3.8	0
24011010	未去梗的烤烟	10	D								
24011090	其他未去梗的烟草	10	D								
24012010	部分或全部去梗的烤烟	10	D								
24012090	部分或全部去梗的其他烟草	10	D								
24013000	烟草废料	10	D								
24021000	烟草制的雪茄烟	25	D								
24022000	烟草制的卷烟	25	D								
24029000	烟草代用品制的雪茄烟及卷烟	25	D								
24031100	本章子目注释所述的水烟料	57	D								

HS 编码	货品名称	基础税率（%）	实施期类别	第1年（%）	第2年（%）	第3年（%）	第4年（%）	第5年（%）	第6年（%）	第7年（%）	第8年（%）
24031900	其他供吸用的烟草	57	D								
24039100	"均化"或"再造"烟草	57	D								
24039900	其他烟草及烟草代用品的制品；烟草精汁	57	D								

9. 棉花：主要产品不参与关税减让。

2020年中国此类产品的最惠国平均关税为22%，零关税税目在该类产品全部税目中所占比重为零，最高关税水平为40%。目前，根据中国的关税减让表，其中的52010000（未梳的棉花）和52030000（已梳的棉花）为D类产品（见表2-10），保留基础税率，不在协定下进行关税减让。其他52021000（废棉纱线）、52029100（棉的回收纤维）和52029900（其他废棉）类产品则被设定为A-5类产品，已在2019年1月1日完成关税减让，关税降至零。

中国已签署的自由贸易协定普遍将重要棉花产品列为例外，不参与关税减让。因此，澳大利亚产品的进口对中国国内企业基本不造成影响。

表2-10 截至2020年12月《中国—澳大利亚自由贸易协定》下中国尚未实现零关税进口的棉花名录

HS 编码	货品名称	基础税率（%）	实施期类别
52010000	未梳的棉花	40	D
52030000	已梳的棉花	40	D

10. 其他农产品：羊毛产品实施国别关税配额，其他产品基本减让完毕。

2020年中国此类产品的最惠国平均关税为11.8%，其中8.5%的税目关税为零，最高关税水平为38%。根据中国的关税减让表，4101至4103类产品中仍有13个税号的产品属于B-8类产品，将在2022年1月1日完成关税减让，将进口关税降至零。此外，5101至5103类的羊毛产品按照协定实行国别关税配额管理，即国别关税配额内进口产品实行零关税进口，超出国别关税配额的产品按照最惠国关税税率进口。其他税号的产品已在2020年12月前完成关税减让，进口关税已降至零（见表2-11）。

对中国进口企业而言，此类产品的减让期即将全部结束，减让幅度相对较大，进口企业受惠明显。其中的羊毛产品是中国自澳进口的重要产品之一。中国对部分羊毛产品实施国别关税配额，进口企业需予以关注，充分用好用足配额，降低贸易成本。同时，羊毛也是重要的原料产品，配额内零关税进口有利于降低关联产品的生产成本，提高市场竞争力。

对于中国羊毛产品的进口竞争企业，关税配额的实施缓冲了进口产品的市场冲击。对于其他产品的进口竞争企业，关税减让周期已基本结束，市场压力已充分释放，对未来贸易基本不会造成较大的影响。

表2-11　截至2020年12月《中国—澳大利亚自由贸易协定》下中国尚未实现零关税进口的其他农产品名录

HS 编码	货品名称	基础税率（%）	实施期类别	第1年（%）	第2年（%）	第3年（%）	第4年（%）	第5年（%）	第6年（%）	第7年（%）	第8年（%）
41012011	规定重量范围内的未剖层整张生牛皮，经逆鞣处理的	8	B-8	7	6	5	4	3	2	1	0
41012019	规定重量范围内的未剖层整张生牛皮，经逆鞣处理的除外	5	B-8	4.4	3.8	3.1	2.5	1.9	1.3	0.6	0
41015011	经逆鞣处理的重量＞16公斤的整张生牛皮	8.4	B-8	7.4	6.3	5.3	4.2	3.2	2.1	1.1	0
41015019	重量＞16公斤的整张生牛皮，经逆鞣处理的除外	5	B-8	4.4	3.8	3.1	2.5	1.9	1.3	0.6	0
41019011	其他（包括整张或半张的背皮及腹皮）经逆鞣处理的生牛皮	8.4	B-8	7.4	6.3	5.3	4.2	3.2	2.1	1.1	0
41019019	其他（包括整张或半张的背皮及腹皮）生牛皮，经逆鞣处理的除外	5	B-8	4.4	3.8	3.1	2.5	1.9	1.3	0.6	0
41022110	浸酸的不带毛绵羊或羔羊生皮，经逆鞣处理的	14	B-8	12.3	10.5	8.8	7	5.3	3.5	1.8	0

HS 编码	货品名称	基础税率（%）	实施期类别	第1年（%）	第2年（%）	第3年（%）	第4年（%）	第5年（%）	第6年（%）	第7年（%）	第8年（%）
41022190	浸酸的不带毛绵羊或羔羊生皮，经逆鞣处理的除外	9	B-8	7.9	6.8	5.6	4.5	3.4	2.3	1.1	0
41022910	其他不带毛的绵羊或羔羊生皮，经逆鞣处理的	14	B-8	12.3	10.5	8.8	7	5.3	3.5	1.8	0
41022990	其他不带毛的绵羊或羔羊生皮，经逆鞣处理的除外	7	B-8	6.1	5.3	4.4	3.5	2.6	1.8	0.9	0
41032000	爬行动物的生皮	9	B-8	7.9	6.8	5.6	4.5	3.4	2.3	1.1	0
41039011	经逆鞣处理的山羊板皮	14	B-8	12.3	10.5	8.8	7	5.3	3.5	1.8	0
41039021	经逆鞣处理的其他山羊或小山羊皮	14	B-8	12.3	10.5	8.8	7	5.3	3.5	1.8	0
51011100	未梳的含脂剪羊毛	38	国别关税配额								
51011900	未梳的其他含脂羊毛	38	国别关税配额								
51012100	未梳的脱脂剪羊毛（未碳化）	38	国别关税配额								
51012900	未梳的其他脱脂羊毛（未碳化）	38	国别关税配额								
51013000	未梳碳化羊毛	38	国别关税配额								
51031010	羊毛落毛，不包括回收纤维	38	国别关税配额								

（二）非农产品的市场准入安排

1. 鱼和鱼类产品：基本实现零关税进口。

2020年中国此类产品的最惠国平均关税为7.2%，其中4.4%的税目关税为零，最高关税水平为15%。如表2-12所示，根据中国的关税减让表，03057100（鲨鱼翅）、16042011（鱼翅罐头）和16042091（鱼翅）类产品为 D 类产品，保留基础税率。其他税号的产品已在2020年12月前完成关税减让，进口关税已降至零。

对中国进口企业而言，此类产品的关税减让幅度明显，除个别产品不参加减让外，均已实现零关税，减让速度快，企业已直接受惠。对中国进口竞争企业而言，此类产品不是中国自澳进口的主要产品类别，在同类产品进口总额中占比较低。关税减让已完成，市场压力已释放，未来贸易基本不会对进口竞争企业造成影响。

表2-12　截至2020年12月《中国—澳大利亚自由贸易协定》下中国尚未实现零关税进口的鱼和鱼类产品名录

HS 编码	货品名称	基础税率（%）	实施期类别
03057100	鲨鱼翅	15	D
16042011	鱼翅罐头	12	D
16042091	鱼翅	12	D

2. 矿产和金属：基本实现零关税进口。

矿产品是中国自澳大利亚进口的第一大产品，2020年在中国自澳进口总额中的占比超过八成。金属产品也是重要进口产品。其中，26章产品进口在同类产品中国进口总额的占比超过四成；25章、75章、78章和79章产品自澳大利亚进口在同类产品进口总额中所占比重在15%至20%之间。2020年中国此类产品的最惠国平均实际关税为6.3%，零关税税目在该类产品全部税目中所占比重为5.9%，最高关税水平为50%。如表2-13所示，根据中国的关税减让表，31021000（尿素〈不论是否水溶液〉）、31052000（含氮、磷、钾三种肥效元素的肥料）和31053000（磷酸氢二铵）类产品为 D 类产品，保留基础税率。其他税号的产品已在2020年12月前完成关税减让，进口关税已降至零。

对于中国进口企业而言，2601类（铁矿砂及其精矿，包括焙烧黄铁矿）产品作为最重要进口产品，其基础税率为零，协定的关税减让不会带来额外收益。其他大部分类别产品的关税减让较为明显，减让速度很快，减让期已结束，企业已经受惠。作为重要的原料产品，此类产品的关税减让有利于关联产品降低生产成本，提高市场竞争力。

对中国进口竞争企业而言，首先，重要产品的基础税率为零，协定的实施不会带来额外冲击。其次，关税减让期已经结束，市场压力已充分释放，未来贸易不会对中国进口竞争企业造成较大影响。

表2-13　截至2020年12月《中国—澳大利亚自由贸易协定》下中国尚未实现零关税进口的矿产和金属名录

HS 编码	货品名称	基础税率（%）	实施期类别
31021000	尿素（不论是否水溶液）	50	D
31052000	含氮、磷、钾三种肥效元素的肥料	50	D
31053000	磷酸氢二铵	50	D

3. 石油：已经全部实现零关税进口。

2020年中国此类产品的最惠国平均关税为5.3%，其中16.7%的税目关税为零，最高关税水平为9%。根据中国的关税减让表，全部石油类产品已在2020年12月前完成关税减让，进口关税已降至零。

对中国进口企业而言，该类产品关税减让期短，受惠快。且石油作为重要生产原料，关税减让有利于降低关联产品的生产成本。对中国进口竞争企业而言，澳大利亚不是中国此类产品的主要进口来源地，且关税减让已经结束，未来进口不会对企业造成不利影响。

4. 化学品：已经全部实现零关税进口。

2020年中国此类产品的最惠国平均关税为6.2%，其中2%的税目关税为零，最高关税水平为47%。根据中国的关税减让表，全部化学品已在2020年12月前完成关税减让，进口关税已降至零。

对中国进口企业而言，该类产品关税减让期短，受惠快，且很多化学品是重要的生产原料或中间产品，关税减让有利于降低关联产品的生产成本。对中国进口竞争企业而言，澳大利亚不是中国此类产品的主要进口来源地，且关税减让已经结束，未来进口不会对企业造成不利影响。

5. 木材、纸类等：部分产品不参与关税减让。

2020年中国此类产品的最惠国平均关税为3.2%，零关税税目在该类产品全部税目中所占比重为41%，最高关税水平为12%。根据中国的关税减让表，

第44章、第48章和第49章的部分产品（共涉及161个税号）为D类产品，保留基础税率（见表2-14）。其他税号的产品已在2020年12月前完成关税减让，将进口关税已降至零。

对中国进口企业而言，此类产品的基础税率平均水平较低，零关税占比高，且较多的税号不参与关税减让，因此，协定所带来的关税优惠幅度受到限制。对中国进口竞争企业而言，协定的关税减让影响较小，例外产品较多，且减让周期已经结束，市场压力已经全部释放，未来进口贸易带来冲击的可能性不大。

表2-14　截至2020年12月《中国—澳大利亚自由贸易协定》下中国尚未实现零关税进口的木材、纸类等名录

HS 编码	货品名称	基础税率（％）	实施期类别
44101100	木制碎料板	4	D
44101200	木制定向刨花板	4	D
44101900	木制其他材料板	4	D
44109011	麦稻秸秆制碎料板	7.5	D
44109019	其他类似木质碎料板	7.5	D
44109090	类似木质碎料的木质材料板	7.5	D
44111211	厚度不超过5毫米的中密度木纤维板，密度超过每立方厘米0.8克，未经机械加工或盖面的	4	D
44111219	厚度不超过5毫米的中密度木纤维板，密度超过每立方厘米0.8克，经机械加工或盖面的	7.5	D
44111229	其他厚度不超过5毫米的中密度木纤维板，密度超过每立方厘米0.5克，但未超过每立方厘米0.8克	4	D
44111291	厚度不超过5毫米的其他中密度木纤维板，未经机械加工或盖面的	7.5	D
44111299	厚度不超过5毫米的其他中密度木纤维板，经机械加工或盖面的	4	D
44111311	厚度超过5毫米但未超过9毫米的中密度木纤维板，密度超过每立方厘米0.8克，未经机械加工或盖面的	4	D
44111319	厚度超过5毫米但未超过9毫米的中密度木纤维板，密度超过每立方厘米0.8克，经机械加工或盖面的	7.5	D
44111329	其他厚度超过5毫米但未超过9毫米的中密度木纤维板，密度超过每立方厘米0.5克，但未超过每立方厘米0.8克	4	D

续 表

HS 编码	货品名称	基础税率（%）	实施期类别
44111391	厚度超过5毫米但未超过9毫米的其他中密度木纤维板，未经机械加工或盖面的	7.5	D
44111399	厚度超过5毫米但未超过9毫米的其他中密度木纤维板，经机械加工或盖面的	4	D
44111411	厚度超过9毫米的中密度木纤维板，密度超过每立方厘米0.8克，未经机械加工或盖面的	4	D
44111419	厚度超过9毫米的中密度木纤维板，密度超过每立方厘米0.8克，经机械加工或盖面的	7.5	D
44111429	其他厚度超过9毫米的中密度木纤维板，密度超过每立方厘米0.5克，但未超过每立方厘米0.8克	4	D
44111491	厚度超过9毫米的其他中密度木纤维板，未经机械加工或盖面的	7.5	D
44111499	厚度超过9毫米的其他中密度木纤维板，经机械加工或盖面的	4	D
44119210	其他木纤维板，密度超过每立方厘米0.8克，未经机械加工或盖面的	4	D
44119290	其他木纤维板，密度超过每立方厘米0.8克，经机械加工或盖面的	7.5	D
44119390	其他木纤维板，密度超过每立方厘米0.5克，但未超过每立方厘米0.8克	4	D
44119410	其他木纤维板，密度超过每立方厘米0.35克，但未超过每立方厘米0.5克	7.5	D
44119421	其他木纤维板，密度未超过每立方厘米0.35，未经机械加工或盖面的	7.5	D
44119429	其他木纤维板，密度未超过每立方厘米0.35，经机械加工或盖面的	4	D
44121019	其他仅由薄板制竹胶合板	4	D
44121091	至少一层为热带木的竹面多层板	8	D
44121092	至少一层为木碎板的竹面多层板	10	D
44123210	其他至少有一表层为温带非针叶木单板制的胶合板	4	D
44123290	其他至少有一表层为非针叶木单板制的胶合板	4	D
44129410	木块芯胶合板，侧板条芯胶合板及板条芯胶合板，至少有一表层是非针叶木	10	D
44129491	木块芯胶合板，侧板条芯胶合板及板条芯胶合板，至少有一层是热带木	8	D
44129492	木块芯胶合板，侧板条芯胶合板及板条芯胶合板，至少含有一层木碎料	10	D
44129910	至少有一表层是非针叶木的其他木面多层板	10	D
44129991	至少有一层是热带木的其他木面多层板	8	D
44129992	至少含有一层木碎料板的其他木面多层板	10	D
44140090	其他木制的画框、相框、镜框及类似品	20	D
44152090	其他木托板、箱形托盘及其他装载用木板；其他木制的托盘护框	7.5	D

HS 编码	货品名称	基础税率（%）	实施期类别
44160090	其他木制大桶、琵琶桶、盆和其他木制箍桶及其零件，包括桶板	16	D
44170090	其他木制的工具、工具支架、工具柄、扫帚及刷子的身及柄；木制鞋靴楦及楦头	16	D
44181090	其他木制的窗、法兰西式（落地）窗及其框架	4	D
48010000	成卷或成张的新闻纸	5	D
48021010	宣纸	7.5	D
48021090	其他手工制纸及纸板	7.5	D
48022010	照相原纸	7.5	D
48022090	光敏、热敏、电敏纸，纸板的原纸、板	7.5	D
48024000	墙壁纸原纸	7.5	D
48025400	书写、印刷等用未涂布薄纸及纸板，不含用机械方法制得的纤维或所含前述纤维不超过全部纤维重量的10%	7.5	D
48025500	其他书写印刷等用未涂中厚纸（板），不含用机械方法制得的纤维或所含前述纤维不超过全部纤维重量的10%，成卷	5	D
48025600	书写、印刷等用未涂布中厚纸及纸板，不含用机械方法制得的纤维或所含前述纤维不超过全部纤维重量的10%，成张，一边≤435mm，另一边≤297mm	5	D
48025700	其他书写印刷等用未涂中厚纸（板），不含用机械方法制得的纤维或所含前述纤维不超过全部纤维重量的10%，其他成张	5	D
48025800	书写、印刷等用未涂布厚纸及纸板，不含用机械方法制得的纤维或所含前述纤维不超过全部纤维重量的10%	5	D
48026110	其他书写、印刷等用未涂布纸及纸板，所含用机械方法制得的纤维超过全部纤维重量的10%，成卷的新闻纸	7.5	D
48026190	其他书写、印刷等用未涂布纸及纸板，所含用机械方法制得的纤维超过全部纤维重量的10%，成卷的其他纸	5	D
48026200	其他书写、印刷等用未涂布纸及纸板，所含用机械方法制得的纤维超过全部纤维重量的10%，成张的，一边≤435mm、另一边≤297mm（以未折叠计）	5	D
48026910	其他书写、印刷等用未涂布纸及纸板，所含用机械方法制得的纤维超过全部纤维重量的10%，成张的新闻纸	7.5	D
48026990	其他书写、印刷等用未涂布纸及纸板，所含用机械方法制得的纤维超过全部纤维重量的10%，成张的其他纸	5	D
48030000	卫生纸、面巾纸、餐巾纸及类似纸	7.5	D

续　表

HS 编码	货品名称	基础税率（%）	实施期类别
48041100	成卷或成张的未经涂布未漂白的牛皮挂面纸	5	D
48041900	成卷或成张的未经涂布的漂白的牛皮挂面纸	5	D
48042100	未漂白的袋用牛皮纸	5	D
48042900	漂白的袋用牛皮纸	5	D
48043100	未漂白的其他薄牛皮纸及纸板	2	D
48043900	漂白的薄牛皮纸及纸板	2	D
48044100	未漂白的其他中厚牛皮纸及纸板	2	D
48044200	本体均匀漂白的中厚牛皮纸及纸板	5	D
48044900	其他漂白的中厚牛皮纸及纸板	2	D
48045100	未漂白的其他厚牛皮纸及纸板	2	D
48045200	本体均匀漂白的厚牛皮纸及纸板	5	D
48045900	其他漂白的厚牛皮纸及纸板	2	D
48051100	半化学的瓦楞纸（瓦楞原纸）	7.5	D
48051200	草浆瓦楞原纸	7.5	D
48051900	其他瓦楞原纸	7.5	D
48052400	薄强韧箱纸板	7.5	D
48052500	厚强韧箱纸板	7.5	D
48053000	亚硫酸盐包装纸	7.5	D
48054000	滤纸及纸板	7.5	D
48055000	毡纸及纸板	7.5	D
48059110	每平方米重量在150克及以下的电解电容器原纸	7.5	D
48059190	每平方米重量在150克及以下的薄纸及纸板	7.5	D
48059200	其他未经涂布中厚纸及纸板	7.5	D
48059300	其他未经涂布厚纸及纸板	7.5	D
48061000	植物羊皮纸	7.5	D
48062000	防油纸	7.5	D
48063000	描图纸	7.5	D
48064000	高光泽透明或半透明纸	7.5	D
48070000	成卷或成张的复合纸及纸板，未经表面涂布或未浸渍	7.5	D
48081000	瓦楞纸及纸板	7.5	D
48084000	皱纹牛皮纸	7.5	D

HS 编码	货品名称	基础税率（%）	实施期类别
48089000	其他皱纹纸及纸板、纹纸及纸板	7.5	D
48092000	大张（卷）的自印复写纸	7.5	D
48099000	其他大张（卷）的拷贝纸或转印纸	7.5	D
48101300	涂无机物书写（印刷）纸（板），不含用机械方法制得的纤维或所含前述纤维不超过全部纤维重量的10%，成卷的	5	D
48101400	涂无机物书写（印刷）纸（板），不含用机械方法制得的纤维或所含前述纤维不超过全部纤维重量的10%，成张的，一边≤435mm，另一边≤297mm（以未折叠计）	5	D
48101900	其他涂无机物书写（印刷）纸（板），不含用机械方法制得的纤维或所含前述纤维不超过全部纤维重量的10%，成张的	5	D
48102200	轻质涂布无机物的书写、印刷纸，所含用机械方法制得的纤维超过全部纤维重量的10%	5	D
48102900	其他涂无机物的书写、印刷纸及纸板，所含用机械方法制得的纤维超过全部纤维重量的10%	5	D
48103100	涂无机物的薄漂白牛皮纸及纸板，书写、印刷或类似用途的除外	5	D
48103200	涂无机物的厚漂白牛皮纸及纸板，书写、印刷或类似用途的除外	5	D
48103900	涂无机物的其他牛皮纸及纸板，书写、印刷或类似用途的除外	5	D
48109200	其他涂无机物的多层纸及纸板	5	D
48109900	其他涂无机物的纸及纸板	7.5	D
48111000	焦油纸及纸板、沥青纸及纸板	7.5	D
48114100	自粘的胶粘纸及纸板	7.5	D
48114900	其他胶粘纸及纸板	7.5	D
48115110	漂白的彩色相纸用双面涂塑厚纸	7.5	D
48115190	漂白的其他涂、浸、盖厚纸及纸板	7.5	D
48115910	绝缘纸及纸板	7.5	D
48115991	镀铝的用塑料涂布、浸渍的其他纸及纸板	7.5	D
48115999	其他用塑料涂布、浸渍的其他纸及纸板	7.5	D
48116010	用蜡或油等涂布的绝缘纸及纸板	7.5	D
48116090	用蜡或油等涂布的其他纸及纸板	7.5	D
48119000	其他经涂布、浸渍、覆盖的纸及纸板	7.5	D
48120000	纸浆制的滤块、滤板及滤片	7.5	D
48131000	成小本或管状的卷烟纸	7.5	D

续 表

HS 编码	货品名称	基础税率（%）	实施期类别
48132000	宽度≤5cm 成卷的卷烟纸	7.5	D
48139000	其他卷烟纸	7.5	D
48142000	用塑料涂面或盖面的壁纸及类似品	7.5	D
48149000	其他壁纸及类似品；窗用透明纸	7.5	D
48162000	小卷（张）自印复写纸	7.5	D
48169010	小卷（张）热敏转印纸	7.5	D
48169090	小卷（张）胶印版纸及其他拷贝纸或	7.5	D
48171000	信封	7.5	D
48172000	封缄信片、素色明信片及通信卡片	7.5	D
48173000	纸或纸板制的盒子、袋子及夹子	7.5	D
48181000	小卷（张）卫生纸	7.5	D
48182000	小卷（张）纸手帕及纸面巾	7.5	D
48183000	小卷（张）纸台布及纸餐巾	7.5	D
48189000	纸床单及类似家庭、卫生、医院用品	7.5	D
48191000	瓦楞纸或纸板制的箱、盒、匣	5	D
48192000	非瓦楞纸或纸板制可折叠箱、盒、匣	5	D
48194000	其他纸袋	7.5	D
48195000	其他纸包装容器	7.5	D
48196000	纸卷宗盒、信件盘、存储盒及类似品	7.5	D
48201000	登记本、账本、笔记本、订货本、收据本、信笺本、记事本、日记本及类似品	7.5	D
48202000	练习本	7.5	D
48203000	纸制活动封面、文件夹及卷宗皮	7.5	D
48205000	纸制样品簿及粘贴簿	7.5	D
48209000	其他纸制文具用品，书籍封面	7.5	D
48211000	纸或纸板印制的各种标签	7.5	D
48219000	纸或纸板制的其他各种标签	7.5	D
48221000	纺织纱线用纸制的筒管、卷轴、纡子	7.5	D
48229000	纸制的其他筒管、卷轴、纡子	7.5	D
48232000	切成形的滤纸及纸板	7.5	D
48234000	已印制的自动记录器用打印纸	7.5	D
48237000	压制或模制纸浆制品	7.5	D

HS 编码	货品名称	基础税率（%）	实施期类别
48239010	以纸或纸板为底制成的铺地制品	7.5	D
48239090	其他纸及纸制品	7.5	D
49070010	指运国流通新发行未使用的邮票	7.5	D
49070090	指运国流通新发行未使用的印花税票及类似票证；印有邮票或印花税票的纸品；空白支票	7.5	D
49081000	釉转印贴花纸	7.5	D
49089000	其他转印贴花纸	7.5	D
49090010	印刷或有图画的明信片	7.5	D
49090090	其他致贺或通告卡片	7.5	D
49100000	印刷的各种日历，包括日历芯	7.5	D
49111090	其他商业广告品及类似印刷品	7.5	D
49119100	印刷的图片、设计图样及照片	7.5	D
49119910	纸质的其他印刷品	7.5	D
49119990	其他印刷品	7.5	D

6. 纺织品：少部分产品不参与关税减让。

2020年中国此类产品的最惠国平均关税为7%，其中零关税税目所占比重为零，最高关税水平为38%。根据中国的关税减让表，51051000（粗梳羊毛）、51052100（精梳羊毛片毛）、51052900（羊毛条及其他精梳羊毛）以及56012210（化学纤维制的卷烟滤嘴）为 D 类产品，保留基础税率。另有部分52章产品列为 B-9 类产品（见表2-15，共涉及48个税号），将在2023年1月1日将关税降至零。其他税号的产品已在2020年12月前完成关税减让，进口关税已降至零。

对中国进口企业而言，该类产品关税减让幅度明显，有利于企业降低进口成本，获取市场竞争优势。此外，进口纺织品中包含大量原料及中间产品，关税的减让有利于降低关联产品的生产成本，为企业创造盈利机会。

对中国进口竞争企业而言，该类产品的关税减让不会给其造成明显影响。首先，中国此类产品具有很强的竞争优势，不易受到进口冲击。其次，澳大利亚不是中国此类产品的主要进口来源地，且除少数产品外，关税减让已经基本结束，市场压力已基本释放完毕，未来进口不会对企业造成不利影响。

表2-15　截至2020年12月《中国—澳大利亚自由贸易协定》下中国尚未实现零关税进口的纺织品名录

HS 编码	货品名称	基础税率（%）	实施期类别	第1年（%）	第2年（%）	第3年（%）	第4年（%）	第5年（%）	第6年（%）	第7年（%）	第8年（%）	第9年（%）
51051000	粗梳羊毛	38	D									
51052100	精梳羊毛片毛	38	D									
51052900	羊毛条及其他精梳羊毛	38	D									
52051100	非零售粗梳粗支纯棉单纱	5	B-9	4.4	3.9	3.3	2.8	2.2	1.7	1.1	0.6	0
52051200	非零售粗梳中支纯棉单纱	5	B-9	4.4	3.9	3.3	2.8	2.2	1.7	1.1	0.6	0
52051300	非零售粗梳细支纯棉单纱	5	B-9	4.4	3.9	3.3	2.8	2.2	1.7	1.1	0.6	0
52051400	非零售粗梳较细支纯棉单纱	5	B-9	4.4	3.9	3.3	2.8	2.2	1.7	1.1	0.6	0
52051500	非零售粗梳特细支纯棉单纱	5	B-9	4.4	3.9	3.3	2.8	2.2	1.7	1.1	0.6	0
52052100	非零售精梳粗支纯棉单纱	5	B-9	4.4	3.9	3.3	2.8	2.2	1.7	1.1	0.6	0
52052200	非零售精梳中支纯棉单纱	5	B-9	4.4	3.9	3.3	2.8	2.2	1.7	1.1	0.6	0
52052300	非零售精梳细支纯棉单纱	5	B-9	4.4	3.9	3.3	2.8	2.2	1.7	1.1	0.6	0
52052400	非零售精梳较细支纯棉单纱	5	B-9	4.4	3.9	3.3	2.8	2.2	1.7	1.1	0.6	0
52052600	非零售精梳较特细支纯棉单纱	5	B-9	4.4	3.9	3.3	2.8	2.2	1.7	1.1	0.6	0
52052700	非零售精梳特细支纯棉单纱	5	B-9	4.4	3.9	3.3	2.8	2.2	1.7	1.1	0.6	0
52052800	非零售精梳超细支纯棉单纱	5	B-9	4.4	3.9	3.3	2.8	2.2	1.7	1.1	0.6	0
52053100	非零售粗梳粗支纯棉多股纱	5	B-9	4.4	3.9	3.3	2.8	2.2	1.7	1.1	0.6	0

HS 编码	货品名称	基础税率（%）	实施期类别	第1年（%）	第2年（%）	第3年（%）	第4年（%）	第5年（%）	第6年（%）	第7年（%）	第8年（%）	第9年（%）
52053200	非零售粗梳中支纯棉多股纱	5	B-9	4.4	3.9	3.3	2.8	2.2	1.7	1.1	0.6	0
52053300	非零售粗梳细支纯棉多股纱	5	B-9	4.4	3.9	3.3	2.8	2.2	1.7	1.1	0.6	0
52053400	非零售粗梳较细支纯棉多股纱	5	B-9	4.4	3.9	3.3	2.8	2.2	1.7	1.1	0.6	0
52053500	非零售粗梳特细支纯棉多股纱	5	B-9	4.4	3.9	3.3	2.8	2.2	1.7	1.1	0.6	0
52054100	非零售精梳粗支纯棉多股纱	5	B-9	4.4	3.9	3.3	2.8	2.2	1.7	1.1	0.6	0
52054200	非零售精梳中支纯棉多股纱	5	B-9	4.4	3.9	3.3	2.8	2.2	1.7	1.1	0.6	0
52054300	非零售精梳细支纯棉多股纱	5	B-9	4.4	3.9	3.3	2.8	2.2	1.7	1.1	0.6	0
52054400	非零售精梳较细支纯棉多股纱	5	B-9	4.4	3.9	3.3	2.8	2.2	1.7	1.1	0.6	0
52054600	非零售精梳较特细支纯棉多股纱	5	B-9	4.4	3.9	3.3	2.8	2.2	1.7	1.1	0.6	0
52054700	非零售精梳特细支纯棉多股纱	5	B-9	4.4	3.9	3.3	2.8	2.2	1.7	1.1	0.6	0
52054800	非零售精梳超细支纯棉多股纱	5	B-9	4.4	3.9	3.3	2.8	2.2	1.7	1.1	0.6	0
52061100	非零售粗梳粗支混纺棉单纱	5	B-9	4.4	3.9	3.3	2.8	2.2	1.7	1.1	0.6	0
52061200	非零售粗梳中支混纺棉单纱	5	B-9	4.4	3.9	3.3	2.8	2.2	1.7	1.1	0.6	0
52061300	非零售粗梳细支混纺棉单纱	5	B-9	4.4	3.9	3.3	2.8	2.2	1.7	1.1	0.6	0
52061400	非零售粗梳较细支混纺棉单纱	5	B-9	4.4	3.9	3.3	2.8	2.2	1.7	1.1	0.6	0
52061500	非零售粗梳特细支混纺棉单纱	5	B-9	4.4	3.9	3.3	2.8	2.2	1.7	1.1	0.6	0

HS 编码	货品名称	基础税率（%）	实施期类别	第1年（%）	第2年（%）	第3年（%）	第4年（%）	第5年（%）	第6年（%）	第7年（%）	第8年（%）	第9年（%）
52062100	非零售精梳粗支混纺棉单纱	5	B-9	4.4	3.9	3.3	2.8	2.2	1.7	1.1	0.6	0
52062200	非零售精梳中支混纺棉单纱	5	B-9	4.4	3.9	3.3	2.8	2.2	1.7	1.1	0.6	0
52062300	非零售精梳细支混纺棉单纱	5	B-9	4.4	3.9	3.3	2.8	2.2	1.7	1.1	0.6	0
52062400	非零售精梳较细支混纺棉单纱	5	B-9	4.4	3.9	3.3	2.8	2.2	1.7	1.1	0.6	0
52062500	非零售精梳特细支混纺棉单纱	5	B-9	4.4	3.9	3.3	2.8	2.2	1.7	1.1	0.6	0
52063100	非零售粗梳粗支混纺棉多股纱	5	B-9	4.4	3.9	3.3	2.8	2.2	1.7	1.1	0.6	0
52063200	非零售粗梳中支混纺棉多股纱	5	B-9	4.4	3.9	3.3	2.8	2.2	1.7	1.1	0.6	0
52063300	非零售粗梳细支混纺棉多股纱	5	B-9	4.4	3.9	3.3	2.8	2.2	1.7	1.1	0.6	0
52063400	非零售粗梳较细混纺棉多股纱	5	B-9	4.4	3.9	3.3	2.8	2.2	1.7	1.1	0.6	0
52063500	非零售粗梳特细混纺棉多股纱	5	B-9	4.4	3.9	3.3	2.8	2.2	1.7	1.1	0.6	0
52064100	非零售精梳粗支混纺棉多股纱	5	B-9	4.4	3.9	3.3	2.8	2.2	1.7	1.1	0.6	0
52064200	非零售精梳中支混纺棉多股纱	5	B-9	4.4	3.9	3.3	2.8	2.2	1.7	1.1	0.6	0
52064300	非零售精梳细支混纺棉多股纱	5	B-9	4.4	3.9	3.3	2.8	2.2	1.7	1.1	0.6	0
52064400	非零售精梳较细混纺棉多股纱	5	B-9	4.4	3.9	3.3	2.8	2.2	1.7	1.1	0.6	0
52064500	非零售精梳特细混纺棉多股纱	5	B-9	4.4	3.9	3.3	2.8	2.2	1.7	1.1	0.6	0
56012210	化学纤维制的卷烟滤嘴	12	D									

7. 服装：已经全部实现零关税进口。

2020年中国此类产品的最惠国平均关税为6.8%，其中零关税税目所占比重为零，最高关税水平为12%。根据中国的关税减让表，全部服装类产品已在2020年12月前完成关税减让，进口关税已降至零。

对中国进口企业而言，该类产品关税减让期短，受惠快，关税降幅显著，有利于企业降低进口成本，获取市场竞争优势。对中国进口竞争企业而言，服装关税减让不会给其造成明显影响。首先，中国服装产品具有很强的竞争优势，不易受到进口冲击。其次，澳大利亚不是中国此类产品的主要进口来源地，且关税减让已经结束，市场压力已释放完毕，未来进口不会对企业造成不利影响。

8. 皮革、鞋类等：已经全部实现零关税进口。

2020年中国此类产品的最惠国平均关税为10.6%，其中0.6%的税目关税为零，最高关税水平为25%。根据中国的关税减让表，全部皮革、鞋类产品已在2020年12月前完成关税减让，进口关税已降至零。

对中国进口企业而言，该类产品关税减让幅度大，减让期短，受惠快，有利于企业降低进口成本，获取市场竞争优势。对中国进口竞争企业而言，皮革和鞋类产品关税减让影响不大。首先，中国产品具有很强的竞争优势，不易受到进口冲击。其次，澳大利亚不是中国此类产品的主要进口来源地，且关税减让已经结束，市场压力已释放完毕，未来进口不会对企业造成不利影响。

9. 非电气机械：已基本实现零关税进口。

2020年中国此类产品的最惠国平均关税为6.8%，其中10.3%的税目关税为零，最高关税水平为25%。根据中国的关税减让表，84781000（其他未列名的烟草加工及制作机器）和84789000（烟草加工及制作机器用的零件）两类产品为D类产品，保持基础税率不变。其余全部非电气机械类产品已在2020年12月前完成关税减让，进口关税已降至零（见表2-16）。

对中国进口企业而言，该类产品关税减让期短，受惠快，有利于企业降低进口成本，获取市场竞争优势。对中国进口竞争企业而言，关税减让不会造成明显影响。首先，中国此类产品具有很强的竞争优势，不易受到进口冲击。其次，澳大利亚不是中国此类产品的主要进口来源地，且除个别产品外，关税减让已经结束，市场压力已基本释放完毕，未来进口不会对企业造成不利影响。

表2-16　截至2020年12月《中国—澳大利亚自由贸易协定》下中国尚未实现零关税进口的非电气机械名录

HS 编码	货品名称	基础税率（%）	实施期类别
84781000	其他未列名的烟草加工及制作机器	5	D
84789000	烟草加工及制作机器用的零件	10	D

10. 电气机械：已基本实现零关税进口。

2020年中国此类产品的最惠国平均关税为5.6%，其中30.1%的税目关税水平为零，最高关税水平为20%。根据中国的关税减让表，85287212（其他彩色数字电视接收机，带阴极射线显像管的）、85287222（其他彩色数字电视接收机，带液晶显示器的）、85287232（其他彩色数字电视接收机，带等离子显示器的）以及85287292（其他彩色数字电视接收机）等四类产品为B-15类产品，分15年进行关税减让，并将在2029年1月1日将关税降至零。此外，中国将85299083类产品（有机发光二极管显示屏）列为D类产品，保持基础税率不变。目前，其余全部电气机械类产品已在2020年12月前完成关税减让，进口关税已降至零（见表2-17）。

对中国进口企业而言，该类产品总体关税减让期短，受惠快，有利于企业降低进口成本，获取市场竞争优势。对中国进口竞争企业而言，关税减让不会造成明显影响。首先，中国此类产品具有很强的竞争优势，不易受到进口冲击。其次，澳大利亚不是中国此类产品的主要进口来源地，且除个别产品外，关税减让已经结束，市场压力已基本释放完毕，未来进口不会对企业造成不利影响。

11. 运输设备：多数产品已零关税进口，减让期将在三年内全部结束。

2020年中国此类产品的最惠国平均关税为9.6%，其中0.8%的税目关税为零，最高关税水平为45%。根据中国的关税减让表，部分8703类产品为B-10类产品，分10年进行关税减让，并将在2024年1月1日将关税降至零。

表2-17 截至2020年12月《中国—澳大利亚自由贸易协定》下中国尚未实现零关税进口的电气机械名录

HS编码	货品名称	基础税率（%）	实施期类别	第1年（%）	第2年（%）	第3年（%）	第4年（%）	第5年（%）	第6年（%）	第7年（%）	第8年（%）	第9年（%）	第10年（%）	第11年（%）	第12年（%）	第13年（%）	第14年（%）	第15年（%）
85287212	其他彩色数字电视接收机，带阴极射线显像管的	30	B-15	28	26	24	22	20	18	16	14	12	10	8	6	4	2	0
85287222	其他彩色数字电视接收机，带液晶显示器的	30	B-15	28	26	24	22	20	18	16	14	12	10	8	6	4	2	0
85287232	其他彩色数字电视接收机，带等离子显示器的	30	B-15	28	26	24	22	20	18	16	14	12	10	8	6	4	2	0
85287292	其他彩色数字电视接收机	30	B-15	28	26	24	22	20	18	16	14	12	10	8	6	4	2	0
85299083	有机发光二极管显示屏	15	D															

其余全部运输设备类产品已在2020年12月前完成关税减让，进口关税已降至零（见表2–18）。

对于中国进口企业而言，该类产品的关税减让幅度较大，但部分产品的减让期较长，企业尚未充分受惠，进口企业应对此类产品的未来关税减让安排予以适当关注。对于中国进口竞争企业而言，此类产品并非是中国自澳大利亚进口的主要产品，自澳大利亚进口在同类产品进口总额中的占比不高，加之中国市场需求巨大，自澳大利亚进口的关税减让未来不会对中国进口竞争企业造成显著冲击。

表2–18　截至2020年12月《中国—澳大利亚自由贸易协定》下中国尚未实现零关税进口的运输设备名录

HS 编码	货品名称	基础税率（%）	实施期类别	第1年（%）	第2年（%）	第3年（%）	第4年（%）	第5年（%）	第6年（%）	第7年（%）	第8年（%）	第9年（%）	第10年（%）
87032341	1.5L＜排气量≤2L的小轿车	25	B–10	22.5	20	17.5	15	12.5	10	7.5	5	2.5	0
87032342	1.5L＜排气量≤2L的越野车	25	B–10	22.5	20	17.5	15	12.5	10	7.5	5	2.5	0
87032343	1.5L＜排气量≤2L，≤9座的小客车	25	B–10	22.5	20	17.5	15	12.5	10	7.5	5	2.5	0
87032349	1.5L＜排气量≤2L的其他车辆	25	B–10	22.5	20	17.5	15	12.5	10	7.5	5	2.5	0
87032351	2L＜排气量≤2.5L的小轿车	25	B–10	22.5	20	17.5	15	12.5	10	7.5	5	2.5	0
87032352	2L＜排气量≤2.5L的越野车	25	B–10	22.5	20	17.5	15	12.5	10	7.5	5	2.5	0
87032353	2L＜排气量≤2.5L，≤9座的小客车	25	B–10	22.5	20	17.5	15	12.5	10	7.5	5	2.5	0
87032359	2L＜排气量≤2.5L的其他车辆	25	B–10	22.5	20	17.5	15	12.5	10	7.5	5	2.5	0
87032361	2.5L＜排气量≤3L的小轿车	25	B–10	22.5	20	17.5	15	12.5	10	7.5	5	2.5	0
87032362	2.5L＜排气量≤3L的越野车	25	B–10	22.5	20	17.5	15	12.5	10	7.5	5	2.5	0

HS 编码	货品名称	基础税率(%)	实施期类别	第1年(%)	第2年(%)	第3年(%)	第4年(%)	第5年(%)	第6年(%)	第7年(%)	第8年(%)	第9年(%)	第10年(%)
87032363	2.5L＜排气量≤3L，≤9座的小客车	25	B-10	22.5	20	17.5	15	12.5	10	7.5	5	2.5	0
87032369	2.5L＜排气量≤3L 的其他车辆	25	B-10	22.5	20	17.5	15	12.5	10	7.5	5	2.5	0
87032411	3L＜排气量≤4L 的小轿车	25	B-10	22.5	20	17.5	15	12.5	10	7.5	5	2.5	0
87032412	3L＜排气量≤4L 的越野车	25	B-10	22.5	20	17.5	15	12.5	10	7.5	5	2.5	0
87032413	3L＜排气量≤4L，≤9座的小客车	25	B-10	22.5	20	17.5	15	12.5	10	7.5	5	2.5	0
87032419	3L＜排气量≤4L 的其他车辆	25	B-10	22.5	20	17.5	15	12.5	10	7.5	5	2.5	0
87032421	排气量＞4L 的小轿车	25	B-10	22.5	20	17.5	15	12.5	10	7.5	5	2.5	0
87032422	排气量＞4L 的越野车	25	B-10	22.5	20	17.5	15	12.5	10	7.5	5	2.5	0
87032423	排气量＞4L，≤9座的小客车	25	B-10	22.5	20	17.5	15	12.5	10	7.5	5	2.5	0
87032429	排气量＞4L 的其他车辆	25	B-10	22.5	20	17.5	15	12.5	10	7.5	5	2.5	0
87033111	排气量≤1L 的柴油型小轿车	25	B-10	22.5	20	17.5	15	12.5	10	7.5	5	2.5	0
87033119	排气量≤1L 的柴油型其他车辆	25	B-10	22.5	20	17.5	15	12.5	10	7.5	5	2.5	0
87033121	1L＜排气量≤1.5L 的柴油型小轿车	25	B-10	22.5	20	17.5	15	12.5	10	7.5	5	2.5	0
87033122	1L＜排气量≤1.5L 的柴油型越野车	25	B-10	22.5	20	17.5	15	12.5	10	7.5	5	2.5	0
87033123	1L＜排气量≤1.5L，≤9座的柴油小客车	25	B-10	22.5	20	17.5	15	12.5	10	7.5	5	2.5	0
87033129	1L＜排气量≤1.5L 的柴油型其他车辆	25	B-10	22.5	20	17.5	15	12.5	10	7.5	5	2.5	0
87033211	1.5L＜排气量≤2L 的柴油型小轿车	25	B-10	22.5	20	17.5	15	12.5	10	7.5	5	2.5	0
87033212	1.5L＜排气量≤2L 的柴油型越野车	25	B-10	22.5	20	17.5	15	12.5	10	7.5	5	2.5	0

HS 编码	货品名称	基础税率（%）	实施期类别	第1年（%）	第2年（%）	第3年（%）	第4年（%）	第5年（%）	第6年（%）	第7年（%）	第8年（%）	第9年（%）	第10年（%）
87033213	1.5L＜排气量≤2L，≤9座的柴油型小客车	25	B-10	22.5	20	17.5	15	12.5	10	7.5	5	2.5	0
87033219	1.5L＜排气量≤2L 的柴油型其他车辆	25	B-10	22.5	20	17.5	15	12.5	10	7.5	5	2.5	0
87033221	2L＜排气量≤2.5L 的柴油型小轿车	25	B-10	22.5	20	17.5	15	12.5	10	7.5	5	2.5	0
87033222	2L＜排气量≤2.5L 的柴油型越野车	25	B-10	22.5	20	17.5	15	12.5	10	7.5	5	2.5	0
87033223	2L＜排气量≤2.5L，≤9座的柴油型小客车	25	B-10	22.5	20	17.5	15	12.5	10	7.5	5	2.5	0
87033229	2L＜排气量≤2.5L 的柴油型其他车辆	25	B-10	22.5	20	17.5	15	12.5	10	7.5	5	2.5	0
87033311	2.5L＜排气量≤3L 的柴油型小轿车	25	B-10	22.5	20	17.5	15	12.5	10	7.5	5	2.5	0
87033312	2.5L＜排气量≤3L 的柴油型越野车	25	B-10	22.5	20	17.5	15	12.5	10	7.5	5	2.5	0
87033313	2.5L＜排气量≤3L，≤9座的柴油型小客车	25	B-10	22.5	20	17.5	15	12.5	10	7.5	5	2.5	0
87033319	2.5L＜排气量≤3L 的柴油型其他车辆	25	B-10	22.5	20	17.5	15	12.5	10	7.5	5	2.5	0
87033321	3L＜排气量≤4L 的柴油型小轿车	25	B-10	22.5	20	17.5	15	12.5	10	7.5	5	2.5	0
87033322	3L＜排气量≤4L 的柴油型越野车	25	B-10	22.5	20	17.5	15	12.5	10	7.5	5	2.5	0
87033323	3L＜排气量≤4L，≤9座的柴油型小客车	25	B-10	22.5	20	17.5	15	12.5	10	7.5	5	2.5	0
87033329	3L＜排气量≤4L 的柴油型其他车辆	25	B-10	22.5	20	17.5	15	12.5	10	7.5	5	2.5	0

12. 别处未列明的制成品：基本实现零关税。

2020 年中国此类产品的最惠国平均关税为 6.7%，其中 16% 的税目关税为零，最高关税水平为 20%。根据中国的关税减让表，90138030（液晶显示板）为 B-15 类产品，分 15 年进行关税减让，并将在 2029 年 1 月 1 日将关税降至零。其余全部别处未列明的制成品已在2020年12月前完成关税减让，进口关税已降至零（见表2-19）。

对于中国进口企业而言，企业已可从协定安排中充分受惠。此类产品关税减让幅度较为显著，且除一个税号产品分15年减让外，其余产品均已实现零关税。对于进口竞争企业而言，中国此类产品的市场竞争力较高，且澳大利亚不是中国此类产品进口的主要来源地，加之关税减让已基本结束，市场压力已充分释放，未来贸易基本不会对中国进口竞争企业造成显著影响。

表2-19　截至2020年12月《中国—澳大利亚自由贸易协定》下中国尚未实现零关税进口的别处未列明制成品名录

HS编码	货品名称	基础税率（%）	实施期类别	第1年（%）	第2年（%）	第3年（%）	第4年（%）	第5年（%）	第6年（%）	第7年（%）	第8年（%）	第9年（%）	第10年（%）	第11年（%）	第12年（%）	第13年（%）	第14年（%）	第15年（%）
90138030	液晶显示板	5	B-15	4.7	4.3	4	3.7	3.3	3	2.7	2.3	2	1.7	1.3	1	0.7	0.3	0

第三节　特殊安排

在《中国—澳大利亚自由贸易协定》中，中国对三类产品的进口贸易采取了特殊安排。其中，中国对原产于澳大利亚的羊毛产品实施国别关税配额管理。从事指定类别羊毛进口的中国企业需要密切关注每一年度国别关税配额的使用情况，争取充分利用配额，降低关税成本。同时，中国对原产于澳大利亚的部分牛肉和奶粉产品实施农产品特殊保障措施。从事指定产品进口的中国企业需特别关注每一年度农产品特殊保障措施的触发情况，适当安排进口计划。

一、羊毛产品进口：中国企业应善用国别关税配额

（一）需要特别关注的六类进口羊毛产品

根据协定，中国对六类原产于澳大利亚的羊毛产品实行国别关税配额管

理，具体产品的 HS 编码及货品名称参见表2-20，每一对应年份的国别关税配额数量参见表2-21。

表2-20 《中国—澳大利亚自由贸易协定》下中国实施国别关税配额产品名录

产品	HS 编码	货品名称
1	51011100	未梳的含脂剪羊毛
2	51011900	未梳的其他含脂羊毛
3	51012100	未梳的脱脂剪羊毛（未碳化）
4	51012900	未梳的其他脱脂羊毛（未碳化）
5	51013000	未梳碳化羊毛
6	51031010	羊毛落毛，不包括回收纤维

表2-21 《中国—澳大利亚自由贸易协定》下中国国别关税配额数量

阶段	对应年份	国别关税配额数量（吨）
1	2016	30000
2	2017	31500
3	2018	33075
4	2019	34729
5	2020	36465
6	2021	38288
7	2022	40203
8	2023	42213
9	2024	44324

注：表中所有配额数量为净毛重量。

（二）羊毛国别关税配额的实施方法

中国在协定生效后已按表2-21中所列年份对应的数量，对原产自澳大利亚的六类产品进口给予零关税待遇。在任何给定日历年中，超过表2-21中所列数量的进口澳大利亚羊毛产品应适用最惠国关税税率。2024年后，上述进口澳大利亚羊毛产品的国别关税配额为每年44324吨。例如，2017年，中国对澳大利亚六类羊毛产品进口的国别关税配额为31500吨，这意味着，自2017年1月1日起，中国进口的第1吨至第31500吨上述澳大利亚羊毛产品将适用零关税，而从超出31500吨进口量的时刻起直至2017年底进口的上述六类澳大利亚羊毛产品将按照最惠国关税税率征收关税。而从2018年1月1日起，再按照新的一年中33075吨的国别关税配额数量分配当年的零关税配额。

（三）企业应充分利用国别关税配额，进一步降低进口成本

羊毛进口国别关税配额为中国羊毛企业进口提供了降低成本的新机会，企业应加以充分重视和有效利用。如表2-22所示，羊毛产品的普通关税税率为50%，2020年最惠国关税税率为38%。中国对羊毛产品实行关税配额管理，配额内关税为1%。而中澳自贸区对羊毛产品实行国别关税配额管理，将配额内关税进一步降至零，为企业提供了新的降低成本的机会。

表2-22　中国羊毛产品进口关税配额税率情况

税号	普通税率（%）	2020年最惠国税率（%）	关税配额税率（%）	国别关税配额税率（%）	
				《中国一澳大利亚自由贸易协定》	《中国一新西兰自由贸易协定》
51011100	50	38	1	0	0
51011900	50	38	1	0	0
51012100	50	38	1	0	0
51012900	50	38	1	0	0
51013000	50	38	1	0	0
51031010	50	38	1	0	0

（四）企业需注意合理利用《中国一澳大利亚自由贸易协定》和《中国一新西兰自由贸易协定》中的羊毛国别关税配额

在《中国一澳大利亚自由贸易协定》生效之前，《中国一新西兰自由贸易协定》也对羊毛产品实施国别关税配额管理，配额内关税为零。《中国一澳大利亚自由贸易协定》生效后，中国的羊毛进口企业获得了新的降低成本的机会。企业可根据经营需要，对原产于澳新两国的羊毛产品进行比较，从中选取更加具有竞争力的产品进口。

（五）羊毛进口企业申请使用《中国—澳大利亚自由贸易协定》国别关税配额的具体方法

商务部及海关总署每年会就羊毛产品国别关税配额的数量、申请企业资质要求以及具体申请程序和所需申请文件等发布专门的政策文件。以2021年为例，2020年12月25日，商务部和海关总署发布2020年第70号公告，制定了2021年新西兰羊毛和毛条、澳大利亚羊毛进口国别关税配额管理实施细则。公告显示，2021年澳大利亚羊毛国别关税配额总量为38288吨，实行凭合同先来先领的分配方式。当发放数量累计达到2021年国别关税配额总量时，商务部就停止接受申请。此外，该公告还就国别关税配额申请条件、申请材料、申领方式、国别关税配额再分配、证书的核发、证书的海关验核、国别关税配额证期限、配额退回与核销以及罚则等操作细则做出了详细的说明。企业可登录中国商务部官方网站的政策发布专栏进行查询，并下载和使用相关表格与文件。

二、牛肉和奶粉产品进口：中国企业应关注农产品特殊保障措施触发情况

（一）农产品特殊保障措施的实施方式

根据《中国—澳大利亚自由贸易协定》的规定，中国对牛肉和奶粉两类产品实施农产品特殊保障措施。在任何年度中，如中国进口原产自澳大利亚的牛肉和奶粉产品的数量超过这些产品该年度的触发水平，中国可通过征收附加关税的形式对这些产品实施农产品特殊保障措施。附加关税与任何其他适用于这些产品的关税之和，不得超过农产品特殊保障措施实施之日该产品适用的最惠国关税税率或基础税率，以较低者为准。适用农产品特殊保障措施的牛肉产品的 HS 编码及名称如表2-23所示，各阶段的触发水平如表2-24所示；奶粉产品的 HS 编码及名称如表2-25所示，各阶段的触发水平如表2-26所示。各类产品的基础税率及2021年后各年度协定税率见表2-27。从事这两类产品进口业务的企业应密切关注当年度农产品进口数量变化，以及

农产品特殊保障措施的触发情况。

表2-23　中国实行农产品特殊保障措施的进口牛肉产品名录

HS 编码	货品名称
02011000	整头及半头鲜、冷牛肉
02012000	鲜、冷的带骨牛肉
02013000	鲜、冷的去骨牛肉
02021000	冻的整头及半头牛肉
02022000	冻的带骨牛肉
02023000	冻的去骨牛肉

表2-24　中国实行农产品特殊保障措施的进口牛肉产品各阶段触发水平

阶段	对应年份	触发水平（吨）
1	2016	170000
2	2017	170000
3	2018	170000
4	2019	170000
5	2020	174454
6	2021	179687
7	2022	185078
8	2023	190630
9	2024	196349
10	2025	202240
11	2026	208307
12	2027	214556
13	2028	220993
14	2029	227623
15	2030	234451
16	2031	241485
17	2032	248729

表2-25 中国实行农产品特殊保障措施的进口奶粉产品名录

	HS 编码	货品名称
1	04022100	脂肪量 >1.5% 未加糖固状乳及奶油
2	04022900	脂肪量 >1.5% 的加糖固状乳及奶油

表2-26 中国实行农产品特殊保障措施的进口奶粉产品各阶段触发水平

阶段	对应年份	触发水平（吨）
1	2016	17500
2	2017	18375
3	2018	19294
4	2019	20258
5	2020	21271
6	2021	22335
7	2022	23452
8	2023	24624
9	2024	25855
10	2025	27148
11	2026	28506
12	2027	29931
13	2028	31427
14	2029	32999
15	2030	34649

表2-27 2021年后进口澳大利亚牛肉及奶粉产品基础税率及协定关税税率情况

HS 编码		货品名称	基础税率（%）	协定关税税率（%）					
				2021年	2022年	2023年	2024年	2025年	2026年
牛肉	02011000	整头及半头鲜、冷牛肉	20	6	4	2	0	0	0
	02012000	鲜、冷的带骨牛肉	12	3.6	2.4	1.2	0	0	0
	02013000	鲜、冷的去骨牛肉	12	3.6	2.4	1.2	0	0	0
	02021000	冻的整头及半头牛肉	25	7.5	5	2.5	0	0	0
	02022000	冻的带骨牛肉	12	3.6	2.4	1.2	0	0	0
	02023000	冻的去骨牛肉	12	3.6	2.4	1.2	0	0	0

续　表

HS 编码		货品名称	基础税率（%）	协定关税税率（%）					
				2021年	2022年	2023年	2024年	2025年	2026年
奶粉	04022100	脂肪量 >1.5% 未加糖固状乳及奶油	10	4.2	3.3	2.5	1.7	0.8	0
	04022900	脂肪量 >1.5% 的加糖固状乳及奶油	10	4.2	3.3	2.5	1.7	0.8	0

（二）农产品特殊保障措施的触发水平

根据协定规定，生效的日历年当年的触发水平应为表2-24及表2-26所列的阶段 1 的触发水平，但须根据协定在当年的有效时间按比例进行折算。后续年份的触发水平应为各对应年份的完整触发水平，例如，奶粉产品2021年的触发水平为22335吨。在农产品适用数量触发水平的最后一阶段，货物贸易委员会将对农产品特殊保障措施进行审议。如审议结论是适用农产品特殊保障措施的产品自澳大利亚的进口对中国相关产业没有造成严重损害，则农产品特殊保障措施不再实施。如货物贸易委员会确定产生了严重损害，则继续维持最后一阶段的触发水平，6年后再次进行上述审议，此后如需要，每6年进行一次审议。

（三）农产品特殊保障措施的透明度要求

任何农产品特殊保障措施应以透明的方式实施。中国应确保以澳方易于获得的方式定期公布进口数量，并应在采取措施前尽早给予澳方书面通知，包括相关数据。

（四）中国对牛肉及奶粉产品的具体管理规定

2015年12月，海关总署发布了《关于〈中华人民共和国政府和澳大利亚政府自由贸易协定〉项下进口农产品特殊保障措施实施办法的公告》[①]（总署公

---

① 资料来源：http://www.customs.gov.cn/customs/302249/302266/302267/356265/index.html。

告〔2015〕66号），就实施农产品特殊保障措施的产品范围、实施原则、单证要求、在途农产品的处理方式、数量监控及信息公开等具体管理方法做出了详细规定。

2019年12月23日，海关总署发布2019年第207号（关于自由贸易协定项下进口农产品实施特殊保障措施有关问题的公告）①，再次对中国—澳大利亚自贸区和中国—新西兰自贸区的农产品特殊保障措施做出了新的安排，就适用产品类别、申报方式、信息发布平台、在途农产品的处理方式等做出了详细解释。该公告自2020年1月1日开始生效，海关总署2015年第66号公告同时废止。

（五）中国进口原产于澳大利亚的牛肉产品实施农产品特殊保障措施情况

《中国—澳大利亚自由贸易协定》对澳大利亚牛肉出口中国规定了自动触发的保障机制，即每年对华出口达到一定数量时，其享受的关税从优惠税率恢复至最惠国税率，直至当年年底。根据海关总署发布的相关信息，《中国—澳大利亚自由贸易协定》生效以来，中国进口的原产于澳大利亚的牛肉产品曾经多次达到协定规定的农产品特殊保障措施触发水平。根据海关总署公告（2018）210号，截至2018年12月27日，实施特殊保障措施管理的牛肉（税则号列：02011000、02012000、02013000、02021000、02022000、02023000）的进口申报数量已达到172840吨，超过2018年170000吨的触发标准。因此，自2018年12月28日起，对协定项下进口的、原产于澳大利亚的牛肉恢复按最惠国税率征收进口关税。2019年8月，海关总署发布（2019）135号公告，截至2019年8月15日，实施特殊保障措施管理的牛肉的进口申报数量已达到172411吨，超过2019年实际可进口的触发数量。自2019年8月17日起，对协定项下进口的原产于澳大利亚上述牛肉恢复按最惠国税率征收关税。2020年6月30日，海关总署通过单一窗口发布信息，截至2020年6月29日，中国自澳大利亚进口上述6类牛肉产品再次超过当年的触发水平，自6月30日起

---

① 资料来源：http://www.customs.gov.cn/customs/302249/302266/302267/2800940/index.html。

实施农产品特殊保障措施，恢复按照最惠国税率征收关税。

从上述情况可见，中国对澳大利亚进口牛肉产品的需求有所增长。尽管自2020年后各年度农产品特殊保障措施的触发水平逐年提高，但与进口需求相比仍有差距。2018年后，特殊保障措施的触发日期逐渐提前。企业在从事相关产品进口时应结合自身情况做好规划和安排，并详细了解与农产品特殊保障措施实施相关的各项政策要求。

综上所述，《中国—澳大利亚自由贸易协定》就两国间货物贸易的市场准入安排做出了详细的约定。目前，中国向澳大利亚出口的全部类别产品以及中国自澳大利亚进口的绝大多数类别产品在取得协定优惠原产地证书后，均可享受零关税待遇。两国从事货物贸易的企业均可因协定的实施获得实质性优惠。此外，中国对原产于澳大利亚的羊毛、牛肉和奶粉等部分产品实行特殊贸易安排，从而保证中国国内相关企业不会受到市场开放带来的过度冲击。各企业应结合实际业务需要，对协定中的货物贸易市场准入安排进行深度研读，发现机遇，规避风险，寻求更多的市场机会和获利空间。

附录一：

主要产品分类

产品类别	HS 2012 编码
农产品	
动物产品	第01章、第02章产品以及品目1601至品目1602的产品
奶类产品	品目0401至0406的产品
水果、蔬菜和植物	第06章的品目0601至0603类产品，第07章、第08章的全部产品以及第11章的品目1105至1106产品，第12章的品目1211类产品，第13章和第14章全部产品，以及第20章的品目2001至2008的产品
咖啡和茶	第09章的品目0901至0903的产品，第18章产品（不包括品目1802），以及品目2101的产品
谷物及其制品	第04章的品目0407至0410类产品，第10章的全部产品，第11章的品目1101至1104类产品，品目1107至1109类产品，第19章的全部产品，第21章的品目2102至2106的产品以及第22章的品目2209产品
油籽、油脂	第12章的品目1201至1208类产品，第15章产品，但不包括子目150410和子目150420的产品，第23章的品目2304至2306，以及第38章的品目3823类产品

续　表

产品类别	HS 2012 编码
糖类及其制品	第17章的全部产品
饮料和烟草	第20章的品目2009，第22章的品目2201至2208类产品和第24章的全部产品
棉花	第52章的品目5201至品目5203类产品
其他农产品	第05章除品目0508和子目051191之外的全部产品，第06章的品目0604，第09章的品目0904至0910，第12章的品目1209至1210和品目1212至1214的产品，第18章的品目1802，第23章的子目230110，品目2302和2303和品目2307至2309的产品，第29章的子目290543至290545，第33章的品目3301，第35章的品目3501至3505，第38章的子目380910和382460，第41章的品目4101至4103，第43章的品目4301，第50章的品目5001至5003，第51章的品目5101至5103，以及第53章的品目5301至5302类产品
非农产品	
鱼和鱼类产品	第03章全部产品，第05章品目0508和子目051191类产品，第15章的子目150410和150420产品，第16章的品目1603至1605类产品以及第23章的子目230120产品
矿产和金属类产品	第25章全部产品，第26章全部产品，第27章的品目2701至2704的产品，品目2706至2708的产品和品目2711至2715的产品，第31章全部产品，第34章的品目3403的产品，第68章至第76章的产品，但不包括品目6807，子目701911至701919，子目701940至701959的产品，以及品目7321至7322的产品，第78章至83章的产品，但不包括品目8304至8305的产品，第91章的子目911310至911320的产品
石油	第27章的品目2709至2710的产品
化学品	第27章的品目2705的产品，第28章至第30章产品，但不包括子目290543至290545和子目300590的产品，第32章至第33章产品，但不包括品目3301和子目330620的产品，第34章产品，但不包括品目3403和3406的产品，第35章的品目3506至3507的产品，第36章的品目3601至3604的产品，第37章至第39章的产品，但不包括子目380910、品目3823、子目382460、392112至392113和392190的产品
木材、纸类	第44章、第45章、第47章、第48章、第49章的全部产品，以及第94章的品目9401至9404的产品（940490类除外）和子目961900的产品
纺织品	第30章中子目300590的产品，第33章中子目330620的产品，第39章的子目392112至392113和392190的产品，第42章的子目420212、420222、420232和420292的产品，第50章至第60章的产品（品目5001至5003、5101至5103、5201至5203和5301至5302除外），第63章的全部产品，第64章的子目640520、640610的产品，第65章的品目6501至6505的产品，第66章的品目6601的产品，第70章的子目701911至701919、701940至701959的产品，第87章的子目870821的产品，第88章的品目8804的产品，第91章的子目911390的产品，第94章子目940490和第96章子目961210的产品

产品类别	HS 2012 编码
服装	第 61 章至 62 章的全部产品
皮革、鞋类	第 40 章全部产品，第 41 章（不包括品目 4101 至 4103 的产品）产品，第 42 章的品目 4201 至 4205 的产品（子目 420212、420222、420232、420292 除外），第 43 章的品目 4302 至 4304 的产品，第 64 章的产品（子目 640520 和 640610 除外）以及第 96 章品目 9605 的产品
非电气机械	第 73 章品目 7321 至 7322 的产品，第 84 章的产品（不包括子目 846721 至 846729），第 85 章的子目 850860、852841、852851 和 852861 产品，第 86 章品目 8608 以及第 87 章品目 8709 的产品
电气机械	第 84 章子目 846721 至 846729 的产品以及第 85 章的产品（子目 850860、852841、852851、852861 以及品目 8519 至 8523 的产品除外，但包括子目 852352）
运输设备	第 86 章产品（品目 8608 除外），第 87 章品目 8701 至 8708 的产品（子目 870821 除外）、品目 8711 至 8714、8716 的产品，第 88 章的品目 8801 至 8803 的产品以及第 89 章的全部产品
别处未列明的制成品	第 27 章的品目 2716，第 34 章的品目 3406，第 36 章的品目 3605 至 3606，第 42 章的品目 4206，第 46 章的全部产品，第 65 章的品目 6506 至 6507 的产品，第 66 章品目 6602 至 6603 的产品，第 67 章的全部产品，第 68 章品目 6807，第 83 章的品目 8304 至 8305，第 85 章的品目 8519 至 8523 的产品（子目 852352 类除外），第 87 章的品目 8710 类和 8715，第 88 章品目 8805 的产品，第 90 章至第 93 章的产品（品目 9113 除外），第 94 章品目 9405 至 9406 的产品，第 95 章至第 97 章的产品（品目 9605、子目 961210 和 961910 除外）

资料来源：世界贸易组织，*World Tariff Profiles 2013*。

第三章

《中国—澳大利亚自由贸易协定》
中的原产地规则解读及应用

货物原产地，又被称为货物的"经济国籍"，尤其在自由贸易协定货物贸易自由化的实施过程中，发挥着至关重要的作用。简而言之，自由贸易协定达成的优惠关税安排仅适用于原产于各缔约方的货物，而对原产于非缔约方的货物具有排他性。自由贸易协定实施过程中，缔约方之间进出口货物是否具有享受优惠关税待遇的资格，要通过自由贸易协定确定的统一的原产地规则进行判定。只有满足原产地规则并且正确遵守相关程序性操作要求的货物，才能顺利享受自贸协定的关税减免。

　　本章内容主要对《中国—澳大利亚自由贸易协定》第三章原产地规则和实施程序进行深度解读。通过本章的阅读，企业将了解以下主要内容：

　　1.《中国—澳大利亚自由贸易协定》原产地规则具体有哪些？实务中如何运用？

　　2.《中国—澳大利亚自由贸易协定》项下原产地证书如何申领？实务操作规范有哪些？

　　3. 如何高效、顺利使用《中国—澳大利亚自由贸易协定》项下原产地证书？以及如何做好核查应对？

　　4. 企业如何应用《中国—澳大利亚自由贸易协定》原产地规则衍生出的应用策略辅助开拓国际市场，促进业务发展？

第一节　原产地规则解读

　　货物原产地，是货物生产、采集、饲养、提取、加工和制造的所在地，需要根据原产地规则进行科学判定。本节原产地规则解读从实务角度出发，采用逐条分析的方法，对《中国—澳大利亚自由贸易协定》第三章第一节"原产地规则"（共计十三条）的重要概念、定义、法律原理和渊源及应用进行解释，同时采用案例解析的形式阐述该条款在实务中对企业的重要意义。

　　原产地规则决定货物是否有资格享受优惠关税待遇。本节内容讲述了货物获得《中国—澳大利亚自由贸易协定》原产资格的实体性判定标准，由原产地标准和补充规则建立了一整套关于判定货物原产资格的标准。其中，原产地标准明确了原产货物的涵盖范围，列明了货物适用原产资格的具体条件；补充规则对累积、微小加工或处理、微小含量、可互换材料、包装及容器、直接运输要求等做出了规定。

一、定义

　　定义是原产地章节的重要组成部分，查阅定义是应用原产地条款的第一步。本节将从法律解释角度对原产地条款中的重要术语进行详细解读，辅助广大读者更好地理解《中国—澳大利亚自由贸易协定》原产地规则。

【协定文本】

第一条　定义

就本章而言：

（一）授权机构是指一方法律法规授权或由一方认可有权签发原产地证书的任何政府机构或其他实体；

（二）原产地证书是指由出口方授权机构签发的表格，用于确认双方之间运送的货物并证明相关货物符合本章规定原产于一方；

（三）到岸价（CIF）是指包括成本、运抵进口国进境口岸或地点的保险费和运费在内的进口货物价格；

（四）《海关估价协定》是指《世贸组织协定》附件 1A 中的《关于实施〈1994 年关税与贸易总协定〉第 7 条的协定》；

（五）原产地声明是指货物的出口商或生产商就货物原产地做出的声明，用以确认双方之间运送的货物，并申明原产地声明所述货物为原产货物；

（六）离岸价（FOB）是指包括货物运抵最终出境口岸或地点的运输费用（含保险费）在内的船上交货价格；

（七）公认会计原则是指一方认可的或有实质性官方支持的，有关记录收入、支出、成本、资产及负债、信息披露以及编制财务报表的会计原则，上述原则既包括普遍适用的广泛性指导原则，也可以包括详细的标准、惯例及程序；

（八）材料是指在生产货物的过程中所使用的，且以物理形式构成货物组成部分的任何物体或物质；

（九）原产材料是指根据本章规定具备原产资格的材料；

（十）生产商是指从事货物生产的人；

（十一）生产是指获得货物的方法，包括货物的种植、饲养、开采、收获、捕捞、耕种、诱捕、狩猎、抓捕、采集、收集、养殖、提取、制造、加工或装配。

【条文解读】

《中国—澳大利亚自由贸易协定》原产地规则以"定义"开头，立法结构上符合世界各国优惠原产地规则立法的一般做法。第一条定义规定了《中国—澳大利亚自由贸易协定》原产地规则中所使用的各种术语的法律定义。术语的内容涉及国际法和国际公约中与主权、贸易、海关估价、编码协调制度和原产地有关法律领域，同时涉及与货物的生产、运输和销售等有关的专业领域，涵盖范围广、专业性强。需要注意的是《中国—澳大利亚自由贸易协定》对术语的定义并非源于字典中词义或者文字性解释，而是具有法律约束力的法律解释。定义中的术语将在《中国—澳大利亚自由贸易协定》原产地规则中反复出现，每次出现时其含义均应当按照定义中的解释理解或者执行。只有熟悉定义中的各种术语，对术语所包含的相关专业知识有一定程度的了解，才能在适用原产地规则时增加确定性和准确性。

下面就上述条文逐条解读：

（一）授权机构是指一方法律法规授权或由一方认可有权签发原产地证书的任何政府机构或其他实体；

【条文解读】

授权机构指被授权签发原产地证书的机构。区域自由贸易协定对原产地证书签发机构的约定，通常依照协定成员国（地区）各自法律的设定要求进行授权。在实务操作中，中国企业可向海关和中国国际贸易促进委员会及其地方机构申请《中国—澳大利亚自由贸易协定》项下原产地证书。

（二）原产地证书是指由出口方授权机构签发的表格，用于确认双方之间运送的货物并证明相关货物符合本章规定原产于一方；

（五）原产地声明是指货物的出口商或生产商就货物原产地做出的声明，用以确认双方之间运送的货物，并申明原产地声明所述货物为原产货物。

【条文解读】

原产地证书与原产地声明是原产地文件的主要表现形式。《中国—澳大利亚自由贸易协定》项下原产地证书是由出口方授权机构签发的书面文书，用于确认双方之间运送的货物并证明货物原产于该方。原产地声明是由货物的出口商或生产商就货物原产地作出的声明，用以确认双方之间运送的货物并申明货物的原产国属性。《中国—澳大利亚自由贸易协定》原产地规则中明确规定，原产地声明可替代原产地证书作为证明货物原产地的有效文书。在实务操作中，对于进口方海关已作出原产地预裁定的货物，进口商可提交原产地声明以代替原产地证书申请享受优惠关税待遇。

对于完税价格不超6000元人民币的同一批次的澳大利亚原产货物，企业在进口时可免于提交原产地证书或原产地声明。

（三）到岸价（CIF）是指包括成本、运抵进口国进境口岸或地点的保险费和运费在内的进口货物价格；

（四）《海关估价协定》是指《世贸组织协定》附件1A中的《关于实施〈1994年关税与贸易总协定〉第7条的协定》；

（六）离岸价（FOB）是指包括货物运抵最终出境口岸或地点的运输费用（含保险费）在内的船上交货价格；

【条文解读】

《中国—澳大利亚自由贸易协定》并未明确规定"到岸价（CIF）""离岸价（FOB）"需按照《海关估价协定》确定。在计算进口非原产材料（或者产地不明的材料）价格时，应当适应中国国内法中确定进口产品完税价格的要求，即适用《中华人民共和国海关审定进出口货物完税价格办法》的相关规定。

（七）公认会计原则是指一方认可的或有实质性官方支持的，有关记录收入、支出、成本、资产及负债、信息披露以及编制财务报表的会计原则，上述原则既包括普遍适用的广泛性指导原则，也可以包括详细的标准、惯例及程序；

【条文解读】

对中国而言，《中国—澳大利亚自由贸易协定》原产地规则中涉及的公认会计原则一般指财政部颁布实行的《企业会计准则》。

二、原产货物

原产货物是协定第三章第一节原产地规则的引领性条款，明确了可被视为原产货物的三类情况。货物符合其中之一即可获得《中国—澳大利亚自由贸易协定》原产资格。

【协定文本】

第二条　原产货物

除非本章另有规定，符合下列条件的货物应视为原产于一方：

（一）该货物是根据本章第三条的规定在一方领土内完全获得或者生产；

（二）该货物是完全在一方或双方领土内，仅由原产材料生产；或者

（三）该货物是在一方或双方领土内使用非原产材料生产，符合本协定附件二（产品特定原产地规则）所列产品特定规则以及其所适用的本章其他条款的规定。

【条文解读】

本条明确了何种货物满足何种规则或条件时将成为原产货物。本条以描述的方法对货物进行了分类：第一类是完全获得或者生产的货物；第二类是仅使用原产材料生产的货物；第三类是使用非原产材料生产的货物。

对于第一类货物，《中国—澳大利亚自由贸易协定》设定了完全获得或生产货物的清单。

对于第二类货物，其产业链有一定纵深，即上游原材料→中间产品→下游成品。在生产过程中，需要投入中间产品的加工品。加工工序中所投入的原材料均为原产原材料。

对于第三类货物，《中国—澳大利亚自由贸易协定》设定了产品特定原产地规则清单，详细规定了每一种货物（品目或子目）应当适用的原产地规则。

【实务指导】

问：企业根据《中国—澳大利亚自由贸易协定》原产地规则对货物原产的快速判定方法是什么？

答：企业可以采用三步法判断。

第一步：查明货物中是否含有非原产材料。

如货物中含有非原产材料，则适用第（三）项产品特定原产地规则。企业可根据《中国—澳大利亚自由贸易协定》附件二第三节产品特定原产地规则清单，按出口产品 HS 编码查询所适用的具体规则。

如货物中不含有非原产材料，则进行第二步。

第二步：货物是否属于第（一）项所规定的完全获得或生产。

《中国—澳大利亚自由贸易协定》采用正面清单的形式，详细描述了原产货物的范围。企业可根据货物具体情况，判定是否符合协定清单描述。符合

清单描述的货物即为完全获得或生产的货物；不属于完全获得或生产的货物，则应当归于第（二）项所规定的，仅使用原产材料生产的货物。

第三步：查明货物是否符合《中国—澳大利亚自由贸易协定》所规定的其他原产地规则。

如货物同时符合其他原产地规则，则货物为《中国—澳大利亚自由贸易协定》原产货物。

【案例解析】

中国某企业生产碎冰机（HS：85094000），出口目的国为澳大利亚，出口FOB价为15897.60美元。

为深入分析该出口货物的原产地，需准备一份《产品物料明细单》及相关原材料的增值税购销发票/进口报关单。

如表3-1所示，该出口货物碎冰机所涉及的原材料分别为压料盖、电动机、弯管形料筒、外壳、底座和电源线，均为中国原产原材料，不涉及非原产成分，根据《中国—澳大利亚自由贸易协定》原产地规则，该出口货物属于仅使用原产材料生产的货物，可判定具备《中国—澳大利亚自由贸易协定》原产资格，享受协定优惠税率。

表3-1　碎冰机产品物料明细单

原材料/零部件 HS编码	原材料/零部件名称型号	原材料/零部件 CIF单价（美元）	原材料/零部件单位用料	原材料/零部件 CIF价与商品 FOB价比率（%）	原材料/零部件原产国别（地区）
3923500000	压料盖	10.8	1	3.9760	中国
8501109990	电动机	20	1	10.8350	中国
7307220000	弯管形料筒	11.5	1	1.4480	中国
7419911000	外壳	10	2	13.6190	中国
3926901000	底座	11	1	8.0620	中国
8516909000	电源线	5	1	0.9410	中国

【案例解析】

中国某企业生产家用烤箱（HS：851660），出口目的国为澳大利亚，出口

FOB价为110.43美元（每台），生产过程中使用了部分进口零部件。

经查询，《中国—澳大利亚自由贸易协定》原产地规则对烤箱的原产地判定标准为：从任何其他子目改变至本子目。即税则归类改变标准，当货物满足所规定的子目改变要求时才可获得原产资格。

该产品适用《中国—澳大利亚自由贸易协定》产品特定原产地规则中的"从任何子目改变至本子目"原产地判定标准，即在生产中所使用的所有非原产材料的HS编码前6位须和产成品HS编码前6位不同。该案例非原产材料只有搪瓷粉（HS：32074000）一项，其与出口产品家用烤箱HS编码前6位不同，表示用于生产货物的所有非原产材料已实现协调制度编码六位数级的税则归类改变。符合原产地判定标准，可以赋予《中国—澳大利亚自由贸易协定》原产资格（见表3-2）。

表3-2　家用烤箱产品物料明细单

产品加工工序	原材料采购—塑炼—混炼—压延—压出—成型—硫化—修边—成品组装—包装—出货				
原材料/零部件HS编码	原材料/零部件名称型号	原材料/零部件CIF单价（美元）	原材料/零部件单位用料	原材料/零部件CIF价与商品FOB价比率（%）	原材料/零部件原产国别（地区）
32074000	搪瓷粉	2.8	1	2.50	美国
72112300	面板组件	58.6	1	53	中国
85011099	电机	10.8	1	9.78	中国
76152000	搁架	7.7	1	6.97	中国

《中国—澳大利亚自由贸易协定》第二条第（一）类是在一方领土内完全获得或者生产，具体在第三条完全获得货物中明确规定了十种情形。符合该清单所描述的货物即被视为满足"完全获得"标准。清单中未提及或者不符合清单描述的，则被排除在完全获得的货物范围之外。

【协定文本】

第三条　完全获得货物

就本章第二条（一）项而言，下列货物应当视为在一方领土内完全获得或生产：

（一）在一方领土内出生并饲养的活动物；

（二）在一方领土内从本条第（一）项所述的活动物获得的货物；

（三）在一方领土内通过狩猎、诱捕、捕捞、耕种、采集或抓捕直接获得的货物；

（四）在一方领土内收获、采摘或采集的植物及植物产品[①]；

（五）在一方领土内提取或得到的未包括在上述本条第（一）至（四）项的矿物质及其他天然生成物质；

（六）在该方领海以外的水域、海床或底土提取的，除鱼类、甲壳类动物、植物及其他海洋生物以外的货物，只要该方根据国际法及国内法有权开发上述水域、海床或底土；

（七）由在一方注册并悬挂该方国旗的船只在公海得到的货物（鱼类、甲壳类动物、植物及其他海洋生物）；

（八）在一方注册并悬挂该方国旗的加工船上从上述本条第（七）项所述货物获得或生产的货物；

（九）由以下途径取得的废碎料：

1. 在一方领土内的生产过程中；或者

2. 在一方领土内收集的仅适用于原材料回收的旧货；

（十）在一方领土内完全从上述本条第（一）至（九）项所指货物生产的货物。

【条文解读】

"完全获得"原产地规则，基本含义是在某一缔约方境内完全获得或者生产的货物，即视为原产于该缔约方的货物。其强调货物必须完全在缔约一方境内获得或生产，主要包括矿产品、动物和植物产品、海产品、消费或生产过程中产生的废旧物品，以及在缔约一方境内对上述产品进行加工而得的产品等。

《中国—澳大利亚自由贸易协定》第三章原产地规则"完全获得"原产地判定标准，采用了国际上普遍采用的正面清单列举的形式，列举如下。

[①] 缔约双方对于本条第（四）项"植物"的理解是指包括菌类和藻类在内的所有植物。

　　一是饲养动物，指在一方领土内出生并饲养的活动物以及从该活动物获得的货物。这一类型应注意一些较为特殊的产品，例如，"细菌"和"病毒"。《中国—澳大利亚自由贸易协定》并未明确"细菌"和"病毒"是否属于活动物，而在《东盟—日本全面经济伙伴关系协定》（AJCEPA）中，动物包括"细菌"和"病毒"。表3-3列明了《中国—澳大利亚自由贸易协定》原产地规则规定的主要活动物及其税则编码。

　　表3-4列明了《中国—澳大利亚自由贸易协定》原产地规则规定的从活动物中获得的主要产品及其税则编码。

　　二是植物，指在一缔约方种植并收获、采摘或采集的植物及植物产品。该类完全获得货物需注意植物的范围，例如：是否包括菌类和藻类。中澳自贸协定对"植物"特意添加脚注：缔约双方对于本条第（四）项"植物"的理解是指包括菌类和藻类在内的所有植物。表3-5列明了《中国—澳大利亚自由贸易协定》原产地规则规定的主要植物产品及其税则编码。

表3-3　主要活动物及其税则编码

涉及产品范围	
品名	HS 编码
活动物	第一章全部
鱼（非海洋哺乳动物）、甲壳动物、软体动物和水生无脊椎动物	0301，0306，0307，0308

表3-4　从活动物中获得的主要产品及其税则编码

涉及产品范围	
品名	HS 编码
乳品，蛋品，天然蜂蜜及其他使用动物产品	第四章全部
毛发，羊毛，精液，粪便等其他动物产品	第五章全部

表3-5　主要植物产品及其税则编码

涉及产品范围	
品名	HS 编码
活树及其他植物；鳞茎、根及类似品；插花及装饰用簇叶	第六章
食用的蔬菜、根及块茎	第七章

涉及产品范围	
品名	HS 编码
食用水果及坚果；柑橘属水果或甜瓜的果皮	第八章
咖啡、茶、马黛茶及调味香料	第九章
谷物及谷物制品	第十章、第十一章、第十九章

三是野生动物及水产养殖产品，指在一缔约方的陆地领土、内水或领海内狩猎、诱捕、捕捞、水产养殖、采集或捕捉获得的货物。上述生产方法中，水产养殖涉及的货物相对复杂。《中国—澳大利亚自由贸易协定》对水产养殖并未进行定义。此类完全获得货物限于一缔约方领土内的野生动物及水产养殖产品。按照国际法，一缔约方领土包括陆地领土、内水和领海。

四是矿物产品，分为两类：第一类是从一缔约方陆地领土、领水及其海床或底土提取或得到的矿物质及其他天然资源；第二类是在一缔约方领海以外的水域、海床或底土得到的货物。前提是该方根据国际法及国内法，有权开发上述水域、海床或底土。表3-6列明了主要矿物产品及其税则编码。

表3-6　主要矿物产品及其税则编码

涉及产品范围	
品名	HS 编码
石、砂及砾石	2505；2506；2509~2511；2513~2518；2526以及2529
氯化钠、纯盐及食盐	2501
粗天然硼酸盐	2528
硫磺及未焙烧黄铁矿石	2502；2503
黏土	2507；2508
金属矿	2601~2617
原油	2709.00
天然气	2711
煤	2701~2704.00
天然矿泉水	2201；2202
自然冰及雪	2201

五是领海以外水域、海床或底土捕捞获得的鱼类及其他海洋产品。《中

国—澳大利亚自由贸易协定》规定："在该方领海以外的水域、海床或底土提取的，除鱼类、甲壳类动物、植物及其他海洋生物以外的货物，只要该方根据国际法及国内法有权开发上述水域、海床或底土；由在一方注册并悬挂该方国旗的船只在公海得到的货物（鱼类、甲壳类动物、植物及其他海洋生物）。"

六是其他完全获得货物，包括：（一）在一方注册并悬挂该方国旗的加工船上从领海以外水域、海床或底土捕捞获得的鱼类及其他海洋产品获得或生产的货物。（二）由以下途径取得的废碎料，在一方领土内的生产过程中，在一方领土内收集的仅适用于原材料回收的旧货。（三）在一方领土内完全从上述一至六类所指货物生产的货物。

《中国—澳大利亚自由贸易协定》将"完全获得"标准融入了产品特定原产地规则的清单中。表3-7所示的货物为在产品特定原产地规则中适用"完全获得"标准的产品。

表3-7　完全获得判定标准产品

税号 （HS 2012）	货品名称	产品特定原产地规则
第一章	活动物	完全获得
第十章	谷物	完全获得
1701	固体甘蔗糖、甜菜糖及化学纯蔗糖	完全获得
2201	未加糖或其他甜物质及未加味的水，包括天然或人造矿泉水及汽水；冰及雪	完全获得
252530	—云母废料	完全获得
261800	冶炼钢铁所产生的粒状熔渣（熔渣砂）	完全获得
261900	冶炼钢铁所产生的熔渣、浮渣（粒状熔渣除外）、氧化皮及其他废料	完全获得
2620	含有金属、砷及其化合物的矿渣、矿灰及残渣（冶炼钢铁索产生的灰、渣除外）	完全获得
2621	其他矿渣及矿灰，包括海藻灰（海草灰）；焚化城市垃圾所产生的灰、渣	完全获得
270111	—无烟煤	完全获得
270112	—烟煤	完全获得
270119	—其他煤	完全获得

税号 （HS 2012）	货品名称	产品特定原产地规则
2702	褐煤，不论是否成型，但不包括黑玉	完全获得
270300	泥煤（包括肥料用泥煤），不论是否制成型	完全获得
300692	—废药物	完全获得
3825	其他品目未列名的化学工业及其相关工业的副产品；城市垃圾；下水道淤泥；本章注释六所规定的其他废物	完全获得
3915	塑料的废碎料及下脚料	完全获得
411520	—皮革或再生皮革的边角废料；不适宜作皮革制品用；皮革粉末	完全获得
5103	羊毛及动物细毛或粗毛的废料，包括废纱线，但不包括回收纤维	完全获得
5202	废棉（包括废棉纱线及回收纤维）	完全获得
5505	化学纤维废料（包括落棉、废纱及回收纤维）	完全获得
7101	天然或养殖珍珠，不论是否加工或分级，但未成串或镶嵌；天然或养殖珍珠，为便于运输而暂穿成串	完全获得
710310	—未加工或经简单锯开或粗制成形	完全获得
7112	贵金属或包贵金属的废碎料；含有贵金属或贵金属化合物的其它废碎料，主要用于回收贵金属	完全获得
7204	钢铁废碎料；供再熔的碎料钢铁锭	完全获得
740400	铜废碎料	完全获得
750300	镍废碎料	完全获得
760200	铝废碎料	完全获得
780200	铅废碎料	完全获得
790200	锌废碎料	完全获得
800200	锡废碎料	完全获得
8101	钨及其制品，包括废碎料	
810197	—废碎料	完全获得
8102	钼及其制品，包括废碎料	
810297	—废碎料	完全获得
8103	钽及其制品，包括废碎料	
810330	—废碎料	完全获得
8104	镁及其制品，包括废碎料	

税号 （HS 2012）	货品名称	产品特定原产地规则
810420	—废碎料	完全获得
8105	钴锍及其他冶炼钴时所得的中间产品；钴及其制品，包括废碎料	
810530	—废碎料	完全获得
810600	铋及其制品，包括废碎料	铋及其制品：从任何其他品目改变至本子目；废碎料：完全获得
8107	镉及其制品，包括废碎料	
810730	—废碎料	完全获得
8108	钛及其制品，包括废碎料	
810830	—废碎料	完全获得
8109	锆及其制品，包括废碎料	
810930	—废碎料	完全获得
8110	锑及其制品，包括废碎料	
811020	—废碎料	完全获得
811100	锰及其制品，包括废碎料	锰及其制品锰及其制品：从任何其他品目改变至本品目；废碎料：完全获得
8112	铍、铬、锗、钒、镓、铪、铟、铌、铼和铊及其制品，包括废碎料	
	铍	
811213	—废碎料	完全获得
	铬	
811222	—废碎料	完全获得
	铊	
811252	—废碎料	完全获得
811292	—未锻轧；废碎料；粉末	未锻轧的：从任何其他品目改变至本子目；废碎料：完全获得
811300	金属陶瓷及其制品，包括废碎料	金属陶瓷及其制品：从任何其他品目改变至本品目；废碎料：完全获得
854810	—原电池、原电池组及蓄电池的废碎料；废原电池、废原电池组及废蓄电池	完全获得

《中国—澳大利亚自由贸易协定》第二条原产货物第（二）类是完全使用原产材料生产的货物，即在最终产品的生产过程中，使用的所有原材料和零部件都已经获得原产资格。

《中国—澳大利亚自由贸易协定》第二条原产货物第（三）类在生产中使用了非原产材料的货物，必须符合附件二产品特定原产地规则所规定的，对应税则号需满足的原产地规则要求。也就是说，货物生产过程中所用的非原产材料，经过加工制造已经发生了实质性改变。原产货物除满足上述三类情况之一外，还需符合其他规则要求，即本节第四点中介绍的补充规则。

三、实质性改变标准

【协定文本】

第四条　税则归类改变

本协定附件二（产品特定原产地规则）所列的税则归类改变标准，要求货物生产中所使用的非原产材料在一方或双方领土内经过加工后发生税则归类改变。

【条文解读】

税则归类改变标准是实质性改变标准在非完全获得货物原产地规则中的具体运用。该标准主要通过比较制成品与生产中所使用的非原产材料，来判断二者是否在税则归类上发生了变化。如果发生变化，则属于实质性改变。在税则归类的具体改变要求上，相关原产地规则要求协调制度编码须发生二位（章改变）、四位（品目改变）、六位（子目改变）数级的变化。

从生产及出口企业的角度看，采用税则归类改变来表述实质性改变具有准确性、客观性和便利性的优点。其准确性和客观性主要体现在利用这种方法可以对确定原产地的条件做出准确和客观的说明。其便利性则主要体现在当制造商需要出具证明时，往往较容易提供证明该货物确实符合条件的材料。

《中国—澳大利亚自由贸易协定》附件二产品特定原产地规则，详细规定了税则归类改变标准的具体要求。协定附件二第一节注释就适用税则归类改变标准作出了下述一般性规定。

1. 基本要求协定附件二第一节第三项规定:"本附件的税则归类改变标准要求用于生产货物的每种非原产材料在缔约一方或者双方领土内经过生产后发生税则归类改变。"

2. 基本定义。协定附件二第一节第五项规定:

"就本附件中所列的产品特定原产地规则而言:

"(一)章是指协调制度编码的前两位;

"(二)品目是指协调制度编码的前四位;

"(三)子目是指协调制度编码的前六位;

"(四)章改变(CC)表示从任何其他章改变至本章、品目或子目。这表示用于生产货物的所有非原产材料进行了协调制度编码两位数级的税则归类改变;

"(五)品目改变(CTH)表示从任何其他品目改变至本章、品目或子目。这表示用于生产货物的所有非原产材料进行了协调制度编码四位数级的税则归类改变;

"(六)子目改变(CTSH)表示从任何其他子目改变至本章、品目或子目。这表示用于生产货物的所有非原产材料进行了协调制度编码六位数级的税则归类改变。"

3. 特定规则。协定附件二第一节第一项规定:"适用于某一特定子目的特定标准或复合标准紧随该子目、所在品目或者章之后列出。"协定附件二第一节第二项规定:"如某一品目或子目适用选择性标准,则相关货物满足任意一条特定规则即视为符合有关特定原产地规则。"协定附件二第一节第四项规定:"仅经过重新归类而无任何物理变化的货物不得获得原产资格。"

《中国—澳大利亚自由贸易协定》的税则归类改变规则主要分为肯定标准和否定标准两类。其中,肯定标准包括章改变、品目改变和子目改变标准;否定标准是指对于某些适用税则归类改变的产品,规则规定不能使用某些其他税则的材料。具体包括对章的排除、对品目的排除以及对子目的排除。

（一）肯定标准

（1）章改变（见表3-8）：

表3-8（1） 肯定标准——章改变（章至章）

税号（HS 2012）	货品名称	产品特定原产地规则
第十五章	动、植物油、脂及其分解产品；精制的食用油脂；动、植物蜡	从任何其他章改变至本章
第十六章	肉、鱼、甲壳动物、软体动物及其他水生无脊椎动物的制品	从任何其他章改变至本章

表3-8（2） 肯定标准——章改变（章至品目）

税号（HS 2012）	货品名称	产品特定原产地规则
第十七章	糖及糖食	
1702	其他固体糖，包括化学纯乳糖、麦芽糖、葡萄糖及果糖；未加香料或着色剂的糖浆；人造蜜，不论是否掺有天然蜂蜜；焦糖	从任何其他章改变至本品目
1703	制糖后所剩的糖蜜	从任何其他章改变至本品目

表3-8（3） 肯定标准——章改变（章至子目）

税号（HS 2012）	货品名称	产品特定原产地规则
第九章	咖啡、茶、马黛茶及调味香料	
090111	—未浸除咖啡碱	从任何其他章改变至本子目
090112	—已浸除咖啡碱制糖后所剩的糖蜜	从任何其他章改变至本子目

（2）品目改变（见表3-9）：

表3-9（1） 肯定标准——品目改变（品目至品目）

税号（HS 2012）	货品名称	产品特定原产地规则
第六章	活树及其他活植物；鳞茎、根及类似品；插花及装饰用簇叶	
0603	制花束或装饰用的插花及花蕾，鲜、干、染色、漂白、浸渍或用其他方法处理的	从任何其他品目改变至本品目

税号（HS 2012）	货品名称	产品特定原产地规则
0604	制花束或装饰用的不带花及花蕾的植物枝、叶或其他部分、草、苔藓及地衣，鲜、干、染色、漂白、浸渍或用其他方法处理的	从任何其他品目改变至本品目

表3-9（2） 肯定标准——品目改变（品目至子目）

税号（HS 2012）	货品名称	产品特定原产地规则
第二十一章	杂项食品	
2103	调味汁及其制品；混合调味品；芥子粉及其调制品	
210310	一酱油	从任何其他品目改变至本子目
210320	一番茄沙司及其他番茄调味汁	从任何其他品目改变至本子目
210330	一芥子粉及其调制品	从任何其他品目改变至本子目
210390	一其他	从任何其他品目改变至本子目

（3）子目改变（见表3-10）：

表3-10（1） 肯定标准——子目改变（子目至品目）

税号（HS 2012）	货品名称	产品特定原产地规则
第六章	活树及其他活植物；鳞茎、根及类似品；插花及装饰用簇叶	
0601	鳞茎、块茎、块根、球茎、根颈及根茎，休眠、生长或开花的；菊苣植物及其根，但税12.12的根除外	从任何其他子目改变至本品目
0602	其他活植物（包括其根）、插植及接穗；蘑菇菌丝	从任何其他子目改变至本品目

表3-10（2） 肯定标准——子目改变（子目至子目）

税号（HS 2012）	货品名称	产品特定原产地规则
第二十八章	无机化学品；贵金属、稀土金属、放射性元素及其同位素的有机及无机化合物	
2811	其他无机酸及非金属无机氧化物	
	一其他无机酸	
281111	一氟化氢（氢氟酸）	从任何其他子目改变至本子目

续　表

税号（HS 2012）	货品名称	产品特定原产地规则
281119	一其他	从任何其他子目改变至本子目

（二）否定标准

（1）对于章的排除（见表3-11）：

表3-11　否定标准——章排除

税号（HS 2012）	货品名称	产品特定原产地规则
第二章	肉及食用杂碎	从任何其他章改变至本章，从第1章改变至此除外

（2）对于品目的排除（见表3-12）：

表3-12　否定标准——品目排除

税号（HS 2012）	货品名称	产品特定原产地规则
3702	成卷的未曝光摄影感光胶片，用纸、纸板及纺织物以外任何材料成；未曝光的一次成像感光卷片	从任何其他品目改变至本品目，从品目3701、3703、3707改变至此除外
3703	未曝光的摄影感光纸、纸板及纺织物	从任何其他品目改变至本品目，从品目3701、3702、3707改变至此除外

（3）对于子目的排除（见表3-13）：

表3-13　否定标准——子目排除

税号（HS 2012）	货品名称	产品特定原产地规则
850440	静止式变流器	从任何其他子目改变至本子目，从子目850410至850434或者850450改变至此除外

【案例解析】

中国某电子设备生产企业生产一批对讲机（HS：851712）出口至澳大利亚，其FOB价值为550美元。产品物料清单如表3-14所示：

表3-14 对讲机产品物料明细单

HS 编码	名称型号	CIF 单价（美元）	单位用料	CIF 价与商品FOB 价比率（%）	原产国别（地区）
854370	混频器	150	1	27	中国
851770	屏蔽罩	120	1	21.8	中国
850440	RF 功放模块	35	2	12.7	日本
853669	播座	55	1	10	中国
854442	连接线	8	2	2.90	中国
853224	电容	0.07	600	7.6	韩国
853340	电阻	0.08	500	7.3	日本

此产品适用的《中国—澳大利亚自由贸易协定》原产地判定标准为：从其他子目改变至本品目，即要求产品在生产中所使用的所有非原产材料的 HS 编码前四位必须和产品 HS 编码前四位不同。

上述案例中，非原产材料为：RF 功放模块（HS：850440，原产国别为日本）、电阻（HS：853340，原产国别为日本），电容（HS：853224，原产国别为韩国），均与出口产品对讲机（HS：851712）前四位不同，因此符合税则归类改变标准。

综上所述，出口产品对讲机（HS：851712）符合《中国—澳大利亚自由贸易协定》产品特定原产地规则，可获得原产资格，从而可享受协定优惠税率。

【案例解析】

中国某电子设备企业生产一批直流稳压电源（HS：850440）出口至澳大利亚，其 FOB 价值为150美元。产品物料清单如表3-15所示：

表3-15 直流稳压电源产品物料明细单

HS 编码	名称型号	CIF 单价（美元）	单位用料	CIF 价与商品FOB 价比率（%）	原产国别（地区）
850490	金属外壳	10	2	13.30	中国
854231	芯片	15	1	10	中国
853890	PCB 板	20	1	16.60	澳大利亚
850431	变压器	35	1	23	日本

HS 编码	名称型号	CIF 单价（美元）	单位用料	CIF 价与商品 FOB 价比率（%）	原产国别（地区）
850450	电感	15	1	10	韩国
481910	包材	9	1	7.50	中国
854150	MOS 管	1	6	5	韩国

此产品适用的《中国—澳大利亚自由贸易协定》原产地判定标准为：从任何其他子目改变至本子目，从子目 HS：850410 至 HS：850434 或者 HS：850450 改变至此除外。即要求产品在生产中所使用的所有非原产材料的 HS 编码前四位必须和产品 HS 编码的前四位不同，但非原产材料不能来源于 HS：850410 至 HS：850434 或者 HS：850450。

根据《中国—澳大利亚自由贸易协定》累积规则（后续将详细解读），PCB 板（HS：853890，原产国别为澳大利亚）可视为原产材料。因此非原产材料为变压器（HS：850431，原产国别为日本）、电感（HS：850450，原产国别为韩国）以及 MOS 管（HS：854150，原产国别为韩国）。对比最终产品 HS 编码 850440，虽然 MOS 管符合税则归类改变要求，但另外两种非原产材料，变压器和电感的 HS 编码却在排除的范围内。因此不符合税则归类改变标准。

综上所述，出口产品直流稳压电源不符合《中国—澳大利亚自由贸易协定》产品特定原产地规则，不具备原产资格，因而无法享受协定优惠税率。

【协定文本】

第五条　区域价值成分

一、本协定附件二（产品特定原产地规则）提及区域价值成分（RVC）时，其区域价值成分应按照下列公式计算：

$$RVC = \frac{V - VNM}{V} \times 100\%$$

其中：

RVC 为区域价值成分，以百分比表示；

V 为按照《海关估价协定》规定，在离岸价基础上调整的货物价格；以及 VNM 为根据本条第二款确定的非原产材料包括不明原产地材料的价格。

二、非原产材料的价值应为：

（一）按照《海关估价协定》确定的进口材料的到岸价；或者

（二）当非原产材料是在该方领土内获得时，按照《海关估价协定》确定的价值，但不包括将非原产材料在该方领土内运抵生产商所在地的过程中产生的运费、保险费、包装费及任何其他费用。

三、就根据本条第一款计算货物的区域价值成分而言，不应考虑用于生产原产材料的非原产材料的价格，如该原产材料用于生产货物。

【条文解读】

在涉及非原产材料的产品原产地判定规则中，从价百分比标准是国际上常用的一种方法，即通过规定产品生产过程中所产生的增加值必须达到产品价值的一定比例来衡量产品的生产加工是否发生了实质性改变。区域价值成分标准（以下简称"RVC"标准）是从价百分比标准的一种，主要计算自贸区内原产成分价值占产成品价值的百分比。只有 RVC 超过一定的比例，才能判定产品经过了实质性改变，即具备自贸协定项下原产资格。

计算非原产材料价值时，有两种情形：其一，按照《海关估价协定》确定的进口材料到岸价（CIF）；其二，当非原产材料是在该方领土内获得时，按照《海关估价协定》确定的价值，但不包括将非原产材料在该方领土内运抵生产商所在地的过程中产生的运费、保险费、包装费及其他费用。对于上述第二种情形，不应考虑用于生产产品原产材料的非原产材料价格。此规定实质上体现了吸收原则。即：货物 A 在生产过程中使用了已具备原产资格的生产材料 B，即使 B 在自身生产过程中使用了非原产材料 C，但是在计算 A 的区域价值成分时也无须将 C 的价值计算在内。这是因为，C 已在 B 的生产过程中被"吸收"了。有关吸收原则的说明可见下文解释。

在《中国—澳大利亚自由贸易协定》中，区域价值成分标准作为主要标准被单独适用的情况并不多，大部分情况下，区域价值成分标准是同税则归类改变标准、加工工序标准以及其他标准共同使用（见表3–17）。

表3-16　区域价值成分举例

税号（HS 2012）	货品名称	产品特定原产地规则
830170	一钥匙	区域价值成分不低于40%

　　《中国—澳大利亚自由贸易协定》主要在可可制品、橡胶、发动机、农用机械领域使用区域价值成分标准。该协定根据不同的商品规定了不同的区域价值成分（百分比）：30%，40%，45%，50%以及60%。价值成分标准不一且差距较大，表明澳大利亚对于来自中国的不同产品设置的原产地标准宽严程度不同。对鼓励进入澳大利亚市场的中国原产品规定了较低的区域价值成分标准，此举可降低原产地门槛；而对特定的产品则规定了较高的区域价值成分标准，则可在一定程度上保护澳大利亚国内相关产业，此时中国产品想要获得原产资格，则需达到更高的要求、突破更严格的限制。

【案例解析】

　　中国某汽车配件企业生产一批车辆后视镜（HS：700910）出口至澳大利亚，其FOB单价为100美元。产品物料清单见表3-18。

　　此产品适用的《中国—澳大利亚自由贸易协定》原产地判定标准为：从任何其他子目改变至本子目，并且区域价值成分不低于40%。即：发生六位数数级税则归类改变，并且产品在利用非原产材料进行生产时，所使用的非原产材料价值须小于货物FOB价值的40%。

表3-17　车辆后视镜产品物料明细单

HS 编码	名称型号	CIF 单价（美元）	单位用料	CIF 价与商品FOB 价比率（%）	原产国别（地区）
390330	ABS 塑料	5	3	15	美国
700100	玻璃	6	10	60	中国
760410	铝条	20	0.3	6	澳大利亚
392020	保护膜	5	0.5	2.5	日本
320890	防腐涂料	1	2	2	韩国
284321	硝酸银	3	2	6	中国
281420	氨水	1	4	4	韩国

此为复合原产地标准：包括税则归类改变标准和区域价值成分标准，二者必须同时满足。

根据《中国—澳大利亚自由贸易协定》的累积规则（后续将详细介绍），铝条（HS：760410，原产国别为澳大利亚）可视为原产材料。非原产材料为 ABS 塑料（HS：390330，原产国别为美国）、保护膜（HS：392020，原产国别为日本）、防腐涂料（HS：320890，原产国别为韩国）以及氨水（HS：281420，原产国别为韩国）等。非原产材料的 HS 编码前六位均与出口产品车辆后视镜的 HS 编码前六位不同，因此满足税则归类改变标准。此外，按照区域价值成分计算公式 $RVC = (100-15-2.5-2-4)/100 \times 100\% = 76.5\% > 40\%$，满足区域价值成分标准。

综上所述，出口产品车辆后视镜既满足税则归类改变标准，也满足区域价值成分标准，因此具备《中国—澳大利亚自由贸易协定》项下的中国原产资格，可以享受协定优惠税率待遇。

四、补充规则

【协定文本】

第六条 累积

来自一方领土的原产材料在另一方领土内用于货物的生产时，应视为原产于后一方领土内。

【条文解读】

协议第三章第六条累积规则，指协定某一缔约方在生产过程中使用原产于其他缔约方的投入品。生产出的最终产品可以获得原产资格。累积规则为生产企业在生产过程中赋予了更多选择机会，同时拓展了原产货物的定义，可促进自贸区缔约方之间生产要素流通，并鼓励各方使用自贸区内的投入品，在自贸区内进行生产加工，进一步促进区内经济融合。

《中国—澳大利亚自由贸易协定》采取的是双边累积。据此规则，若一缔约方使用另一缔约方材料生产产品，只有该材料在本缔约方已经获得原产资格，才算最终产品的原产材料，即《中国—澳大利亚自由贸易协定》累积规则的客体仅限于缔约方的原产材料。中国企业在生产过程中使用的原产于澳大利亚的原材料、零部件或中间产品被视为中国原产，而不被视为"进口"或"非原产"材料。

【案例解析】

中国某五金产品生产企业生产一批 FOB 价值为100美元的钥匙（HS：830170）出口至澳大利亚，产品物料清单如表3-18所示：

表3-18　钥匙产品成分明细单

HS 编码	名称型号	CIF 单价（美元）	单位用料	CIF 价与商品 FOB 价比率（%）	原产国别（地区）
740729	铜	10	5	50	澳大利亚
740821	锌	9	0.6	5.4	中国
760612	铝	11	2.5	27.5	新加坡
721230	铁	5	1	5	中国
830429	其他金属	2	0.5	1	中国

此产品适用的《中国—澳大利亚自由贸易协定》原产地判定标准为：区域价值成分不低于40%，即在生产过程中，所使用的非原产材料要小于产品 FOB 价值的40%。

案例中，根据《中国—澳大利亚自由贸易协定》累积规则，原产于缔约方澳大利亚的原材料"铜"应被视为原产材料。而新加坡作为《中国—澳大利亚自由贸易协定》非缔约方，原产于新加坡的"铝"应被视为非原产材料。按照《中国—澳大利亚自由贸易协定》区域价值计算公式，$RVC=$（100-27.5）/100×100%= 72.5% ＞40%。满足区域价值成分标准。

综上，该产品符合《中国—澳大利亚自由贸易协定》特定原产地规则，可获得该协定项下中国原产资格，从而享受协定优惠税率。

【案例解析】

中国某按摩器材生产企业出口一批脚底按摩器（HS：901910）至澳大利

亚，其FOB单价为1800美元。产品物料清单如表3-19所示：

表3-19 脚底按摩器产品物料明细单

HS 编码	名称型号	CIF 单价（美元）	单位用料	CIF 价与商品FOB 价比率（%）	原产国别（地区）
73269090	底座	300	1	16.67	中国
39269090	按摩面板	70	4	15.56	澳大利亚
84834090	避振连接体	80	1	4.44	澳大利亚
85011099	振动马达	500	1	27.78	中国
73251010	圆盘	65	1	3.61	马来西亚
76169990	散热叶片	75	2	8.33	美国
84828000	轴承	250	1	13.89	中国
40169310	套垫	50	1	2.78	日本

此产品适用的《中国—澳大利亚自由贸易协定》原产地判定标准为：从任何其他品目改变至本品目或者区域价值成分不低于45%，此为选择性标准。

角度一：利用税则归类改变标准。

案例中，根据累积规则，按摩面板（HS：39269090，原产国别为澳大利亚）以及避振连接体（HS：84834090，原产国别为澳大利亚）可视为原产材料。圆盘（HS：73251010，原产国别为马来西亚）、散热叶片（HS：76169990，原产国别为美国）以及套垫（HS：40169310，原产国别为日本）为非原产材料。所有非原产材料的HS编码前四位与产成品HS编码前四位相比均发生了改变，满足税则归类标准。

角度二：利用区域价值成分标准。

案例中，因马来西亚、美国以及日本属于非协定缔约方，因此，原产于马来西亚的"圆盘"、美国的"散热叶片"以及日本的"套垫"应视为非原产材料。按照《中国—澳大利亚自由贸易协定》区域价值成分计算公式：$RVC=(1800-65 \times 1-75 \times 2-50 \times 1)/1800 \times 100\%=85.28\% > 45\%$，区域价值成分大于45%的标准。

综上所述，该产品无论使用税则归类改变标准的"品目改变"还是"区域价值成分不低于45%"标准，均符合《中国—澳大利亚自由贸易协定》产品特定原产地规则，可获得该协定项下中国原产资格，从而享受协定优惠税率。

【协定文本】

第七条　微小含量

一、在下述情况下，货物虽不满足本协定附件二（产品特定原产地规则）规定的税则归类改变要求，仍应视为原产货物：

（一）货物生产中所使用的、没有发生所规定的税则归类改变的所有非原产材料的价值，不超过按照本章第五条规定确定的该货物价格的10%；并且

（二）该货物满足其所适用的本章所有其他规定。

二、当申请适用区域价值成分标准的货物包含有非原产材料时，上述非原产材料的价格应予考虑并计算在货物的区域价值成分中。

【条文解读】

微小含量规则也被称为"容忍规则"，大多数区域优惠贸易安排的原产地规则中都含有微小含量条款，即允许区域原产品中含有一小部分并未完成实质性改变的非原产成分，但只要控制在一定比例内，则不影响产品的原产地资格。自贸协定原产地规则基本上是从价值和重量两个角度对微小含量的百分比进行规定，在国际主流自贸协定中，此比例以10%为主。

《中国—澳大利亚自由贸易协定》微小含量规则要求有两项条件：其一，货物生产中所使用的、没有发生所规定的税则归类改变的所有非原产材料的价值，不超过协定第三章第五条规定的货物价格（按照《海关估计协定》规定，在离岸价基础上调整的货物价格）的10%；其二，该货物满足协定第三章所有其他规定。此外，《中国—澳大利亚自由贸易协定》还明确，当申请适用区域价值成分标准的货物包含非原产材料时，上述非原产材料的价格应予考虑并计算在货物的区域价值成分中。也就是说在适用区域价值成分判定标准时，微小含量的"容忍处理"并不适用，非原产地价值应被准确地体现在区域价值成分计算公式中。

【案例解析】

中国某电子设备生产企业生产一批对讲机（HS：851712）出口至澳大利亚，其FOB单价为550美元。产品物料清单如表3-20所示：

表3-20　对讲机产品材料明细单

HS 编码	名称型号	CIF 单价（美元）	单位用料	CIF 价与商品FOB 价比率（%）	原产国别（地区）
854370	混频器	150	1	27	中国
851770	天线	2.8	12	6.1	韩国
851770	屏蔽罩	120	1	21.8	中国
850440	RF 功放模块	35	2	12.7	日本
853669	插座	55	1	10	中国
854442	连接线	8	2	2.90	中国
853224	电容	0.07	600	7.6	韩国
853340	电阻	0.08	500	7.3	日本

此产品适用的《中国—澳大利亚自由贸易协定》原产地判定标准为：从任何其他子目改变至本品目，即税则归类改变标准，要求产品在生产过程中所使用的所有非原产材料的HS编码前四位不同于最终产品HS编码的前四位。

在上述案例中，非原产材料为：RF功放模块（HS：850440，原产国别为日本）、电阻（HS：853340，原产国别为日本）、电容（HS：853224，原产国别为韩国）均与出口产品对讲机（HS：851712）HS编码前四位不同。但是，非原产材料天线（HS：851770，原产国别为韩国）与出口产品对讲机HS编码前四位相同，因此该产品对讲机不满足税则归类改变标准。

但是，没有满足税则归类改变标准的原材料天线，只占货物FOB价值的6.1%，没有超过货物价格的10%，满足《中国—澳大利亚自由贸易协定》原产地规则微小含量规则。

综上，出口产品对讲机满足微小含量规则，可判定为具备《中国—澳大利亚自由贸易协定》项下中国原产资格，从而享受协定优惠税率待遇。

【案例解析】

中国某企业生产金属精加工机床（HS：8460），出口目的国为澳大利亚，出口FOB单价为10000美元。产品物料清单如表3-21所示：

表3-21　金属加工机床产品物料明细单

HS 编码	名称型号	CIF 单价（美元）	CIF 价与商品 FOB 价比率（%）	原产国别（地区）
846693	自动换刀装置	800	8	中国
820770	铣削工具	4000	40	美国
846693	刀库	2500	25	法国
846090	砂轮机	500	5	德国

此产品适用的《中国—澳大利亚自由贸易协定》原产地判定标准为：从任何其他品目改变至本品目，并且区域价值成分不低于40%，此为二者须同时满足的复合型标准。

步骤一，分析是否满足税则归类改变标准。

所涉及产品税则归类改变标准具体要求产品在生产中使用的所有非原产材料的 HS 编码的前四位不同于产成品 HS 编码的前四位。

案例中，生产金属精加工机床所需的铣削工具（HS：820770，原产国别为美国）、刀库（HS：846693，原产国别为法国）、砂轮机（HS：846090，原产国别为德国）均为非原产材料。其中，铣削工具、刀库与出口产品金属精加工机床的 HS 编码前四位不同，满足税则归类改变的品目改变标准。砂轮机与出口成品金属精加工机床同属于8460品目，不满足"品目改变"要求。即该产品并不满足税则归类改变标准。

步骤二，分析是否满足区域价值成分标准。

所涉及产品区域价值成分标准具体要求产品在利用非原产材料进行生产的过程中所发生的增值要超过货物 FOB 价值的40%。

该案例中，通过倒减法计算区域价值：RVC=（10000-4000-2500-500）/ $10000 \times 100\%$=30% ＜40%，不满足区域价值成分标准。

步骤三，产品（金属精加工机床 HS：8460）在不满足《中国—澳大利亚自由贸易协定》产品特定原产地规则要求时，分析是否可利用微小含量规则。

案例中，砂轮机不满足品目改变要求，但其占货物价值的比例为5%，符合没有发生税则归类改变的非原产材料价值不超过出口 FOB 值10%的要求，即根据《中国—澳大利亚自由贸易协定》微小含量规则，该产品满足税则归类改变标准。

但是，金属精加工机床的原产地标准为复合标准，既要满足税则归类改变标准，又须同时满足区域价值成分标准。因为上述步骤二的计算结果为30%，此时是否可利用微小含量规则，认为可以放宽10%的限制，从而使产品满足区域价值成分标准呢？答案是否定的。根据微小含量规则要求，在以区域价值成分标准为主规则的情况下，微小含量规则并不适用。因此，该产品并不满足区域价值成分标准。

综上，该产品不具备《中国—澳大利亚自由贸易协定》项下的中国原产资格，无法享受协定优惠关税待遇。

【协定文本】

第八条　附件、备件及工具

一、与原产货物一并报验和归类、构成该货物的标准附件、备件或工具一部分的附件、备件及工具，应视为原产货物，在确定该货物生产过程中所用的非原产材料是否发生适当的税则归类改变时，不予考虑，只要：

（一）附件、备件或工具与该货物一并归类，且其价格包含在该货物价格内；

（二）附件、备件或工具在数量及价值上是为该原产货物定制的；以及

（三）对于适用区域价值成分标准的货物，在计算该货物的区域价值成分时，附件、备件及工具的价值应视情作为原产材料或非原产材料予以考虑。

二、本条第一款不适用于仅为故意提高货物区域价值成分而增加附件、备件及工具的情况。

【条文解读】

附件、备件及工具规则，指在一定条件下，不将货物的标准附件、备件或工具作为判定货物原产地的因素。此标准放宽了原产地规则的适用限制。

附件、备件、工具和说明性材料（如操作说明书）通常和机器、设备、车辆等货物一同出售，属于货物的一部分。附件、备件、工具通常用于货物的运输、保护、维修和清洗，而说明性材料通常为货物的安装、维修和使用提

供说明，一般被归为附件范畴。

根据《中国—澳大利亚自由贸易协定》第三章第八条附件、备件或工具的规定可知，若附件、备件或工具与货物一起归类，其价格包含在货物价格内，同时在数量及价值上都是根据惯例为该货物定制的，并且该货物满足税则归类改变标准，那么在判定该货物的原产地资格时，其附件、备件或工具不予考虑。但若该货物适用区域价值成分要求，就需要考虑与货物一同运输并报验进口的附件、备件或工具的原产或非原产情况，并根据其实际原产或非原产价值情况，计入区域价值成分。

根据本条规定，企业在适用《中国—澳大利亚自由贸易协定》原产地规则时，对附件、备件、工具和说明性材料应该采用下列判定方法：

1. 确定附件、备件和工具不单独开具发票，同时根据惯例，其在数量及价值上均为货物的正常配备。只有具备了这个条件，才可适用本条。

2. 如果企业采用产品特定原产地规则中的税则归类改变标准或者化学反应标准（即本条所指的制造或加工工序），则不考虑附件、备件和工具。

3. 如果企业采用产品特定原产地规则中的区域价值成分标准，则需先判断附件、备件和工具是否为原产。

A. 如果附件、备件和工具为原产，则计入原产材料价值。

B. 如果附件、备件和工具为非原产，则计入非原产材料价值。

【案例解析】

中国某乐器企业出口小提琴（HS：920210），出口目的国为澳大利亚，出口 FOB 单价为166美元/把（含备用琴弦和调音音叉）。产品物料清单见表3-22：

表3-22　小提琴产品物料明细单

HS 编码	名称型号	CIF 单价（美元）	单位用料	CIF 价与商品 FOB 价比率（%）	原产国别（地区）
44079990	木材	41.5	1	25	中国
32082010	油漆	24.9	1	15	中国
92099200	尼龙琴弦	16.6	1	10	德国

HS 编码	名称型号	CIF 单价（美元）	单位用料	CIF 价与商品 FOB 价比率（%）	原产国别（地区）
92099200	备用琴弦	33.2	2	20	德国
92099990	调音音叉	8.3	1	5	德国

此产品适用的《中国—澳大利亚自由贸易协定》原产地判定标准为：从任何其他品目改变至本章，即税则归类改变标准。

本案中尼龙琴弦、备用琴弦和调音音叉均为德国生产，其余原材料均为中国生产。尼龙琴弦作为产成品小提琴的构成零件，备用琴弦作为备件，调音音叉作为工具附随小提琴一起发货。

案例中的小提琴系木材（HS：44079990）制作的白胚刷上油漆（HS：32082010）并安装上尼龙琴弦组装而成，附配备用琴弦和调音音叉出口。所有原材料与小提琴HS编码前四位均不同，满足品目改变标准。此外依据协定第三章第八条附件、备件及工具标准，在判定小提琴的原产时，备用琴弦和调音音叉的原产国属性不予考虑。

综上，该小提琴具备《中国—澳大利亚自由贸易协定》项下的中国原产资格，可享受协定优惠关税待遇。

【案例解析】

中国某表业企业出口一批 FOB 单价为 55.6 美元 / 只的石英表（HS：910211）至澳大利亚。其中，每只石英表配有一条日本进口的钢表带（HS：911320），石英表价值包含钢表带价值。产品物料清单见表3-23：

表3-23 石英表产品物料明细单

HS 编码	名称型号	CIF 单价（美元）	单位用料	CIF 价与商品 FOB 价比率（%）	原产国别（地区）
761699	成品壳	13.5	1	24.3	中国
914490	巴的	0.57	1	1.03	中国
914430	字面	10	1	18	中国
911490	表针	0.44	1	0.79	韩国

HS 编码	名称型号	CIF 单价（美元）	单位用料	CIF 价与商品 FOB 价比率（%）	原产国别（地区）
910811	机芯	8.28	1	14.9	中国
911390	皮表带	7.02	1	12.63	意大利
911320	钢表带	4.15	1	7.46	日本
490110	保修卡	0.13	1	0.23	中国
482110	说明书	0.19	1	0.34	中国

案例中，石英表适用的《中国—澳大利亚自由贸易协定》原产地判定标准为"从任何其他品目改变至本品目"，即税则归类改变。如清单所示，非原产材料包括：表针（HS：911490，原产国为韩国）、皮表带（HS：911390，原产国为意大利）。上述非原产材料都发生了四位数级税则归类改变，满足税则归类改变标准。

案例中涉及的钢表带为额外配备，与石英表一并归类，同时数量与石英表相匹配。因此，在确定石英表原产地时，自日本进口的钢表带适用协定第三章第八条附件、配件及工具标准，其原产地属性无须考虑。

综上，该石英表具备《中国—澳大利亚自由贸易协定》项下中国原产资格，而自日本进口的钢表带作为石英表的配件一起出口至澳大利亚，不需考虑其原产国属性，该石英表可享受协定优惠税率。

【协定文本】

第九条　可互换材料

一、在确定可互换材料是否为原产材料时，应通过对每项货物进行物理分离，或者运用出口方公认会计原则所承认的库存管理方法加以判定。

二、可互换材料是指商业上可互换的材料，其性质实质相同，仅靠表观检查无法加以区分。

【条文解读】

可互换材料指的是性质相同并可代替使用，并且出于商业目的可以互换的材料，其具有性质相同，彼此难以区分的特质。这些特质使得生产商在使用可互换材料进行生产时，往往会在库存阶段和生产阶段将不同来源地的可互换材料混合。若可互换材料中既有原产材料又有非原产材料，则在对最终产品进行原产地判定时，需对不同来源地的可互换材料进行原产地溯源。

《中国—澳大利亚自由贸易协定》规定，在确定原材料的原产地属性时，既可以采用物理方法将发生混合的可互换的货物或材料分开，也可以使用货物生产方公认会计原则承认的库存管理方法进行区分。若中国出口商在判定可互换材料的产地时使用公认会计原则，可以采用中国《企业会计准则》中的库存管理方法，如先进先出法。

【案例解析】

中国某塑业集团生产塑料地板革（HS：391810）出口至澳大利亚，其中邻苯二甲酸二辛酯液体用储藏大罐混装，既有国产成分，也有自韩国进口成分；聚氯乙烯（HS：39041090）以及发泡剂（HS：29241990）均为国产原料。具体产品物料清单见表3-24：

表3-24 塑料地板革产品成分明细单

产品加工工序	聚氯乙烯与邻苯二甲酸二辛酯及发泡剂混合后进入高温发泡机器—浸渍—发泡—压延—印刷—分数—收吞				
HS 编码	名称型号	CIF 单价（美元）	单位用料	CIF 价与商品 FOB 价比率（％）	原产国别（地区）
29173200	邻苯二甲酸二辛酯	13	0.065	33.00	韩国
29173200	邻苯二甲酸二辛酯	12.75			中国
39041090	聚氯乙烯	1.13	0.547	24.00	中国
29241990	发泡剂	1.52	0.012	0.70	中国

经查，塑料地板革适用的《中国—澳大利亚自由贸易协定》原产地判定标准为"从任何其他子目改变至本品目"，即税则归类改变标准。

要想判断该产品的原产地，需要首先明确生产该产品所用到的原材料的原产地属性。本案例中聚氯乙烯以及发泡剂均为中国原产材料，只有邻苯二甲酸二辛酯（HS：29173200）存在不确定性，可能为中国原产，也可能自韩国进口。如果为中国原产，则产成品可依据完全生产标准判定为具备中国原产资格，所对应的原产地标准为 WP（Wholly Produced）；如果自韩国进口，则产成品可依据特定原产地规则"从任何其他子目改变至本品目"的要求，自韩国进口的邻苯二甲酸二辛酯与产成品塑料地板革发生了 HS 编码前四位数级的改变，满足税则归类改变标准，所对应的原产地标准为 PSR（Product Specific Rules）。

本案例中，中国原产的与自韩国进口的原材料邻苯二甲酸二辛酯被混装入同一个储藏大罐，无法被物理分离。它们属于相同种类的可以互相替换的材料，符合可互换材料标准。在确定其原产地属性时，可按照协定第三章第九条可互换材料标准中的第一点，即按照"依据库存管理制度确定所使用的材料是否为原产材料"来判定。中国企业会计准则中的存货第17条关于发出存货成本的确定：企业应当根据各类存货的实际情况，确定发出存货的实际成本，可以采用的方法有个别计价法、先进先出法、加权平均法、移动平均法和后进先出法等。

综上，虽然无论采用中国原产还是自韩国进口的邻苯二甲酸二辛酯，产成品塑料地板革均可获得中国原产资格，享受《中国—澳大利亚自由贸易协定》优惠税率待遇，但所适用的原产地判定规则不同。

【协定文本】

第十条　包装及容器

一、在确定货物原产地时，用于货物运输或储藏的容器及包装材料不予考虑。

二、对于应当适用本协定附件二（产品特定原产地规则）所列税则归类改变标准的货物，如果零售用包装材料及容器与该货物一并归类，则在确定该货物的原产地时，零售用包装材料及容器不予考虑。

三、如果货物适用区域价值成分要求，在确定该货物原产地时，零售用包装材料及容器的价值应视情况作为原产材料或非原产材料予以考虑。

【条文解读】

包装及容器规则的目的与附件、备件及工具规则相同，指在一定条件下，不将货物的包装材料及容器作为确定货物原产地规则的考量因素，从而放宽了原产地规则的适用限制。

根据《中国—澳大利亚自由贸易协定》对"包装及容器"的规定可知，对涉及包装材料及容器的货物的原产地判定需区分运输包装与零售包装，以及零售包装在不同归类情形下的处理。具体而言，包装及容器对货物原产地的影响如下：

1. 运输和储藏的包装与容器对货物的原产资格无影响。在判定货物原产地时，无须考虑。

2. 对于可与货物一并归类的零售用包装材料及容器，如果最终产品适用完全获得标准、仅使用原产材料生产或者适用税则归类改变标准、特定加工工序标准时，零售用包装材料及容器对货物原产地无影响，在判定货物原产地时，不考虑其零售用包装材料及容器情况。如果最终产品适用区域价值成分判定标准，在计算时则需将零售用包装材料及容器的价值也计算在内。如果相关包装属于原产，则计入原产材料价值中，若属于非原产，则计入非原产材料价值。

3. 对于不可与货物一并归类的零售用包装材料及容器，应当视为单独货物判定其原产资格。

【案例解析】

中国某公司自泰国进口一批芒果干（HS：08045020），在国内进行分批包装，再出口至澳大利亚。独立包装芒果干的袋子以及包装盒均为中国原产，那么芒果干是否为中国原产？能否享受《中国—澳大利亚自由贸易协定》关税优惠待遇？

根据《中国—澳大利亚自由贸易协定》包装及容器规则，芒果干在协定中所适用的产品特定原产地规则是"从任何其他章改变至本章"即"章改变"，也就是所有非原产材料在中国境内生产加工的过程中需发生两位级税则归类改变。根据协定规则，该案例中，独立包装芒果干的袋子以及包装盒均与产品一并归类，因此在确定芒果干的原产地时，相关包装材料的原产地属性对产成品不造成影响。而产成品的主要原料为原产自泰国的芒果干，经过分拆再包装，产品税则归类未发生改变，因此，不满足税则归类改变标准。

因此，出口货物芒果干从独立包装到整盒出售并没有发生实质性改变，只是增加了包装，属于微小加工，不足以赋予芒果干中国原产资格，不能享受关税优惠。

【实务指导】

在适用本条规则时，企业如何理解"与货物一同归类的用于零售用包装材料及容器"？

此处的"零售用包装材料及容器"一般指的是货物的销售包装。"与货物一同归类"指的是包装的税则号与货物的税则号相同，包装不单独归类。如何判断货物的包装是否为销售包装，以及包装是否可与货物一同归类呢？这一问题技术性较强，企业可采用下列方法：

1. 如果《中华人民共和国海关进出口税则》中明确规定某货物为零售包装货物，则该货物默认与销售包装一同归类。例如，某种每件净重为0.5千克的耐高温硅胶（HS 350610），其品目条文为"其他税目未列名的调制胶及其他调制黏合剂；适于作胶或黏合剂用的产品，零售包装每件净重不超过1千克"。这说明《中华人民共和国海关进出口税则》已经明确该子目项下的货物为零售包装货物。

2. 如果《中华人民共和国海关进出口税则》中没有明确规定某货物为零售包装货物，则：

A. 对货物销售包装的判定，以商品是否具有消费环节所需的标识为标准确定。销售包装一般要考虑适合对外销售的需要，做到便于陈列、展销、携带和使用，因此其包装除商标、牌号、品名、数量、产地外，还会根据不同商品，印有规格、成分、用途、使用方法等说明。

B. 对销售包装和货物是否可一同归类的判定，以《商品名称及编码协调制度》归类总规则五对包装容器和包装材料的专门规定为准。包装须满足下列条件方可与货物一同归类：a. 制成特定形状或形式，专门盛装某一物品或某套物品的，专门设计的，有些容器还制成所装物品的特殊形状。b. 适合长期使用的，容器的使用期限与所盛装某一物品使用期限是相称的："在物品不使用期间，这些容器还起保护作用。"c. 与所装物品一同进口或出口，不论其是否为了运输方便而与所装物品分开包装。d. 通常与所装物品一同出售。e. 包装物本身并不构成整个货品的基本特征，即包装物本身无独立使用价值。f. 包装不能重复使用。

【协定文本】

第十一条　中性成分

一、在确定货物是否为原产货物时，本条第二款所指的任何中性成分应视为原产。

二、中性成分是指在另一货物的生产过程中使用，但物理上不构成该货物组成成分的货物，或在该货物生产过程中用于维护运行设备的货物，包括：

（一）燃料、能源；

（二）工具、模具及型模；

（三）用于维护设备和建筑的备件及材料；

（四）在生产中使用或用于设备运行和建筑维护的润滑剂、油（滑）脂、合成材料及其他材料；

（五）手套、眼镜、鞋靴、衣服、安全设备及用品；

（六）用于测试或检验货物的设备、装置及用品；

（七）催化剂及溶剂；以及

（八）在货物生产过程中使用，未构成该货物组成成分，但能够合理表明构成生产过程的任何其他货物。

【条文解读】

《中国—澳大利亚自由贸易协定》对"中性成分"的界定是："在另一货物的生产过程中使用，但物理上不构成该货物组成成分的货物，或在该货物生产过程中用于维护运行设备的货物。"该协定具体列举的中性成分有八类。可见,《中国—澳大利亚自由贸易协定》对中性成分的定义结合了泛欧模式和北美模式,其在判定产品原产地过程中主要借鉴了北美模式,即:将中性成分一概视为原产材料,计入原产地的判定中。

【案例解析】

中国某食品企业生产蘑菇菌丝(HS:06029010),出口至澳大利亚,FOB单价为543.48美元/吨。产品物料清单见表3-25:

表3-25 蘑菇菌丝产品成分明细单

产品物料清单					
产品加工工序	原材料搅拌—装包生产—高温高压灭菌—冷却—接种—培养—挑选—包装出厂				
HS 编码	名称型号	CIF 单价(美元)	单位用料	CIF 价与商品FOB 价比率(%)	原产国别(地区)
63109000	橡木木屑	153.85	0.85	24.06	中国
38210000	玉米芯食用菌培养基料	123.08	0.5	11.32	中国
23080000	棉籽壳	230.77	0.5	21.23	印度

蘑菇菌丝主要加工工序是上述基质原材料搅拌—装包生产—高温高压灭菌—冷却—接种—培养—挑选—包装出厂。橡木木屑、玉米芯食用菌培养基料、棉籽壳混合物仅是蘑菇菌丝的载体,为中性成分。其中,基质原材料棉籽壳自印度进口,属于《中国—澳大利亚自由贸易协定》第三章原产地规则第十一条中性成分的第二款第四点在生产中使用或用于运行设备和维护厂房建筑的润滑剂、油(滑)脂、合成材料及其他材料,在确定货物是否为原产货物时不予考虑。

因此在确定蘑菇菌丝是否为原产货物时,其中性成分的原产地不予考虑。

【实务指导】

《中国—澳大利亚自由贸易协定》、泛欧模式和北美模式对中性成分说明的详细对比见表3-26:

表3-26 中性成分说明对比

自贸协定	采用的术语	中性材料的界定	对中性材料的态度
欧盟原产地模式	中性成分	a.能源和燃料 b.厂房和设备 c.机器和工具 d.未构成也将不会构成产品最终组成部分的产品	在原产地判定时不予考虑
《北美自由贸易协定》模式	间接原材料	a.燃料和能源 b.工具，模具，铸件 c.用于维护设备和建筑的备件及材料 d.在生产中使用或用于运行设备和维护厂房建筑的润滑剂、油（滑）脂、合成材料及其他材料 e.手套、眼镜、鞋靴、衣服、安全设备及用品 f.用于测试或检验货物的设备、装置及用品 g.催化剂及溶剂 h.在货物生产过程中使用，虽未构成该货物组成成分，但能合理表明为该货物生产过程一部分的任何其他货物	一概视为原产材料或成分
《中国—澳大利亚自由贸易协定》	中性成分	a.燃料、能源 b.工具、模具及型模 c.用于维护设备和建筑的备件及材料 d.在生产中使用或用于设备运行和建筑维护的润滑剂、油（滑）脂、合成材料及其他材料 e.手套、眼镜、鞋靴、衣服、安全设备及用品 f.用于测试或检验货物的设备、装置及用品 g.催化剂及溶剂；以及 h.在货物生产过程中使用，未构成该货物组成成分，但能够合理表明构成生产过程的任何其他货物	符合规定的任何中性成分应视为原产

【协定文本】

第十二条 微小加工或处理

一、如果一货物仅经过一项或多项以下所列的操作或处理，该货物不应视为原产：

（一）为确保货物在运输或储存期间处于良好状态而进行的加工或处理；

（二）包装和重新包装；

（三）过滤、筛选、挑选、分类、分级、匹配（包括成套物品的组合）；

（四）装瓶、装罐、装袋、装箱、装盒、固定于纸板或木板及其他简单的

包装工序；或者

（五）在产品或其包装上粘贴或印刷标志、标签、标识及其他类似的用于区别的标记；

（六）货物的拆卸。

二、本条第一款的适用应优先于本协定附件二（产品特定原产地规则）所规定的产品特定原产地规则的适用。

【条文解读】

微小加工和处理特指，如果一货物在一国仅经过一项或多项不构成实质性改变的操作或处理，则该货物不应视为原产于该国。微小加工和处理规则实际上是从反面贯彻实质性改变原则。值得注意的是，《中国—澳大利亚自由贸易协定》明确规定微小加工和处理规则应优先于该协定附件二产品特定原产地规则所规定的产品特定原产地规则。具体而言，在判定过程中一般有两种模式：

模式一：产品的加工过程中仅仅发生了微小加工处理中的工序，则不管特定原产地规则如何规定，一概不具有原产资格。

模式二：产品加工过程中既发生了微小加工处理中的工序，又发生了其他工序。只要其他工序满足特定原产地规则，则产品仍然具有原产资格。需要指出的是，这一规则并不是说经过了上述工序的产品一概不具有原产资格，如果产品既发生了能够赋予其原产资格的实质性改变，又经过了上述工序中的一种或者几种，此时该产品仍然具有原产资格。

【案例解析】

中国某企业从泰国进口一批香米，在国内对该香米进行重新除尘、重新筛选、打包、封袋包装，再出口至澳大利亚。该香米能否获得中国原产资格？能否享受《中国—澳大利亚自由贸易协定》关税优惠？

根据《中国—澳大利亚自由贸易协定》，对香米的原产地判定规则为：完全获得。

完全获得指在一方领土内完全获得或者生产。即该货物在生产中所使用的原材料来源于一缔约方，且没有经过加工处理的初级产品，如，渔、林、农、牧、矿等。

上述案例中，大米必须符合"完全获得"标准才可具备原产资格。从泰国进口的香米，从播种、育苗、施肥、收割、筛选都在泰国进行，香米进口到中国后，企业对其进行重新筛选以及包装，只属于微小加工。这些微小加工并没有使香米得到实质性改变，其本身的原产国别仍然为泰国。因此，该产品不满足"完全获得"要求。

综上所述，由于重新筛选、打包以及封袋包装属于微小加工，并不属于获得原产资格的加工工序，所以，这批香米不能赋予中国原产资格，不能享受《中国—澳大利亚自由贸易协定》关税优惠。

【协定文本】

第十三条 直接运输

一、原产货物如果途中未经过非缔约方，直接运输到进口方，应保持其原产资格。

二、尽管有本条第一款规定，经过一个或多个非缔约方运输的原产货物，无论在非缔约方是否转换运输工具或临时储存，只要同时满足下列条件，应保持其原产资格：

（一）货物处于非缔约方海关监管之下；

（二）除装卸、重新包装、为满足进口方要求重贴标签、临时储存以及为保持货物良好状态的处理外，货物未经过其他处理；

（三）如果货物在非缔约方发生本条第二款规定的临时储存，其停留时间自货物进入该非缔约方起不得超过12个月。

三、在满足本条第二款要求的前提下，原产货物出于运输需要可以在非缔约方进行物流分拆。

四、进口方海关可以要求进口商提交满足本条第二款要求的证明文件。

【条文解读】

直接运输规则指要求申明享受优惠关税待遇的缔约方原产货物，应当在缔约双方之间进行直接运输。该规则是为了确保到达《中国—澳大利亚自由贸易协定》进口缔约方的产品与离开《中国—澳大利亚自由贸易协定》出口缔约方的产品完全一致。其目的在于防止除自贸协定缔约方之外的第三方非原产货物通过运输过程中的转运、临时储存等方式佯装为原产货物，非法获得缔约方原产资格的行为。同时，也是为了降低根据自贸协定可以享受优惠待遇的货物，在运输途中遭到人为操纵或者被掺加非优惠货物的风险。从此意义上讲，直接运输规则并非严格意义上的判定原产地的规则，而是一种行政手段，用来防止在运输途中对原产产品所进行的欺骗行为。

从字面意义来看，直接运输规则严格限定申明享受优惠关税待遇的缔约方原产货物，只有在缔约双方之间直接运输，才能保证最终货物获得原产资格，否则即使货物满足自贸协定规定的其他原产地规则，也会因未满足直运规则而最终丧失原产地资格。但在现实中，一些自贸协定缔约方之间很难满足直接运输条件，因此，直接运输规则在一些自贸协定中也放宽了条件。

《中国—澳大利亚自由贸易协定》沿袭了一般原则加例外的模式，在直接运输规则中规定了例外情形。经过一个或多个非缔约方运输的原产货物，无论在非缔约方是否转换运输工具或临时储存，只要同时满足下列条件，也应保持其原产资格：

（一）货物处于非缔约方海关监管下；

（二）除装卸、重新包装、为满足进口方要求重贴标签、临时储存以及为保持货物良好状态的处理外，货物未经过其他处理；

（三）如果货物在非缔约方发生本条第二款规定的临时储存，其停留时间自货物进入该非缔约方起不得超过12个月。同时，在满足上述要求的前提下，原产货物出于运输需要可以在非缔约方进行物流分拆。

【案例解析】

中国某家具企业出口一批中国原产沙发至澳大利亚，该批货物从深圳运出后，经中国香港且在海关监管之下短暂停留，停留期间并未重新装卸，便运往目的地澳大利亚，但因企业未向澳大利亚海关提供直运证明文件，而被澳大利亚海关以不符合直接运输为由，拒绝给予关税优惠待遇。

在上述案例中，由于中国香港是非缔约方港口，但企业停靠中国香港港口时并未重新装卸货物且一直在海关监管下，该企业只需办理《未再加工证明》，即可满足《中国—澳大利亚自由贸易协定》直接运输的相关要求。

第二节　原产地证书申领操作指导

一、享受关税优惠待遇的必备条件——优惠原产地证书

（一）优惠原产地证书的概念

优惠原产地证书是相对于非优惠原产地证书而言，主要用于享受关税减免待遇，一般是指区域性优惠贸易协定项下出口货物原产地证明书，是由区域性自由贸易协定缔约方的授权机构签发证明出口货物原产地的凭证，是货物进入国际贸易领域的"经济国籍"与"护照"，是通向国际市场的"金钥匙"和"有价证券"。

《中国—澳大利亚自由贸易协定》优惠原产地证书，是《中国—澳大利亚自由贸易协定》出口方签证机构根据出口商申请所签发的证明出口货物符合该协定原产地规则的证书，以便在进口方海关享受优惠关税待遇。

在实际操作中，与澳大利亚开展国际贸易的中国企业，在出口时可以向中国海关或中国国际贸易促进委员会及其分支机构申请签发《中国—澳大利亚自由贸易协定》项下原产地证书，提交给进口方海关。

一份有效的《中国—澳大利亚自由贸易协定》项下原产地证书应符合如下规定：

1. 为在另一方获得优惠关税待遇，原产地证书应由出口方的授权机构签发。

2. 一方应将授权签发原产地证书机构的名称和地址通知另一方海关，并提供授权机构使用的印章样本，名称、地址或印章一旦发生变化，应立即通知另一方海关。

3. 货物在出口方被判定为原产货物时，原产地证书应在货物出口前或出

口时签发。出口商或生产商应提交签发原产地证书的申请，并随附相关的证明文件，以证明货物具备原产资格。

4. 应以英文填制并正确署名和盖章。除非双方另行商定，一份原产地证书应涵盖同一批次发运的一项或多项货物。原产地证书应自签发之日起12个月内有效。

5. 在特殊情况下，如因不可抗力，非故意的错误、疏忽，或者其他合理原因导致原产地证书未能在货物出口前或出口时签发的，可以在货物装船之日起 12 个月内补发。补发的原产地证书应注明"补发"字样，有效期为货物装船之日起 12 个月。

6. 原产地证书被盗、遗失或损毁时，如果出口商或生产商确认原产地证书正本未被使用，可以在原证书有效期内，向授权机构书面申请签发经核准的原产地证书副本。经核准的原产地证书副本上应注明"原产地证书正本（编号、日期）经核准的真实副本"字样。经核准的原产地证书副本的有效期与原产地证书正本的有效期相同。

（二）优惠原产地证书的作用

1. 减免进口关税。

货物在进口方入境报关时，凭《中国—澳大利亚自由贸易协定》项下原产地证书即可享受该协定优惠关税待遇，即适用协定税率（也称区域性优惠税率）。

常见的进口关税税率，按由低到高进行排序通常为：协定税率＜普惠制税率＜最惠国税率＜普通税率（排序仅为参考，实际以进口国最新关税税率为准）。

《中国—澳大利亚自由贸易协定》税率的查询途径主要有以下四种：一是通过进口缔约方海关官网进行查询；二是通过进口商向进口方海关了解关税情况；三是使用中国自由贸易区服务网（http://fta.mofcom.gov.cn）的协定税率查询功能进行查询；四是下载《中国—澳大利亚自由贸易协定》对应的关税减让表进行查询。

2. 证明货物原产地。

《中国—澳大利亚自由贸易协定》项下原产地证书是签证机构依据《中国—澳大利亚自由贸易协定》原产地规则签发的，用以证明出口货物符合该协定原产资格的证明文件，是享受关税减免待遇的前提条件。

3. 信用证结汇单据。

当使用信用证（跟单信用证）作为国际贸易结算方式时，《中国—澳大利亚自由贸易协定》项下原产地证书经常会作为必须提交的单据出现在信用证的单据条款（46A：Documents Required）中。

4. 贸易统计依据。

各国海关对进出口货物贸易的统计（即海关统计）在各国政府研究和制定对外贸易政策、调控国家宏观经济方面起着十分重要的决策辅助作用。原产地证书就是各国海关判断进口货物原产国别、进行海关统计的重要依据之一。此外，《中国—澳大利亚自由贸易协定》项下原产地证书还主要用于辅助双方海关对自贸协定实施效果的监测。

（三）何时办理原产地证书

1. 清关和结汇需要。

货物在进口方入境报关时，优惠原产地证书是清关的重要文件之一。如果进口商比较了解自贸协定相关优惠政策，一般都会主动要求出口商提供优惠原产地证书，以便于货物在顺利清关的同时，享受减免关税的优惠待遇。此外，优惠原产地证书也是交付银行等机构用于结汇的重要凭证之一。尤其是贸易双方以信用证方式进行结算时，通常会要求出口商一方提供优惠原产地证书。

2. 主动使用自贸区优惠关税政策。

在进口方没有要求提供自贸协定项下原产地证书的情况下，当出口方了解到出口的产品可以享受比最惠国税率更低的协定税率时，可以从客户维系、市场开拓的角度主动向进口方提供原产地证书，帮助进口方在清关时获得关税减免，从而达到巩固与客户关系，甚至获取更多市场份额的效果。

（四）原产地声明

根据《中国—澳大利亚自由贸易协定》第三章原产地规则和实施程序第十五条规定，原产地声明是出口方就货物的原产地做出的声明（非官方机构签发），用以确认双方之间运送的货物为原产货物。一旦进口方海关作出预裁定，认定货物具备原产资格，则该预裁定下的任何批次的货物在进口时，进口方均可以提交原产地声明代替原产地证书。

（五）提交原产地证书义务的免除

根据《中国—澳大利亚自由贸易协定》第三章原产地规则和实施程序第十八条，出口方的同一批次原产货物（在澳大利亚，完税价格不超过1000澳元或澳大利亚规定的更高金额；在中国，完税价格不超过6000元人民币或中国规定的更高金额），或者一方法律法规规定的其他原产货物，无须办理原产地证书或者提交原产地声明。

如进口方（澳大利亚）海关确认该项进口的目的是规避原产地证书或原产地证声明的提交要求而实施或安排的多次进口的一部分，以上规定则不予适用。

二、原产地证书申办程序

（一）申办条件

中国企业为出口货物申办《中国—澳大利亚自由贸易协定》优惠原产地证书应具备以下条件。

1. 申办主体：出口商、生产商或出口商依据国内法授权的代理人。

2. 文件资料：申请人应准备好商业发票、装箱单、提单、原材料采购发票、进口原材料报关单或进口增值税发票及其他佐证材料等。

3. 出口货物：符合《中国—澳大利亚自由贸易协定》原产地规则，此为申请签发优惠原产地证书的关键条件。如果产品的生产加工不符合《中国—澳大利亚自由贸易协定》原产地规则要求，则货物无法获得中国原产资格，不能享受关税减免。

企业可通过查询《中国—澳大利亚自由贸易协定》关税减让表和原产地规则来了解出口货物是否符合协定要求。

查询方法：可通过中国自由贸易区服务网（http://fta.mofcom.gov.cn）或中国国际贸易促进委员会 FTA 服务网（http://www.ccpit-fta.com），或者海关总署相关网站，查询《中国—澳大利亚自由贸易协定》文本，准确掌握原产地规则要求及协定税率、降税安排等关键信息。

（二）申办流程

2019年10月15日起，对外贸易经营者备案和原产地企业备案"两证合一"正式实施，详见《中华人民共和国商务部 中华人民共和国海关总署 中国国际贸易促进委员会公告》（2019年第39号文），企业在商务主管部门完成外贸易经营者备案后，视同完成中国海关或中国国际贸易促进委员会的原产地企业注册备案手续，可直接登录签证机构的原产地申报系统办理证书。

以企业在中国国际贸易促进委员会申办优惠原产地证书流程为例：

目前，中国国际贸易促进委员会注册企业分线上和线下两种情况，所谓线上注册企业即"两证合一"之后，注册企业的信息直接由商务部推送至中国贸促会。由于特殊情况，推送信息不成功的，企业可直接联系当地贸促会进行线下注册。

1. 线上注册的企业在中国国际贸易促进委员会原产地证书申办流程

（1）登录

企业完成对外贸易经营者备案后，登录中国国际贸易促进委员会原产地证书申报系统 http://qiye.ccpiteco.net。

首次登录直接输入"统一社会信用代码"，点击登录即显示初始密码，登录成功后将跳转到修改密码页面（见图3-1）。

图3-1　注册登录页面

（2）新建手签员

点击"新建手签员"，填写相关信息，下载"手签员授权书"填写后提交（见图3-2）。

图3-2　手签员签字页面

（3）上传企业印章

点击"企业印章"，按界面提示上传本企业印章电子图片，若未按要求上传印章图片，企业领取原产地证书时需携带印章并于现场完成盖章等操作。

（4）填报产地证书信息

手签员信息和企业印章审核通过之后，企业可按界面提示进行原产地证书信息录入，填写完原产地证书详细信息并保存之后，点击"发送"按钮，提交至中国国际贸易促进委员会审核。

（5）领取原产地证书

提交原产地证书申请后，即可查看原产地证书状态，当状态变为"已发证"，表示中国国际贸易促进委员会已审核通过，即可到当地贸促会领取证书。

（6）原产地证书的查询网站

企业可以使用证书上的 CO Certificate No（申请号）和 CO Serial No（印刷号）在中国国际贸易促进委员会网上认证中心，http://check.ccpiteco.net 查询证书内容及真伪（见图3–3）。

图3–3 原产地证书查询页面

2. 线下注册企业在中国国际贸易促进委员会原产地证书申办流程

2019年10月15日之前已完成中国贸促会原产地备案的企业，或者推送信息不成功的企业，申办原产地证书操作流程不变，仍然采用线下注册方式。

不办理对外贸易经营者备案的其他主体（如生产商、保税区内从事国际贸易的企业、外商投资企业等），点击"其他类型申办企业"选项，按照提示进行操作。

3. 特别服务事项办理

（1）备案地迁移申请

如在 A 市商务局完成备案的企业，因特别原因不在 A 市贸促会申办原产地证书，可申请将备案地迁移到 B 市贸促会。企业选择要迁移的地区和贸促会，点击"发送"按钮，即可发送申请（见图3-4）。

图3-4　备案地迁移申请页面

发送完成后，企业可查看迁移申请状态（见图3-5）。

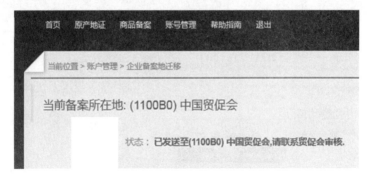

图3-5　备案地迁移申请提交成功页面

（2）中国国际贸易促进委员会原产地证书自主打印服务申请

原产地证书自主打印是中国贸促会原产地电子政务平台建设的一项突出成果。它可以通过先进的技术保障，支持企业足不出户完成原产地证书自主打印，实现真正意义上的"不见面办公"。

企业如申请中国贸促会原产地证书自主打印服务，可点击"自主打印申请"，查看"自主打印企业申请材料"和"贸促会原产地证书打印机清单"后，然后按要求上传申请资料，提交中国贸促会审核（见图3-6）。

图3-6　原产地证书自主打印申请页面

（3）其他主体申办流程

不需要进行对外贸易经营者备案的其他主体（如生产商、保税区内企业等），点击"其他类型申办企业"选项，按照提示进行操作（见图3-7）。

图3-7　其他主体申办注册登录页面

（4）在线客服

企业在注册、登录系统和制单过程中，有任何疑问可直接联系在线客服或者咨询当地贸促会。

以上申办流程的详细操作指南可见中国国际贸易促进委员会官网（https：//co.ccpit.org），由于存在系统升级及相关规定变化等情况，申办操作指南以企业查询时官网最新公布为准。企业应按照签证机构要求提交申请签发原产地证书所需资料，证明出口货物符合原产地证书签证要求，必要时需接受签证机构的实地核查。

（三）证书填制要求

《中国—澳大利亚自由贸易协定》项下原产地证书样本（见图3-8）。

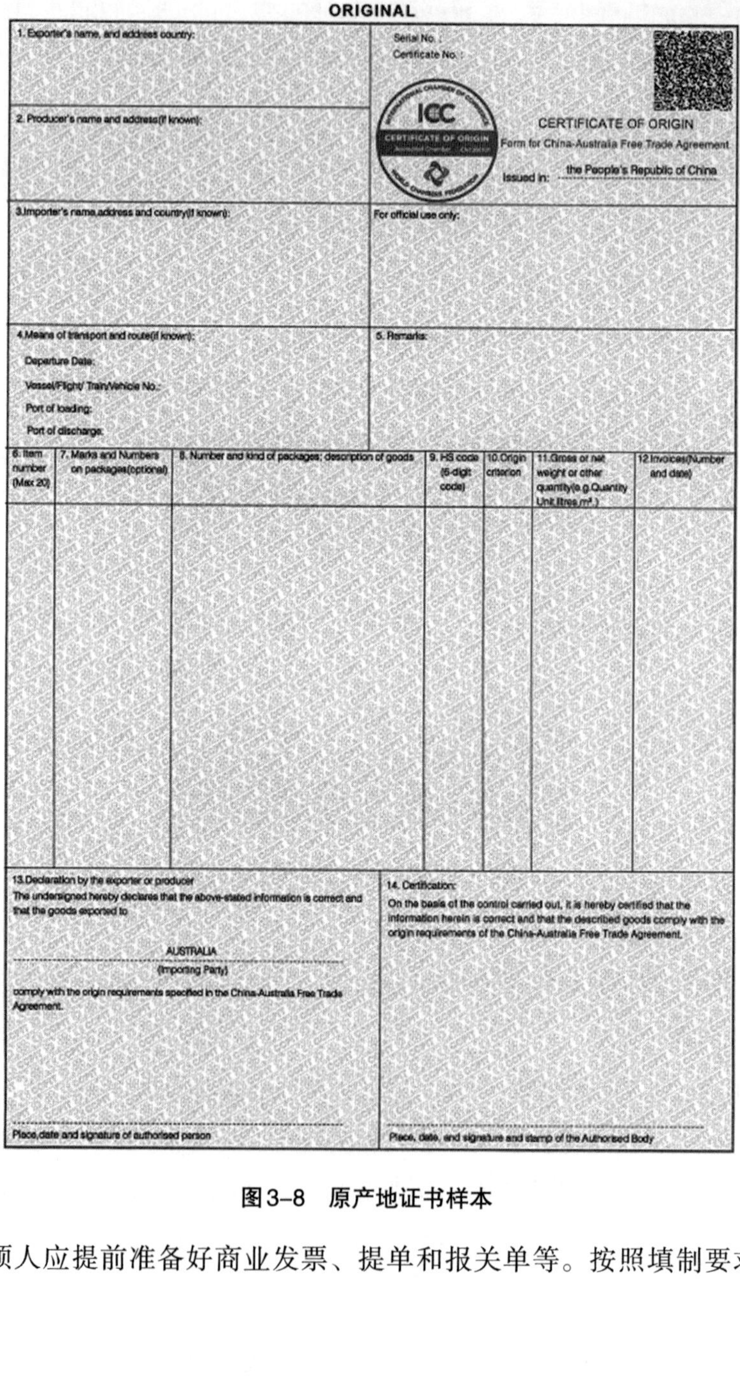

ORIGINAL

1. Exporter's name, and address country:	Serial No. : Certificate No. :
2. Producer's name and address(if known):	CERTIFICATE OF ORIGIN Form for China-Australia Free Trade Agreement Issued in: the People's Republic of China
3.Importer's name,address and country(if known):	For official use only:
4.Means of transport and route(if known): Departure Date: Vessel/Flight/ Train/Vehicle No.: Port of loading: Port of discharge:	5. Remarks:

6. Item number (Max 20)	7. Marks and Numbers on packages(optional)	8. Number and kind of packages; description of goods	9. HS code (6-digit code)	10.Origin criterion	11.Gross or net weight or other quantity(e.g.Quantity Unit,litres,m³.)	12.Invoices(Number and date)

13.Declaration by the exporter or producer The undersigned hereby declares that the above-stated information is correct and that the goods exported to AUSTRALIA (Importing Party) comply with the origin requirements specified in the China-Australia Free Trade Agreement. Place,date and signature of authorised person	14. Certification: On the basis of the control carried out, it is hereby certified that the information herein is correct and that the described goods comply with the origin requirements of the China-Australia Free Trade Agreement. Place, date, and signature and stamp of the Authorised Body

图3-8　原产地证书样本

申领人应提前准备好商业发票、提单和报关单等。按照填制要求制单，便于申领原产地证书时签证机构核对信息。

1. 出口商名称、地址和国家

表3-27　出口商名称、地址和国家栏

证书内容	Exporter's name, and address country
填制内容	填写中国境内出口商或生产商的名称、地址（包括国家）
范例	Exporter's name, and address country: SHENZHEN H F CO., LTD XINTIAN ROAD SHENZHEN CITY, GUANGDONG PORVINCE, CHINA

注意：

（1）本栏填写的出口商名称应与商业发票等单据、对外贸易经营备案登记表内企业英文名称及第13栏出口商中英文印章上名称一致；

（2）本栏不可填写两个或两个以上公司名称；

（3）本栏不可使用O/B、VIA后接第三方公司信息等方式表述转口贸易的中间商；

（4）转口贸易模式下如需体现中间商名称，可将开具发票的中间商名称、地址和国家等信息填写在第5栏（备注栏）。

2. 生产商信息名称及地址（如已知）

表3-28　生产商信息名称及地址栏

证书内容	Producer's name and address（if known）
填制说明	注明生产商（如已知）详细的依法登记的名称和地址（包括国家）。如证书中包含不止一个生产商的货物，应列出其他生产商的详细名称和地址（包括国家）。如出口商或生产商希望其信息保密，可注明"应主管部门或授权机构要求可提供"。如生产商即为出口商，请在栏中填写"同上"字样。如生产商未知，可在栏中注明"未知"
范例	Producer's name and address（if known）: A F COMPANY LIMITED Y RODA SHENZHEN CITY, GUANG DONG PROVINCE, CHINA.

注意：

如果证书包含一家以上生产商的商品，应列出其他生产商详细地依法登记的名称、地址和国家。

3. 进口商信息名称、地址及国家（如已知）

表3-29　进口商信息名称、地址及国家栏

证书内容	Importer's name, address and country（if known）
填制说明	注明澳大利亚进口商（如已知）详细的依法登记的名称和地址
范例	Importer's name, address and country（if known）: BA AUSTRALIA 152A ROAD, NSW 220, AUSTRALIA

注意：

（1）收货人名称应与申请人提供的商业发票和运输单据中的名称一致；

（2）进口方应为澳大利亚企业；

（3）此栏不可填写非进口商信息；

（4）此栏不可填写 To Order 等语句。

4. 运输工具及路线（如已知）

表3-30　运输工具及路线栏

证书内容	Mean of transport and route（if known）
填制说明	填写运输方式及路线（如已知），详细说明离港日期、运输工具编号 以及装货和卸货口岸
范例	4. Means of transport and route (if known): FROM SHANGHAJ CHINA TO SYDNEY AUSTRALIA BY SEA Departure Date: OCT. 13,2020 Vessel/Flight/Train/Vehicle No.: WIDE HOTEL V.079S Port of loading: SHANGHAI CHINA Port of discharge: SYDNEY AUSTRALIA

注意：

出口货物的运输信息情况，以确保商品在运输途中并未在中国和澳大利亚以外的其他国家或者地区进行再加工而丧失其原产资格，即要符合"直接运输规则"。

5.供官方使用

表3-31 供官方使用栏

证书内容	For Official Use
填制说明	此栏由签证机构填写，一般情况下留空
注意事项	原产地证书是后补发的，证书可在装货日期后12个月内补发，在此栏注明补发（ISSUED RETROSPECTIVELY）字样 原产地证书是经核准的副本，则在此栏注明"原产地证书正本（编号、日期）经核准的真实副本（CERTIFIED TRUE COPY OF THE ORIGINAL CERTIFICATE OF ORIGIN NUMBER\ DATED）字样
范例	For official use only:

6.备注

表3-32 备注栏

证书内容	Remarks
填说明	本栏可填写客户订单编号或者信用证编号，以及其他可能涉及的事项。如发票由非缔约方经营者开具，应在本栏注明开具发票的经营者名称、地址及国家等信息
范例	5. Remarks: Serial No. _____ Dated _____ is cancelled.

7.项目号

表3-33 项目号栏

证书内容	Item number（max 20）
填制说明	填写项目号，但不得超过20项
范例	6. Item number (Max 20) （1） （2）

8.唛头及包装号

表3-34 唛头及包装号栏

证书内容	Marks and numbers on packages
填制说明	如有唛头及编号，则注明包装上的唛头及编号 如果没有唛头和包装号，应填写"N/M"或"NO MARK"或"NO MARKS AND NUMBERS"
范例	7. Marks and Numbers on packages (optional) CASE NO.: PROJECT NAME, COLOR CODE, DESCRIPTION, CASE DIMENTION, G.W., N.W

注意：

（1）唛头不得出现中国境外的国家或地区制造的字样。例如，不能出现MADE IN SINGAPORE 等；

（2）不可因为唛头内容过长而使用"AS PER INVOICE""AS PACKING LIST"或"AS B/L"等。CARTON LABEL、AS ADDRESS、COLOR LABEL 等也不能作唛头；

（3）如有特殊唛头的（唛头是图形或者符号时），应填写"I/S"，并上传图片唛头；

（4）当唛头中显示商标时，申请人应注意可能涉及的知识产权保护问题，提供相应证明。

①当商标为申请人的自有品牌商标时，申请人应能提供其合法有效的商标注册证。

②当商标为申请人受托加工的定牌产品商标时，申请人和委托方应签订关于商标使用许可的合同条款，委托方应有该商标的所有权或使用权。

9. 包装数量和种类、货物描述

表3-35　包装数量和种类、货物描述栏

证书内容	Number and kind of packages；description of goods
填制说明	详细列明包装数量及种类。详列每种货物的货品名称，以便于海关关员查验时加以识别。货品名称应与发票上的描述及货物的协调制度描述相符。如果是散装货，应注明"散装"。当商品描述结束时，加上"***"（三颗星）或"＼"（结束斜线符号）
范例	8. Number and kind of packages; description of goods ENAMEL BOWL (PO#4503403368) TOTAL: FIFTY SIX (56) CARTONS ONLY. ...

注意：

（1）禁止在货物描述处填写复杂承诺性声明，禁止填写与第九栏不一致的 HS 编码，禁止填写非中国生产的描述；

（2）在此处显示的企业与客户的信用证条款不能违背原产地证书规则；

（3）此栏信息应与申请人的报关信息和提供的商业发票等单据中的信息一致。

10. HS 编码（六位编码）

表3-36　HS 编码（六位编码）栏

证书内容	HS code（6—digit code）
填制说明	货物的6位 HS 编码
注意事项	对应第8栏中的每种货物填写协调制度税则归类编码，以六位数编码为准
范例	9. HS code (6–digit code) 620293 620193

注意：

（1）填写出口商品六位数 HS 编码；

（2）国际贸易促进委员会产地证采用商品备案制。出口商品需要先做商品信息备案，产品备案经审核通过后，该产品及其所属 HS 编码可以在选项中选择。

11. 原产地标准

表3-37　原产地标准栏

证书内容	Origin Criteria：			
范例	8. Number and kind of packages; description of goods Bicycle mobile phone bracket accessories TOTAL Three (3) GTNS ONLY ...	9. HS code (Six–digit code) 761699	10. Origin criterion PSR	11. Gross weight, quantity (Quantity Unit) or other mea-sures (liters,m^3,etc.) 1360PCS

说明：

出口商必须按表3-38所示方式，在第10栏中标明其货物申明享受优惠关税待遇所依据的原产地标准：

表3-38　申明享受优惠关税待遇所依据的原产地标准

原产地标准	填入第10栏
该货物根据第三章三条 (完全获得货物) 在缔约一方 "完全获得"	WO
该货物完全在缔约一方或双方领土内由符合第三章 (原产地规则和实施程序) 规定的原产材料生产	WP
该货物在缔约一方或双方领土内使用符合产品特定原产地规则及第三章 (原产地规则和实施程序) 其他有关要求的非原产材料生产	PSR

12. 毛重、净重和其他数量

表3-39　毛重、净重或其他数量栏

证书内容	Gross or net weight or other quantity（e.g.Quantity unit，litres，m³）
填制内容及要求	毛重应填写"千克"。可依照惯例，采用其他计量单位（例如体积、件数等）来精确地反映数量
范例	11. Gross or net weight or other quantity (e.g.Quantity Unit,litres,m³.) 317PIECES 236PIECES

13. 发票号及日期

表3-40　发票号及日期栏

证书内容	Invoices（Number and date）
范例	12. Invoices (Number and date) PA21-S20008 JAN, 12,2021

填制说明：

应填写发票号码和发票日期。如果发票是由非缔约方经营者开具且该商业发票号码和发票日期均未取得，则出口方签发的原始商业发票的号码和发票日期应在本栏注明。

14. 出口商及生产商声明

表3-41　出口商或生产商声明栏

证书内容	Declaration by the exporter or producer
填制说明	本栏应由出口商填写、签字并填写日期
范例	

15. 签证机构证明

表3-42 签证机构证明栏

证书内容	Certification
填制说明	本栏必须填写授权机构授权人员的签名、印章和日期。授权机构的电话、传真和地址也应当注明
范例	

（四）其他注意事项

1. 证书补发：在特殊情况下，如因不可抗力或非故意错误、疏忽，或者其他合理原因导致原产地证书未能在货物出口前或出口时签发的，原产地证书可以在货物装船之日起12个月内补发。补发原产地证书应注明"补发""ISSUED RETROACTIVELY"字样，有效期为货物装船之日起12个月。

货物装运后的补发证书在原产地证书申报系统"For Official Use："栏自动标注"ISSUED RETROACTIVELY"字样。

2. 证书更改：需更改证书内容的，申请人可在证书签发之日起12个月内向原签证机构申请更改证书并提供相应证明材料，同时应退回失效的原证。

3. 失证重发：原产地证书被盗、遗失或毁坏的，自证书签发之日起1年内向原签证机构申请重发证书。"For Official Use："栏注明原产地证书正本（编号、日期）经核准的真实副本字样。

4. 原产地声明：进口方根据《中国—澳大利亚自由贸易协定》第四章海关程序与贸易便利化第九条预裁定，认定货物具备原产资格。如果作出该预裁定所依据的事实和情况未发生变化且该裁定仍然具有效力，那么，该预裁定下任何批次的货物在进口时，进口商均可以原产地声明代替原产地证书。采用原产地声明范本，用英文填制并由出口商或生产商正确签名。原产地声明应涵盖在一份进口报关单上验报的货物，且自签发之日起12个月内有效（原产地声明样本见本节附件一）。

5.原产地文件的保存：生产商、出口商和进口商应按照有关规定在3年或更长期限内，保存原产地证书、原产地声明及能充分证明货物原产地的任何其他文件。

附件一：

原产地声明
《中华人民共和国政府和澳大利亚政府自由贸易协定》

谨代表
_____

_____
（工整填写出口商或生产商的名称和地址）

作为出口商 / 生产商 / 出口商兼生产商

（划去不适用选项）

本人特此声明下述货物的原产地为

澳大利亚 / 中国

（划去不适用选项）

符合《中华人民共和国政府和澳大利亚政府自由贸易协定》

关系货物原产地的相关规定。

本人对本声明内容的真实性承担法律责任。

商品项号	商品描述	HS 编码 （6位）	发票 （编号和日期）	预裁定编号	原产地标准

签名：

姓名：

职位：

日期：

注意事项：本声明必须工整填写，并作为一份独立文件与商业发票一并提交。本声明涉及商品应不超过20项。

第三节　如何高效使用原产地证书

一、依法合规申办优惠原产地证书

根据《中国—澳大利亚自由贸易协定》第三章原产地规则和实施程序第

十四条，结合实务操作，出口商或生产商应在货物装运前向中国海关或中国国际贸易促进委员会及其地方机构申请签发《中国—澳大利亚自由贸易协定》项下原产地证书，并按上述机构的要求提交申请签发原产地证书所需的佐证材料，用以证明出口货物符合《中国—澳大利亚自由贸易协定》原产资格。必要时还需接受原产地证书签发机构开展的实地核查。

使用原产地证书申报系统填制原产地证书内容时，须严格按照相关填制要求和实际出口数据填写，确保相关信息真实、完整、准确。

领取原产地证书时，企业授权人员务必在原产地证书指定栏目签字确认。以上具体解读详见本章第二节。

二、合理安排货物运输路线

根据《中国—澳大利亚自由贸易协定》第三章原产地规则和实施程序第十三条，商品要享受《中国—澳大利亚自由贸易协定》缔约方优惠关税待遇，除满足《中国—澳大利亚自由贸易协定》原产资格以外，还要确保商品在运输途中未在中国和澳大利亚以外的其他国家或者地区进行再加工，即要符合"直接运输标准"。相关解读详见本章第一节。

早期的国际物流一般都是从出口方直接运输至进口方，经过第三方基本都是出于地理位置的需要。随着国际贸易的发展，许多跨国企业出于综合成本和物流安排的考虑，会在世界各地的物流中心（海外仓）将一些商品进行分拆或略作停留后，再发往最终目的国，而这些中转地很可能不在中国—澳大利亚自贸区范围内，即位于第三方。此时，进口方海关出于监管需要，往往要求进口商满足《中国—澳大利亚自由贸易协定》第三章第十三条第二款要求的证明文件，即"未加工证明"，以证明产品满足直接运输标准（原产资格并未发生改变），可适用《中国—澳大利亚自由贸易协定》税率。

三、主动申明并提交优惠原产地证书

根据《中国—澳大利亚自由贸易协定》第三章原产地规则和实施程序第

十六条，货物在入境报关时，收货人或者其代理人应当按照进口方国内法律、法规和行政规章办理货物的进口申报手续，其中就包括要主动向进口方海关申明适用《中国—澳大利亚自由贸易协定》税率和提交有效的原产地证书正本（除符合免于提交原产地证书或原产地声明的情况）。

四、海关程序与便利化相关措施安排

《中国—澳大利亚自由贸易协定》在货物贸易方面，对海关程序与贸易便利化做出规定，包括便利化、海关合作、风险管理、信息技术的应用、透明度、复议与诉讼、预裁定、货物放行、易腐货物、暂准进口货物、接受副本和海关磋商等。其目的是确保双方海关法实施的可预见性、一致性和透明性，促进海关程序的有效和经济管理，货物能够迅速清关，简化与协调双方的海关程序，促进双方海关当局合作。

【协定文本】

预裁定

一、各方应以书面形式向本条第二款（一）项中描述的申请人就税则归类、货物是否根据本协定属于原产以及双方同意的其他事宜做出预裁定。

二、各方在做出书面预裁定时应采用或维持以下程序：

（一）应规定出口商、进口商或有正当理由的人员或其代表可申请预裁定，一方可以要求申请人在其领土内有法定代表或进行注册；

（二）应详细说明申请预裁定需要提交的信息；

（三）应允许其海关当局在审查预裁定申请过程中可以随时要求申请人提供审查预裁定申请必需的补充信息；

（四）应确保预裁定系根据申请人提供的事实和情形以及决定者所掌握的其他相关信息做出；以及

（五）应规定在收到所需全部信息后，在60日内以签发海关当局的官方语言向申请人迅速签发裁定。

【条文解读】

预裁定指在货物实际进出口之前，海关根据申请人（进口货物收货人或出口货物发货人）的申请，对相关的海关事务做出的书面裁定。

海关预裁定包括：

1. 归类预裁定（进出口货物的商品归类）；

2. 原产地预裁定（进出口货物的原产地或原产资格）；

3. 价格预裁定（进口货物完税价格相关要素、估价方法）；

4. 海关规定的其他事务。

其中，归类预裁定、原产地预裁定和价格预裁定被称为"三预"工作，是海关解决部分税收要素（商品归类、原产地以及价格）难题和提高通关便利化水平的利器。

企业（尤其从事进口业务）可在货物拟进出口前3个月前向注册地直属海关提出预裁定申请。通过办理海关预裁定，对商品归类、原产地和价格三个专业性较强的申报要素进行前置确认，在货物实际进出口之前消除申报疑虑，准确预知申报规则，实现合规申报。

对进出口企业而言，预裁定是理解海关规则，降低通关风险，提升通关效率的重要途径；对海关而言，预裁定是提升监管效率，统一执法标准，消除关企争议的重要手段。通过规定申请人的"（海关）企业分类等级"，有利于营造良好的经营环境，促使企业守法自律，保障进出口贸易的安全与便利。

第四节　优惠原产地证书"微小差错"处理及核查应对

进口商在使用优惠原产地证书进行报关时或者报关后可能遇到一些问题，处理不当将会影响货物正常的通关享惠。下文将对可能遇到的问题和应对办法做出说明。

一、证书内容存在"微小差错"

根据《中国—澳大利亚自由贸易协定》第三章原产地规则和实施程序第十七条，如果《中国—澳大利亚自由贸易协定》项下原产地证书所列内容与办理货物进口手续时向进口方海关提交的相关单证所列内容存在非实质性差异，只要进口方海关对相关货物的原产地没有疑义且《中国—澳大利亚自由贸易协定》项下原产地证书所列产品与所报验的产品相符，这些非实质性差异就不会影响证书的有效性。进口商或者其代理人可以按照进口方国内法律、法规和行政规章办理相关手续后先行提货，按相关商品所适用的较高税率缴纳进口关税或保证金，待差异性问题得到澄清后，再依照进口方国内法律、法规及行政规章退还多征的税款或保证金。

如果《中国—澳大利亚自由贸易协定》项下原产地证书包含多项商品，其中只有部分商品有问题，则不会影响证书上其他商品正常享受优惠关税待遇，也不会延迟其他商品正常清关。对于有问题的商品，进口方海关将按《中国—澳大利亚自由贸易协定》项下原产地规则签证操作程序处理（只要满足相关要求，同样可以缴纳足额保证金后先行提货）。

二、原产地核查

根据《中国—澳大利亚自由贸易协定》第三章原产地规则和实施程序第二十一条，进口方海关发起原产地核查是较为常见的影响原产货物顺利清关、享受关税优惠的原因。进口方海关可以在对相关文件（如原产地证书）的真实性或涉及全部或部分产品真实原产地相关信息的准确性存疑时发起核查程序，也可以按照一定比例发起随机核查。

（一）常规流程

进口方海关以书面形式（通常是核查函）提出核查请求，并随附相关的原产地证书复印件。如果不是随机核查，还会说明核查的详细原因或指出原产地证书中可能有误的地方。

在等待核查结果期间，只要相关产品不属于禁止或限制进口产品，不涉嫌瞒骗，澳大利亚收货人（进口商）或者其代理人可以依照进口方国内法律、法规及行政规章办理相应手续后（通常是按产品所使用的较高税率缴纳关税或等额保证金）先行提货。只要最终核查结果可证明原产地证书内容准确无误，进口方海关可退还多征的税款或保证金。

需特别注意的是，此类核查都有时间限制，《中国—澳大利亚自由贸易协定》规定，出口方海关应自收到核查请求之日起3个月内，向进口方海关反馈核查结果。进口方海关应尽可能在核查开始后6个月内完成核查，并在核查完成后迅速以书面形式将核查结果提供给相关方。

在此期间，证书签发机构和出口企业及生产商需密切配合，根据核查函中进口方海关的质疑点收集佐证材料。签发机构对相关材料进行审核确认后，将核查结果如实回复进口方海关。倘若未能在核查时限内答复进口方海关，相关货物将无法享受《中国—澳大利亚自由贸易协定》的优惠关税待遇（即进口商将无法收回多缴的税款或保证金），因此出口企业需要高度重视并积极配合签发机构的原产地核查工作。

（二）特殊情况（核查访问）

如果进口方海关对追溯核查的结果不满意，还可以请求到出口方进行实地核查访问。

（三）对企业商业文件的保密

在进行原产地核查过程中，进口缔约方海关应对出口缔约方海关及出口商提供的信息和文件进行保密。

（四）退证查询的处理程序

1. 签发机构建档并进行初步核查

证书签发机构在收到澳大利亚海关的核查函后，将建档和登记，并调阅备查证书档案，核实该证书是否伪造，证书内容是否被篡改等。

2.联系企业进行书面调查

向企业出具《核查通知函》。企业需及时按照《核查通知函》要求，整理并提交相关佐证材料。所需材料将根据澳大利亚海关核查的内容进行增减，如：

（1）（货物）生产商的营业执照；

（2）货物清单；

（3）所涉商品的所有原材料的来源证明，进口原材料，可提供相关的进口报关单，国内（中国境内）采购的原材料，可提供进料发票证明或商品最终制造商作出的自我声明；

（4）产品成本明细单（包括完整、详细的加工工序）；

（5）出口商申请《中国—澳大利亚自由贸易协定》项下原产地证书时提交给签发机构的商业发票；

（6）签发机构认为需要提供的其他材料。

3.实地调查

当书面调查结果无法满足澳大利亚海关的核查要求时，签发机构将根据澳大利亚海关核查函所提出的问题进行实地调查。调查内容主要包括原材料来源、生产工序、是否符合原产地规则等澳大利亚海关关注的问题。

4.复函

签发机构需要在收到澳大利亚海关核查请求之日起3个月之内，根据书面或实地调查结果，以书面形式回复。

（五）其他问题

当收货人（进口商）或者其代理人在澳大利亚海关发生导致通关不畅、无法正常享受关税优惠待遇的其他情况时，出口商可与证书签发机构联系并说明具体情况，此类问题将通过原产地规则分委员会协商解决。该分委员会由缔约双方海关组成，进口方和出口方的海关各设有联络点。

第五节 建立企业原产地合规管理体系

为降低原产地核查风险，确保每份原产地证书均能顺利使用，每票货物都能享受《中国—澳大利亚自由贸易协定》缔约方的优惠关税待遇，建议广大出口企业根据自身实际情况建立原产地合规管理体系。

为使原产地证书合规应用，可从以下四方面着手设计。

一、企业管理层重视

要在企业管理层和各部门间形成共识、凝聚力量，充分认识原产地合规的重要性，并持续推进原产地合规工作有效开展。

二、商品注册备案与原产地规则合规

加强对《中国—澳大利亚自由贸易协定》原产地规则的学习和研究，根据规则，设计最优的产品供应链计划。为解决原产地规则对专业性要求较高的难题，企业可以在大规模生产之前，向原产地证书签发机构（中国海关和中国国际贸易促进委员会及其地方机构）详细咨询，完成商品备案手续（或原产地预裁定），以尽早确定原产地合规，或在专业指导下对原材料的供应来源（原产地）进行调整。

三、合规自检制度与人员考核

建立针对原产地证书和商业发票等单证以及直接运输规则的合规自检制度。定期开展外贸单证合规性审查，并将审查结果纳入企业绩效考核体系。

加强对企业授权人员的业务培训与合规教育。通过举行专业培训、内部交流学习和定期考核等形式，不断提高人员业务水平及综合素质。

四、文件（单证）保存管理

根据《中国—澳大利亚自由贸易协定》第三章原产地规则和实施程序第

二十条，生产商、出口商和进口商应在3年或者更长的期限内，妥善保管每票货物的申请材料（包括所有商业单证和原材料来源证明等），并确保成套文件的完整性，以应对退证查询（原产地核查）带来的风险。

第六节　企业应用享惠策略

一、进口享惠

中国对来自澳大利亚的原产商品，实施关税减让和通关便利政策。同时，原产于出口受惠国的产品须直接运输到进口缔约方，以确保该产品就是出口受惠国发送的原产品。直运规则可以避免产品途径第三国时，发生任何再加工或者被掉包的风险，是自贸协定中的重要原产地规则之一。

积极利用直运规则享受零关税

羊毛贸易是中澳双边贸易的一个重要组成部分。在《中国—澳大利亚自由贸易协定》中，其降税安排为"对原产自澳大利亚的产品适用第二章货物贸易第十三条国别关税配额规定的国别关税配额，配额内税率为零，配额外税率为基础税率"。

中国某企业从澳大利亚进口羊毛（HS：5101210001），货物经中国香港装卸和分拆后抵达深圳市。在深圳市办理进口报关时，企业被告知需要提供中国香港海关出具的"未再加工证明"等文件方可享受《中国—澳大利亚自由贸易协定》的优惠关税待遇。

随着国际贸易的发展，出于综合成本和物流安排的考虑，许多跨国企业的部分商品会在世界各地的物流中心（海外仓）进行分拆、停留后，再发往最终目的国。而这些中转地很可能不在中国—澳大利亚自贸区范围内，即属于第三方。在配额内，企业进口羊毛产品享受零关税待遇，但因运输过程中产品经第三方中转，因此需要同时满足《中国—澳大利亚自由贸易协定》关于直接运输的要求，即货物经过产品原产国以外的第三国（地区）的领土时，未做除装卸、物流拆分或者为使货物保持良好状态所必须处理以外的其他处理。在第三国（地区）进行临时存储的，在这些国家或者地区停留时间不得超过12个月并处于这些国家或地区海关的监管之下，由第三国（地区）海关出具"未再加工证明"。

企业向中国香港海关申请办理了"未再加工证明"，连同货物的原产地证明、商业发票以及全程运输单证等在中国海关进行进口申报，证明了该批货物在中国香港未做除装卸和物流拆分以外的其他处理，符合《中国—澳大利亚自由贸易协定》关于"直接运输"的相关规定，最终享受了10万元的关税优惠。掌握享惠规则后，企业对后续每一票货物都进行了合规申报，全年累计享受关税减免500余万元。

二、获取订单享惠

自贸协定为中国企业与协定其他缔约方间的贸易争取了更优的政策、更低的门槛，直接体现了货物贸易领域的关税优势。企业应及时关注中国正在谈判的自贸协定进程，加大对协定缔约方市场的开拓，把握谈判和议价优势，创造业务增长点。

纺织品深耕澳大利亚市场有利可图

中国是纺织品生产大国，同时也是纺织品消费和出口大国。纺织品贸易，特别是纺织品出口在中国对外贸易中占有十分重要的地位，是中国外汇收入的重要来源，也是中澳双边贸易的重要组成部分。纺织品出口对中国出口创汇和平衡双边贸易具有重要意义。

澳大利亚的纺织品服装进口依赖度较高，中国是其最大的进口来源国。澳大利亚市场较为开放，不对进口纺织品实行配额制，因此世界各地的商品在此聚集形成激烈的竞争。

在《中国—澳大利亚自由贸易协定》签订之前，澳大利亚针对纺织品原料的基础税率为5%，服装成品为10%。随着《中国—澳大利亚自由贸易协定》关税减让承诺的逐步落实，中国对澳大利亚纺织品服装出口已可享有零关税待遇。

中国某内衣生产企业受纺织品原材料逐年上涨、人工成本增加等因素的影响，竞争优势相对减弱。《中国—澳大利亚自由贸易协定》的签署对中国纺织行业的发展具有积极的促进作用，特别是经过五轮降税后，中国纺织品出口到澳大利亚具有一定的价格优势。该企业抓住时机，积极了解《中国—澳大利亚自由贸易协定》的相关政策，重新规划了对澳大利亚的出口方案，通过线上开发和赴澳参展等多种途径，在澳大利亚拓展了新客户。经过不断努力，该企业对澳出口额逐年增加，在2019年出口额较前年增长了45%。

《中国—澳大利亚自由贸易协定》在企业对澳贸易的发展中起到了至关重要的作用。企业要认准专业化经营道路，专注自己擅长的品类，做好品控，与客户建立起良好的合作关系，深耕澳大利亚市场。

三、优选来源享惠

中国与大部分协定伙伴的经济互补性强，澳大利亚、新西兰的农牧产品、日本及韩国的电子中间产品等，都是企业优化供应链布局很好的选择。企业应善于在协定伙伴国拓展采购渠道，通过比对各协定的降税政策，获取物美价廉的进口产品。

澳洲牛肉享惠协定

自2015年12月20日《中国—澳大利亚自由贸易协定》生效并实施以来，进出口企业对自贸协定的利用率逐步提高，享受税款优惠力度不断增大。

以国内需求量较大的牛肉为例，自《中国—澳大利亚自由贸易协定》签署后，从澳大利亚进口牛肉最惠国税率为12%，降税类型为C-10，即基础税率自本协定生效时起对原产自澳大利亚的产品分十次每年等比例削减至零（见表3-43）；并应适用第二章货物贸易第十四条农产品特殊保障措施规定的农产品特殊保障机制。

表3-43 《中国—澳大利亚自由贸易协定》鲜、冷牛肉关税减让表

HS 编码	0201
货品名称	其他鲜或冷藏的去骨 / 带骨牛肉
基础税率（%）	12
第1年（%）	10.8
第2年（%）	9.6
第3年（%）	8.4
第4年（%）	7.2
第5年（%）	6
第6年（%）	4.8
第7年（%）	3.6
第8年（%）	2.4
第9年（%）	1.2
第10年（%）	0

经过一定过渡期后，澳大利亚原产牛肉协定税率最终将降为零。中国某物流企业是某省最大的澳大利亚牛肉进口商，得益于《中国—澳大利亚自由贸易协定》实施，该企业进口成本降低，进口量大增。企业负责人表示："按年进口澳大利亚牛肉1万吨计算，零关税将为企业节约成本3500多万元，以前通过同样渠道进口牛肉，成本相对较高。《中国—澳大利亚自由贸易协定》生效后，降税优惠对企业来说是重大利好，减轻了企业的经济负担。"

四、累积享惠

通过累计规则，自由贸易协定的缔约方之间能够共享生产过程，共同满足原产地规则，从而可以更为灵活地发展经济关系，鼓励缔约方使用自贸区内的投入品并在自贸区内进行生产和加工，有利于促进缔约方之间经济融合。

利用累积规则从中澳原产地中掘金

1. 铁矿石对外依存度高

目前，随着中国城市化和工业化进程的加快，国民经济进入一个新的较快增长周期，中国钢材需求呈增长态势。与中国钢铁需求迅速提高相对应的

是，近年来中国铁矿石对国际市场的依存度也越来越高，建立长期稳定的铁矿石供应渠道是企业发展关键。

2. 寻找稳定的供应渠道

矿业是澳大利亚最重要的出口产业之一。澳大利亚境内已查明的矿产资源储量位于世界前列，其中铁矿石位列全球首位。澳大利亚是全球最大的铁矿石出口国。澳大利亚市场环境成熟稳定，配套制度完备，拥有优秀的矿产领域专家，是中国投资者理想的投资目的地和矿产品进口国。

3. 自贸协定政策助企掘金

中国某钢铁企业从澳大利亚进口铁矿石（HS：25020000）。根据《中国—澳大利亚自由贸易协定》的协定税率，该产品降税类型为A-0，即基础税率应自本协定生效时起对原产自澳大利亚的产品取消并约束在零。上述企业在国内将矿石冶炼生产制成无缝钢铁管（HS：73041190）再出口至澳大利亚。根据《中国—澳大利亚自由贸易协定》原产地规则中的累积规则，该企业在生产货物过程中，使用的澳大利亚原产铁矿石可视为中国原产。无缝钢铁管的普通税率为5%，《中国—澳大利亚自由贸易协定》税率为自协定生效时起对原产自中国的产品取消并约束在零，因此该产品出口至澳大利亚可依据双方签署的自贸协定享受零关税待遇。

五、多元布局享惠

国际间的经贸往来受惠于越来越多的贸易协定，企业在制定出口贸易计划时，要参考中国自贸协定的实际签署情况，再结合各国产业特点，提升产品技术含量、选定出口成员方，以达到合理合法减免关税的目的。

把握出口风向标赢得先机

中国某卫生用品企业主要生产纸尿裤和卫生巾等产品（HS：96190020）。产品销往非洲和南美等区域。近年来，中国国内原材料成本逐渐攀升，随着《中国—澳大利亚自由贸易协定》的签署，该公司把市场开拓的重点放在了澳大利亚。

　　《中国—澳大利亚自由贸易协定》生效后，上述产品的协定税率由原来5%的普通税率降为零关税，该企业积极把握自贸区市场，抢占先机，对澳出口额迅速增长，从之前每年的100万美元猛增到900万美元，一年可享受关税减免达45万美元。该公司负责人表示，自贸协定是一个风向标，关税的减免会积极推动企业优先考虑开拓自贸区市场。这不仅能帮助企业规避一些贸易风险，还能提升产品的市场竞争力。

　　企业应当高度关注产品关税减让清单，下大力气优化出口产业结构、调整资源配置和权衡市场份额。对出口企业来说，如果其出口产品列入自贸协定降税清单之中，并且符合自贸协定中的原产地规则，可到国际贸易促进委员会申请区域性优惠原产地证书。在办理货物通关手续时，凭借该证书可获得进口缔约方相应的关税减免。

六、善用规则享惠

　　原产地规则是优惠性贸易协定中用于判定货物来源国的规则，是区域优惠贸易谈判中的重要议题。对自由贸易区而言，原产地规则发挥着降低外来竞争、保护区内缔约方的作用。

用好特定加工工序标准，尽享自贸协定关税优惠

　　制造加工工序标准，本质上属于实质性改变标准的一种，仅适用于含有进口成分的产品。这些产品必须经过相应的加工工序才会被视为原产于中国的货物。制造加工工序标准的优点在于可以减少因对实质性改变标准理解不同而产生的分歧，具有确定性、可预见性和可操作性。这一标准是制造商、贸易商和行政机构清晰了解整个产品生产流程的最佳选择。

　　中国某企业自马来西亚进口咖啡生豆（HS：0901110000），在国内烘焙加工成焙炒咖啡出口至澳大利亚。在《中国—澳大利亚自由贸易协定》中，澳大利亚对焙炒咖啡（HS：09012100）的原产地判定标准是区域价值成分不低于60%，限从生咖啡豆制造并包括焙炒工序。

表3-44 出口焙炒咖啡（HS：09012100）产品成本清单

HS 编码	名称	CIF 单价（美元）	商品 FOB 比率	原产国别（地区）
0901.11	咖啡生豆	3.2	28%	马来西亚
7612.90	铝箔袋	0.3	8%	中国
7612.90	易拉罐	0.8	10%	中国

根据《中国—澳大利亚自由贸易协定》第三章原产地规则和实施程序第五条所规定的区域价值成分（RVC）标准，按照表格中原材料价值计算得出区域价值成分为72%。

该企业进口的咖啡生豆在中国境内进行特定的加工，满足区域价值成分不低于60%的标准，且符合商品的制造加工工序要求，可视为中国原产。澳大利亚对焙炒咖啡（HS：09012100）征收的协定关税为零。

第四章

《中国—澳大利亚自由贸易协定》
中的服务贸易

近年来，中国与澳大利亚之间的服务贸易增长迅速，规模不断扩大。2019年，双边服务贸易总额达到213.71亿美元。中国是澳大利亚的主要服务出口市场，2019年，中国自澳大利亚的服务进口额为141.03亿美元，占中国服务进口总额的2.8%。中国对澳大利亚服务出口主要部门为电信、计算机和信息服务、运输、建筑和旅游。澳大利亚对华服务的出口主要部门为旅游、运输、电信、计算机和信息，知识产权使用费。2009—2019年，中澳双边服务贸易增长约200%，年均增长率超过11.56%。受益于《中国—澳大利亚自由贸易协定》，两国企业将在开放、公平、透明的市场环境中获得更多发展机遇，使服务贸易进一步快速增长。①

服务贸易自由化是《中国—澳大利亚自由贸易协定》的重要内容，决定了中国企业与澳大利亚开展服务贸易所能享受的优惠政策。本章将详细解读《中国—澳大利亚自由贸易协定》第八章服务贸易、附件3-A不符措施清单及附件3-B服务贸易具体承诺减让表中关于服务贸易的规则和具体承诺。通过本章的阅读，企业可以了解和掌握以下问题：

1. 服务贸易部门、服务贸易模式是怎样划分的？依据分类标准，企业可以明晰自身所属的服务部门以及服务提供模式。

2. 重要的服务贸易规则有哪些？这些规则是企业进入当地市场和享受相关待遇的基础。

3. 企业如何读懂服务贸易承诺减让表？

4. 中国和澳大利亚两国各个服务部门的开放措施是什么？有哪些限制措施和条件？

5. 中国服务出口和进口企业应如何利用协定，寻找商机，防范风险。

---

① 数据来源：根据世界贸易组织服务贸易数据库中国报告的总服务数据（包括估值）（Services export: reported values including estimates；Services import: reported values including estimates）计算整理。

第一节 服务贸易部门和服务贸易模式说明

《中国—澳大利亚自由贸易协定》第八章，详细说明了服务贸易的范围与定义、承诺方式以及其他规定。为便于企业更充分地了解协定关于服务贸易的开放措施，首先对服务贸易的范围、服务部门划分及服务贸易模式进行说明。

一、服务贸易的定义

《中国—澳大利亚自由贸易协定》中，与服务贸易相关的定义共25条。企业需了解以下主要定义：

1. 服务

服务包括任何部门的任何服务，但在行使政府职权时提供的服务除外。

2. 服务的提供

服务的提供包括服务的生产、分销、营销、销售和交付。

3. 服务贸易

（1）自一方领土内向另一方领土内提供服务（"跨境提供模式"）；

（2）在一方领土内向另一方的服务消费者提供服务（"境外消费模式"）；

（3）一方的服务提供者通过在另一方领土内的商业存在提供服务（"商业存在模式"）；

（4）一方的服务提供者通过在另一方领土内的自然人存在提供服务（"自然人存在模式"或"自然人移动模式"）。

4. 措施

措施指一方的任何措施，无论是以法律、法规、规则、程序、决定、行政行为的形式还是以其他任何形式，包括：

（1）中央、地区或地方政府和主管机关所采取的措施；

（2）由中央、地区或地方政府或主管机关授权行使权力的非政府机构所采取的措施。

5. 商业存在

商业存在指设立任何类型的商业或专业机构，包括为提供服务而在一方领土内：组建、收购或维持一法人，或者创建或维持一分支机构或代表处。

6. 拥有

拥有是指持有法人超过百分之五十的股本。

7. 业务权

业务权指以有偿或租用方式，往返于一方领土或在该领土之内或之上经营和（或）运载乘客、货物和邮件的定期或不定期服务的权利，包括服务的地点、经营的航线、运载的运输类型、提供的能力、收取的运费及其条件，以及指定航空公司的标准，如数量、所有权和控制权等标准。

二、服务贸易部门说明

《中国—澳大利亚自由贸易协定》对服务贸易部门的分类，是依据世界贸易组织《服务贸易总协定》（General Agreement on Trade in Services，GATS）的分类标准，包括12个部门大类。每一大类部门又细分为分部门、子部门及具体服务活动，共计160个（见表4-1）。

表4-1　服务部门与分部门

1. 商业服务 A. 专业服务 B. 计算机及相关服务 C. 研究和开发服务 D. 房地产服务 E. 无操作人员的租赁服务 F. 其他商业服务	2. 通信服务 A. 邮政服务 B. 速递服务 C. 电信服务 D. 视听服务 E. 其他
3. 建筑及相关工程服务 A. 建筑物的总体建筑工作 B. 民用工程的总体建筑工作 C. 安装和组装工作 D. 建筑物的装修工作 E. 其他	4. 分销服务 A. 佣金代理服务 B. 批发服务 C. 零售服务 D. 特许经营服务 E. 其他服务

5. 教育服务 A. 初等教育服务 B. 中等教育服务 C. 高等教育服务 D. 成人教育服务 E. 其他教育服务	6. 环境服务 A. 排污服务 B. 废物处理服务 C. 卫生及类似服务 D. 其他
7. 金融服务 A. 所有保险及其相关服务 B. 银行及其他金融服务（不含保险） C. 其他	8. 与健康相关的服务与社会服务 A. 医院服务 B. 其他人类健康服务 C. 社会服务 D. 其他
9. 旅游及与旅行相关的服务 A. 饭店和餐饮服务（包括外卖服务） B. 旅行社和旅游经营者服务 C. 导游服务 D. 其他	10. 娱乐、文化和体育服务 A. 文娱服务 B. 新闻社服务 C. 图书馆、档案馆、博物馆和其他文化服务 D. 体育和其他娱乐服务 E. 其他
11. 运输服务 A. 海洋运输服务 B. 内水运输服务 C. 航空运输服务 D. 航天运输服务 E. 铁路运输服务 F. 公路运输服务 G. 管道运输服务 H. 所有运输方式的辅助服务 I. 其他运输服务	12. 别处未包括的服务

中国服务贸易承诺减让表和澳大利亚不符措施清单中的服务部门均按照以上标准划分。企业可以根据这一分类标准，确定其所属行业和部门，以便更有针对性地利用《中国—澳大利亚自由贸易协定》的开放政策。

《服务贸易总协定》服务部门分类见本章附录。

三、服务贸易模式说明

服务贸易模式是指提供服务的方式。依据《服务贸易总协定》和《中国—澳大利亚自由贸易协定》，服务贸易模式有4种。

1. 跨境提供模式（见表4-2）

表4-2　服务贸易模式1：跨境提供模式

定义	自一方领土内向另一方领土内提供服务
说明	贸易双方都不移动，服务的提供方和需求方分别处在各自国家，借助于现代技术手段实现服务产品的跨境流动和交易
示例	中国企业在国内向位于澳大利亚的需求方提供设计服务

2. 境外消费模式（见表4-3）

表4-3　服务贸易模式2：境外消费模式

定义	在一方领土内向另一方的服务消费者提供服务
说明	一国服务消费者移动到另一国服务提供者境内进行服务消费
示例	中国消费者到澳大利亚旅游、就医、留学等

3. 商业存在模式（见表4-4）

表4-4　服务贸易模式3：商业存在模式

定义	一方的服务提供者通过在另一方领土内的商业存在提供服务
说明	一国服务提供者到另一个国服务需求者所在国家，通过在服务发生地设立分支机构提供服务
示例	澳大利亚商业银行到中国境内设立分行或支行提供服务

4. 自然人移动模式（见表4-5）

表4-5　服务贸易模式4：自然人移动模式

定义	一方的服务提供者通过在另一方领土内的自然人存在提供服务
说明	一国服务提供者（自然人）到另一个国服务需求者所在国家提供服务
示例	中国企业派出专家到澳大利亚向澳方企业提供咨询服务

自然人移动模式，允许外国公民进入本国领土提供服务，入境的自然人可以是外国服务提供者的雇员，也可以是以个人身份提供服务的服务提供者。

需要说明的是，虽然以模式3提供服务并不一定需要有外国人的参与（比如，中国某银行在澳大利亚设立分支机构，雇员可以全部是澳大利亚本地雇员），但是，外国服务提供者会在必要的情况下，派出自己的专家和管理人员提供服务。在这种情况下，模式3就会与模式4相联系。

自由贸易协定中的服务贸易承诺，会针对某一服务部门或具体服务活动的四种提供方式，列明开放或限制措施。企业在提供服务时，可能会涉及其中一种或几种服务贸易模式。

图4-1举例说明了某一企业的服务活动与服务提供模式。

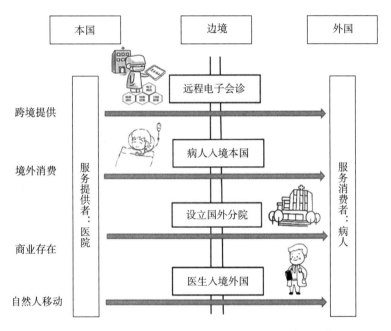

图4-1　某医院以四种服务贸易模式向国外出口服务示意图

第二节　解读服务贸易规则与承诺表

在《中国—澳大利亚自由贸易协定》中，两国的服务贸易开放均达到了较高水平。中国采取正面清单承诺方式，澳大利亚采取负面清单方式，分别列明了依据国民待遇、市场准入等义务所采取的开放或限制措施。本节将解读服务贸易主要规则和条款，并说明如何读懂正面清单和负面清单承诺表。

一、《中国—澳大利亚自由贸易协定》服务贸易规则

（一）国民待遇

规则要点：平等对待本国与外国服务和服务提供者。

中国和澳大利亚如果针对某一服务部门做出了承诺，那么，他们给予对方服务和服务提供者的待遇，不得低于给予本国同类服务和服务提供者的待遇。

国民待遇原则确保外国服务提供者不会受到歧视性待遇，保障了公平竞争。

（二）市场准入

规则要点：允许外国服务和服务提供者进入本国市场。

在作出市场准入承诺的部门，除非已在承诺减让表中列明，否则，原则上禁止以下6种对市场准入的限制：

（1）限制服务提供者的数量；

（2）限制服务交易或资产总值；

（3）限制服务业务总数或服务产出总量；

（4）限制雇用自然人总数；

（5）限制特定类型法律实体；

（6）限制外国股权比例。

（三）最惠国待遇

规则要点：平等对待不同成员的服务和服务提供者。

1. 中国根据正面清单方式作出承诺，给予澳大利亚服务和服务提供者的待遇，不得低于给予任何非缔约方同类服务和服务提供者的待遇。就本条而言，非缔约方不得包括世贸组织协定意义下的以下世贸组织成员：（1）中国香港；（2）中国澳门；以及（3）中国台湾地区（包括：台湾、澎湖、金门和马祖单独关税区）。

澳大利亚根据负面清单方式作出承诺，除非在不符措施清单中列明，给

予中国服务和服务提供者的待遇，不得低于给予任何非缔约方同类服务和服务提供者的待遇。

2. 在《中国—澳大利亚自由贸易协定》生效之日前签署或生效的自由贸易协定或多边国际协定，一方可采取或维持任何给予非缔约方差别待遇的措施。

3. 对承诺中没有涵盖的部门，《中国—澳大利亚自由贸易协定》生效后，如果一方与一非缔约方达成协定，且给予该非缔约方的待遇优于其给予另一方同类服务和服务提供者的待遇，另一方可要求磋商，探讨获得不低于该非缔约方所获待遇的可能性。

（四）透明度

规则要点：提高服务贸易管理中的透明度。

根据透明度规则，两国应当及时公布影响服务贸易的相关措施。包括：

1. 迅速公布监管决定，包括作出该决定的依据，或让所有利益相关方可以获得。

2. 可公开获得与公共网络或服务相关的措施。

3. 如果要求获得许可，应确保可以公开获得与公共网络或服务提供者相关的所有许可措施，包括要求获得许可的程序、就一项许可申请作出决定的一般时限、成本或费用、许可的有效期限等。

（五）国内规制

规则要点：以合理、客观和公正的方式管理影响服务贸易的国内法律法规。

《中国—澳大利亚自由贸易协定》第八章第三节第十三条，对国内规制作出了规定。

1. 司法、仲裁、行政庭或程序：设立相应机构或程序，审查影响服务贸易的行政决定并提供适当救济。

2. 主管机关责任：对已作出承诺的服务，如果提供此种服务需要得到批准，则各方主管机关应协助申请人办理并及时提供相关信息。

3.有关资格要求和程序、技术标准、许可要求：应依据客观、透明的标准，不得限制服务提供，或构成不必要的服务贸易壁垒。

4.专业人员能力：在已作出承诺的专业服务部门，一方应规定适当程序，以核验另一方专业人员的能力。

5.使用企业原有名称：根据其国内法律和法规，一方应允许另一方服务提供者使用其在另一方领土内开展贸易的企业名称。

（六）承认

规则要点：承认对方服务提供者的相关资格和条件，如教育或经历等。

根据这一规则，两国可以承认在一特定国家获得的教育或经历、满足的要求、给予的许可或证明。此类承认可以通过协调或其他方式实现，也可以基于与相关国家的协定或安排，或者自动给予。

二、正面清单：什么是允许的

在《中国—澳大利亚亚自由贸易协定》中，中国的服务贸易承诺采取正面清单方式，列明了开放措施。企业通过正面清单，了解中国对澳大利亚开放了哪些服务部门以及相关开放措施。

（一）承诺表结构

以正面清单方式承诺的减让表，针对所有大类部门及各个分部门的不同服务提供模式，列明了市场准入的条件和限制、国民待遇的条件和资格，以及其他承诺。

减让表结构如表4-6所示：

表4-6　服务贸易具体承诺减让表结构

服务提供方式：（1）跨境提供（2）境外消费（3）商业存在（4）自然人移动			
承诺对象	市场准入限制	国民待遇限制	其他承诺
I.水平承诺			

续　表

本减让表中包括的所有部门	（3）……	（3）……	
II.具体承诺			
I.商业服务			
A.专业服务 a.法律服务 （CPC861，不含中国法律业务）	（1）…… （2）…… （3）…… （4）……	（1）…… （2）…… （3）…… （4）……	……

减让表第一列：承诺对象。是指纳入承诺减让表的服务部门、分部门和服务活动。其中，涵盖所有部门的承诺为水平承诺；针对具体部门的承诺为具体承诺。具体部门的 CPC 数字，是根据《联合国中心产品分类系统》（United Nations Central Product Classification System，CPC System），为各个具体部门标注的号码，以便更清晰地界定服务分部门及其活动。

减让表第二列：市场准入限制。对列入减让表的部门，列明有关市场准入的条款、限制和条件。

减让表第三列：国民待遇限制。对列入减让表的部门，列明国民待遇方面的条件、资格或限制。

减让表第四列：其他承诺。对列入减让表的部门，列明附加承诺，比如对资格要求、技术标准所作出的承诺等。通常列举积极的义务承担，不用来列举附加限制。

减让表中的数字（1）、（2）、（3）、（4），分别代表四种服务提供方式。

（二）示例：如何读懂承诺表

选取中国承诺表的部分内容，详细说明如何读懂正面清单承诺（见表4-7）。

表4-7　中国服务贸易具体承诺减让表

服务提供方式：（1）跨境提供（2）境外消费（3）商业存在（4）自然人移动			
承诺对象	市场准入限制	国民待遇限制	其他承诺
I. 水平承诺			
本减让表中包括的所有部门	（3）在中国，外商投资企业包括外资企业（也称为外资独资企业）和合资企业，合资企业有两种类型：……	（3）除中国加入世贸组织时作出的承诺外，对给予国内服务提供者的所有补贴不作承诺	
II. 具体承诺			
4. 分销服务			
A. 佣金代理服务（不包括盐和烟草） B. 批发服务（不包括盐和烟草）	（1）不作承诺 （2）没有限制 （3）允许设立外商独资企业 （4）除水平承诺中内容外，不作承诺	（1）不作承诺 （2）没有限制 （3）没有限制 （4）除水平承诺中内容外，不作承诺	允许澳大利亚投资企业分销其在中国生产的产品，包括在市场准入或部门或分部门栏中所列产品……

以表4-7为例，中国对澳大利亚做出了如下承诺：

1. 水平承诺——适用于所有部门

对所有服务部门的商业存在模式，在市场准入方面，中国列明了外资企业类型等。具体为："在中国，外商投资企业包括外资企业（也称为外商独资企业）和合资企业，……"在国民待遇方面，"除中国加入世界贸易组织时作出的承诺外，对给予国内服务提供者的所有补贴不作承诺"。

2. 具体承诺——以分销服务为例

对分销服务中的佣金代理服务和批发服务，在市场准入方面：中国对跨境提供模式不作承诺；对境外消费模式没有限制；对于商业存在模式，允许澳方设立外商独资企业；对于自然人移动模式，以水平承诺中内容为准。

在国民待遇方面：中国对跨境提供模式不作承诺；对澳方以境外消费、商业存在模式提供服务没有限制。对于自然人移动模式，以水平承诺中内容为准。

中国在其他方面的承诺是："允许澳大利亚投资企业分销其在中国生产的产品，包括在市场准入或部门或分部门栏中所列产品……"

三、负面清单：什么是不允许的

在《中国—澳大利亚自由贸易协定》中，澳大利亚的服务贸易承诺表采取负面清单方式，即不符措施清单。

（一）不符措施清单结构

负面清单的特点是"未列入即开放"。以负面清单的方式进行服务贸易承诺，是在清单中列明针对所有服务部门和具体服务贸易部门保留的限制性措施，未在清单上列出的部门都是开放的。

不符措施清单通常分为两个部分：第一部分列出的是可以保留的现行限制性措施，但这些限制性措施受"棘轮"规则约束，即未来只能对这些限制性措施作出进一步开放的安排，而不得加严限制；第二部分列出的是可以保留现行限制性措施的部门或领域，但未来可以对这些限制性措施或涉及的领域和部门采取任何新的或限制性更高的安排，为今后保留更加宽泛和灵活的政策空间。

澳大利亚在本协议附件3-A中列出了其保留的不符措施清单。其中，第一节为受"棘轮"规则约束的不符措施清单，第二节为未来可能加严的不符措施清单。

1.受"棘轮"规则约束的不符措施清单结构（见表4-8）

受"棘轮"规则约束的不符措施清单包括部门、涉及义务、政府级别、措施来源和描述5项要素。

部门：指该清单项涉及的所有部门或具体部门。

涉及义务：包括市场准入、国民待遇和最惠国待遇，可以是其中一项或几项义务。

政府级别：指维持所列措施的政府级别。可以是中央政府和/或地方政府。

表4-8　受"棘轮"规则约束的不符措施清单结构

部门：	所有部门
	具体部门
涉及义务：	市场准入
	国民待遇
	最惠国待遇
政府级别：	中央政府
	地方政府
措施来源：	……
描述：	……

措施来源：指作为清单项所涉不符措施来源的法律、法规或其他措施。

描述：具体说明该项不符措施。

2. 未来可能加严的不符措施清单结构（见表4-9）

未来可能加严的不符措施清单包括部门、涉及义务、描述和现行措施4项要素。

表4-9　未来可能加严的不符措施清单结构

部门：	所有部门
	具体部门
涉及义务：	市场准入
	国民待遇
	最惠国待遇
描述：	……
现行措施：	……

部门：是指该清单项涉及的所有部门或具体部门。

涉及义务：包括市场准入、国民待遇和最惠国待遇，可以是其中一项或几项义务。

描述：说明该项措施所涉部门、分部门或活动的范围，以及保留采取措施的权利。

现行措施：指适用于该清单项所列部门、分部门或活动的现行不符措施。

（二）示例：如何读懂不符措施清单

选取澳大利亚承诺的部分内容作为示例，说明如何读懂负面清单承诺。

1.受"棘轮"规则约束的不符措施清单

表4-10　澳大利亚受"棘轮"规则约束的不符措施清单示例

部门：	所有部门
涉及义务：	国民待遇
政府级别：	中央政府
措施来源：	《2001年公司法》（澳大利亚联邦） 《2001年公司法规》（澳大利亚联邦）
描述：	私人公司中至少有一名董事是澳大利亚常住民； 上市公司中至少有两名董事是澳大利亚常住居民； 私人公司中至少有一名秘书（若该私人公司任命一名或多名秘书）是澳大利亚常住居民； 上市公司中至少有一名秘书是澳大利亚常住居民

表4-10中的不符措施，适用于所有部门。依据澳大利亚联邦政府《2001年公司法》和《2001年公司法规》，实施限制的是中央政府。限制措施为"私人公司中至少有一名董事是澳大利亚常住居民"等四项，即对私人公司或上市公司的董事和秘书身份，有规定数量的澳大利亚常住居民要求。该项限制措施不受国民待遇义务约束。

2.未来可能增加的不符措施清单

表4-11中的未来可能增加的不符措施，针对的是运输服务部门。现行措施是澳大利亚联邦政府实施的《1996年机场法》等三项法律。澳大利亚保留权利，对于澳大利亚联邦出租机场投资，可以维持现行措施，或者采纳新的或限制性更高的措施，不受市场准入和国民待遇义务约束。

表4-11　澳大利亚未来可能增加的不符措施清单示例

部门：	运输服务
涉及义务：	市场准入 国民待遇
描述：	澳大利亚保留权利，采取或维持联邦出租机场投资方面的任何措施。
现行措施：	《1996年机场法》（澳大利亚联邦） 《1996年机场（所有者股份权益）条例》（澳大利亚联邦） 《1997年机场条例》（澳大利亚联邦）

通过查阅负面清单中列出的限制措施，企业可以知道什么是不被允许的。不符措施反映了自贸协定缔约方的政策现状，具有较高透明度。企业据此可以了解其服务部门开放水平，以及哪些法律法规会影响他们在当地的经营与竞争能力。

第三节　中国对澳大利亚的服务贸易承诺解读

《中国—澳大利亚自由贸易协定》，附件3-B为中国的服务贸易具体承诺减让表。中国承诺的开放措施，将为澳大利亚服务部门和企业提供更多市场与机会。同时也为中国企业和消费者利用澳大利亚优质服务，有效配置全球资源提供了便利条件。

一、中国对澳大利亚服务贸易开放：部门概览

在承诺减让表中，中国列入的开放部门共11大类，即商业服务，通信服务，建筑及相关工程服务，分销服务，教育服务，环境服务，金融服务，与健康有关的服务与社会服务，旅游及旅行相关服务，娱乐、文化和体育服务，运输服务。在58个分部门中，有43个被列入承诺（见表4-12）。

与在世界贸易组织《服务贸易总协定》中的承诺相比，中国对澳大利亚的服务开放部门增多（见表4-13），开放程度进一步提高，并且在上海自由贸易

试验区对电信、法律、建筑和海运等部门采取了更加开放的措施。

表4-12 中国对澳大利亚开放部门

承诺服务部门	承诺分部门数目
1. 商业服务	5
2. 通信服务	3
3. 建筑及相关工程服务	5
4. 分销服务	5
5. 教育服务	5
6. 环境服务	7
7. 金融服务	2
8. 与健康有关的社会服务	2
9. 旅游及旅行相关服务	2
10. 娱乐、文化和体育服务	1
11. 运输服务	6

整体来看，中国的承诺水平较高，新增部门与承诺深化部门涉及商业服务、通信服务、分销服务、环境服务、金融服务、与健康有关的服务与社会服务、运输服务共七大类。

表4-13 中国对澳大利亚进一步开放部门（与《服务贸易总协定》承诺比较）

新增承诺部门	承诺深化部门
1. 研发服务	1. 建筑设计服务
2. 市场调研服务	2. 工程服务
3. 与管理咨询相关的服务	3. 集中工程服务
4. 与采矿相关的服务	4. 城市规划服务
5. 与制造业相关的服务	5. 软件实施服务
6. 相关科学技术咨询服务	6. 数据处理服务
7. 建筑物清洁服务	7. 涉及自有或租赁资产的房地产服务
8. 在费用或合同基础上的包装材料印刷服务	8. 以收费或合同为基础的房地产服务
9. 医院服务	9. 相关科学技术咨询服务
10. 养老服务	10. 陆上石油服务
11. 体育和其他娱乐服务	11. 笔译和口译服务
12. 空运服务的销售与营销	12. 法律服务
13. 机场运营服务	13. 电信服务
14. 机场地面服务	14. 建筑及相关工程服务
15. 专业航空服务	15. 佣金代理服务（不包括盐和烟草）
16. 客运服务	16. 批发服务（不包括盐和烟草）

新增承诺部门	承诺深化部门
	17. 零售服务
	18. 教育服务（包括五个分部门）
	19. 环境服务（包括五个分部门）
	20. 银行及其他金融服务
	21. 所有保险及其相关服务
	22. 证券服务
	23. 海运报关服务
	24. 海运中的国际运输服务
	25. 航空器的维修服务
	26. 计算机订座系统

二、解读中国服务贸易承诺：超越《服务贸易总协定》的服务开放亮点

（一）新增部门的开放措施

在多边贸易体系下，中国已经向世界贸易组织成员开放了多数服务部门和领域。以《服务贸易总协定》为基础，中国进一步向澳大利亚开放了16个服务分部门和子部门，涉及商业服务。与健康有关的服务与社会服务。娱乐、文化和体育服务。以及运输服务四个部门大类。

1. 商业服务

中国向澳大利亚新增开放的服务部门中，有8个子部门属于商业服务。其中4个子部门在市场准入方面允许澳大利亚企业设立外商独资企业，5个子部门在国民待遇方面对澳方企业在中国投资经营没有限制，开放程度较高。

（1）自然科学和工程学的研究和实验开发服务

允许澳大利亚设立外资独资企业，向中国市场提供服务，且享受国民待遇。澳大利亚以境外消费模式提供此类服务，在市场准入方面没有限制。以跨境提供和境外消费模式提供此类服务，澳大利亚企业享受与中国企业一致的待遇。

开放措施不适用于中国政府发布的《外商投资产业指导目录》中禁止外商投资的产业。

（2）市场调研服务

允许澳大利亚到中国投资成立合资企业，并可以拥有多数股权，但需要进行经济需求测试。

此项服务的范围：仅限于为获取一组织产品在市场上前景和表现而进行的信息调查服务。

（3）除建筑外的项目管理服务

允许澳大利亚到中国投资成立合资企业，并可以拥有多数股权，但需要进行经济需求测试。澳大利亚以跨境提供和境外消费模式提供此类服务，在市场准入方面没有限制。

（4）与采矿相关的服务（只包括石油和天然气）

允许澳大利亚以与中国合资伙伴合作开采石油和天然气的形式进入中国市场。对于澳大利亚以境外消费模式提供此类服务，在市场准入方面没有限制。以跨境提供和境外消费模式提供此类服务，澳大利亚企业享受与中国企业一致的待遇。

（5）与制造业相关的服务

允许澳大利亚设立独资子公司，向中国市场提供相应的服务。澳大利亚以境外消费模式提供此类服务，在市场准入方面没有限制，且享受与中国企业一致的待遇。

（6）相关科学技术咨询服务

澳大利亚可以通过跨境提供、境外消费以及与中国伙伴合作的形式进行铁、铜、锰、煤层气和页岩气的勘探和勘查，且享受与中国企业一致的待遇。在市场准入和国民待遇方面，对澳大利亚以跨境提供和境外消费模式提供此类服务，均没有限制。按照《中西部地区外商投资优势产业目录》条件要求，经中方审批许可，澳大利亚服务提供者可在中西部地区提供矿产资源综合开发利用服务。

（7）建筑物清洁服务

允许澳大利亚设立独资公司。在国民待遇方面，对澳大利亚企业以商业存在模式提供服务没有限制。

（8）在费用或合同基础上的包装材料印刷服务

允许澳大利亚设立独资企业，但需进行经济需求测试。

2. 与健康有关的服务与社会服务

（1）医院服务

符合条件的澳大利亚服务提供者通过新设或并购，可以在北京市、天津市、上海市、江苏省、福建省、广东省、海南省设立独资医院（中医类医院除外）。该类医院的设置审批、执业登记和诊断、治疗活动必须遵守中国有关法律、法规、规章，以及上述七省市关于外资独资医院的有关规定。

（2）养老服务

允许澳大利亚在华设立独资的营利性养老机构。

澳大利亚等发达国家在养老服务方面具有丰富经验，允许其在华设立养老机构，不仅可以满足国内部分消费者对高端养老服务的需求，还有助于国内相关服务提供者吸收外资先进的管理和服务理念，促进中国养老产业服务质量和水平的提高。

3. 体育和其他娱乐服务

在体育和其他娱乐服务（不包括高尔夫）方面，中国对澳大利亚基本开放。澳大利亚以跨境提供、境外消费和商业存在模式提供此类服务，在市场准入和国民待遇方面均没有限制。

4. 运输服务

在中国对澳大利亚新增开放的运输服务部门中，主要是空运及相关服务，公路运输中的客运服务。

（1）空运服务的销售与营销服务

根据双边航空协定有权从事经营活动的澳大利亚空运企业可以在中国设立办事处，且享受国民待遇。澳大利亚以跨境提供和境外消费模式提供此类服务，中国在市场准入和国民待遇方面没有限制。

（2）机场运营服务

澳大利亚以境外消费模式提供服务，中国在市场准入和国民待遇方面没有限制。

（3）机场地面服务

允许澳大利亚服务提供者设立合资、合作企业从事机场地面服务，且享受国民待遇。

（4）专业航空服务

澳大利亚可以通过跨境提供和境外消费模式向中国市场提供服务，在市场准入和国民待遇方面没有限制。

（5）公路运输中的客运服务

允许澳大利亚企业进入中国市场，可以采取合资公司形式，但外资股比不得超过49%，且需进行经济需求测试。

（二）承诺深化部门的进一步开放措施

与在世界贸易组织中的承诺相比，中国在商业服务、分销服务、教育服务、环境服务、金融服务、运输服务等六大类部门的多个子部门对澳大利亚进一步开放。

1. 在12个子部门允许设立外商独资企业

作为进一步开放的措施，中国在12个子部门允许澳大利亚设立外商独资企业（见表4–14）。

表4–14 允许澳大利亚设立独资企业的部门

软件实施服务	批发服务（不包括盐和烟草）
数据处理服务中的输入准备服务	排污服务
涉及自有或租赁资产的房地产服务	固体废物处理服务
以收费或合同为基础的房地产服务	废气清理服务
笔译和口译服务	降低噪音服务
佣金代理服务（不包括盐和烟草）	卫生服务

此外，在满足一定条件的前提下，中国允许澳大利亚在零售服务（不包括烟草）部门设立独资企业。条件是零售连锁店分店的数量必须达到一定标准，且销售来自多个供应商不同种类和品牌的商品。对于某些特定产品的零售，澳大利亚可以合资经营，但不允许拥有多数股权。

2. 在两个子部门允许设立合资企业或合作经营

计算机订座系统服务：允许澳大利亚服务提供者设立合资企业，澳大利亚在合资企业中的控股比例不高于49%。需要进行经济需求测试。

陆上石油服务：允许澳大利亚企业进入中国市场，仅限于以与中国石油天然气总公司或中国石化合作，在经中国政府批准的指定区域内开采石油的方式提供服务。

3. 部分金融服务部门扩大业务范围并取消相关限制

中国在部分金融部门对澳大利亚扩大了经营范围，并取消了相关限制条件（见表4-15）。

表4-15　扩大经营业务范围并取消相关限制条件的部门

服务部门	进一步开放措施
银行及其他金融服务	1. 取消澳大利亚银行在华设立外资银行营业性机构（例如分行或外资法人银行）须事先设立代表处的规定 2. 若澳大利亚的银行在华设立的一家分行已获准经营人民币业务，在满足相关审慎性条件的基础上，可以提出经营人民币业务的申请 3. 取消澳大利亚银行在华设立的法人银行拨付境内分行最低营运资金的数量要求 4. 澳大利亚银行在华设立的法人银行，在符合相关规定的前提下，经许可批准，可参与信贷资产证券化业务，并依法享受国民待遇
证券服务	1. 允许澳大利亚证券公司设立合资公司，外资拥有不超过49%的少数股权，合资公司可从事（不通过中国中介）A 股的承销、B 股和 H 股及政府和公司债券的承销和交易、基金的发起 2. 允许澳大利亚金融服务提供者在中国设立合资期货公司，外资股权比例不得超过49% 3. 允许在华的澳大利亚金融服务机构在取得相关业务资格后，参与证券化业务（仅限于中国证券监督管理委员会批准的证券相关服务），并依照中国法律法规享受国民待遇 4. 对于符合中国有关法律和法规要求的澳大利亚服务提供者，允许其向合格境内机构投资者提供以下服务：代理买卖证券、提供证券交易建议、提供投资组合管理服务、托管中国合格境内机构投资者境外资产 5. 在中国持续经营满两年以上且符合中国相关法律法规和监管要求的合资证券公司，经审批，可从事证券经纪、自营和资产管理业务
所有保险及其相关服务	在国民待遇方面，对商业存在模式提供服务没有限制。（下列内容除外：除允许澳大利亚保险机构从事第三方汽车责任保险业务外，澳大利亚保险机构不得从事法定保险业务）

4. 运输服务中有两个子部门取消限制

海运报关服务：在市场准入方面，澳大利亚以商业存在模式提供服务，没有限制。

航空器的维修服务：在国民待遇方面，澳大利亚以商业存在模式提供服务，没有限制。

5. 便利澳大利亚企业向中国市场提供服务

（1）教育服务

中方同意在一年内，审查、评估澳大利亚77家高等教育服务提供者名单。这些服务提供者新增于中国教育部涉外教育监管网上，根据澳大利亚法律设立，能够授予澳大利亚教育管理机构认可的学历、学位证书。

（2）建筑设计服务、工程服务、集中工程服务、城市规划服务（城市总体规划服务除外）。

已在中国设立的澳大利亚建筑工程设计企业和城市规划服务企业，在中国申请更高级别的企业资质时，其在澳大利亚和中国的业绩可共同作为主管部门审核评定的依据。

（三）法律、电信、建筑、海运等部门在上海自贸试验区内的进一步开放措施

在上海自贸试验区内，中国对澳大利亚在某些服务部门和领域进一步放宽了市场准入限制（见表4–16至表4–19）。

表4–16　上海自贸试验区内的进一步开放措施

法律服务（不含中国法律业务）
1. 允许互派法律顾问：允许已在上海自贸试验区设立代表机构的澳大利亚律师事务所在自贸试验区内与中国律师事务所签订协议，相互派驻律师担任顾问。中方顾问领域：中国法和国际法律实务。澳方顾问领域：外国法和国际法律实务
2. 允许联营：允许已在上海自贸试验区设立代表机构的澳大利亚律师事务所在自贸试验区内与中国律师事务所联营。联营期间，双方的法律地位、名称和财务保持独立，各自独立承担民事责任。联营组织的客户不限于上海。联营组织的澳大利亚律师不得办理中国法律事务

表4–17　上海自贸试验区内的进一步开放措施

电信服务
1. 允许设立合资公司或外商独资公司：允许澳方在自贸试验区内设立合资公司或外商独资公司，经营增值电信业务。业务范围：信息服务业务（仅含应用商店）；存储转发类业务；呼叫中心业务；国内多方通信服务业务

电信服务
2. 允许设立合资公司：允许澳方在自贸试验区内设立合资公司，经营在线数据处理与交易处理业务中的经营类电子商务。外资股比不超过 55%
3. 企业注册地和服务设施所在地要求：以上此类中澳合资或澳方独资电信公司，企业注册地和服务设施均须在上海自贸试验区内

表4-18　上海自贸试验区内的进一步开放措施

建筑及相关工程服务
在上海自贸试验区内设立的澳大利亚独资建筑企业可承揽位于上海市的中外联合建设项目。在此情况下，可免除对澳大利亚建筑企业在此类项目中的外资投资比例限制

表4-19　上海自贸试验区内的进一步开放措施

海运中的国际运输服务
1. 允许符合条件的澳大利亚海运服务提供者在上海自贸试验区成立外商独资船舶管理公司
2. 允许符合条件的澳大利亚海运服务提供者在上海自贸试验区成立合资海运公司，外资可以拥有多数股权
3. 在上海自贸试验区设立的中澳合资、合作国际船舶运输企业，其董事会主席和总经理可由中澳双方协商确定
4. 在上海自贸试验区设立的合资、合作国际船舶运输企业，其拥有或光船租赁的船舶可以按照上海自贸试验区国际船舶登记制度进行船舶登记

三、解读中国服务贸易承诺：与《服务贸易总协定》一致的全面开放措施

在《服务贸易总协定》承诺中，中国是做出部门减让最多的发展中国家。以此为基础，中国对澳大利亚的开放措施覆盖了较为广泛的部门，有利于澳大利亚企业进入中国市场。

（一）适用于所有部门的承诺

中国适用于所有部门的水平承诺，主要集中在商业存在模式和自然人移动模式。

1. 商业存在

市场准入方面，中国的承诺主要涉及外资占比、外国企业设立分支机构

和代表处的规定，以及企业和个人使用土地的最长期限等。

其中，股权式合资企业中，外资比例不得少于该合资企业注册资本的25%。允许澳大利亚企业在中国设立代表处，但代表处不得从事任何营利性活动。

企业和个人使用土地遵守最长期限限制：居住目的为70年；工业目的为50年；教科文卫和体育目的为50年；商业、旅游、娱乐目的为40年；综合利用或者其他目的为50年。

2. 自然人移动

各类自然人入境和临时居留措施如下：

（1）商务访问者每次入境后最长停留期不超过180天。

（2）对于在中国已设立代表处、分公司或子公司的澳大利亚高级雇员，作为公司内部的临时调动，允许其入境首期停留3年。

（3）对于医疗和牙医服务、建筑设计服务、工程服务、城市规划服务（城市总体规划服务除外）、集中工程服务、计算机及其相关工程服务、教育服务、旅游服务以及会计服务部门的合同服务提供者，可根据合同条款授予居留许可，或首期居留不超过1年。

（4）维修和安装人员入境停留时间以合同规定为准，最长不超过180天。

（5）获得入境居留期限超过12个月的调任中国代表处、分公司或子公司的澳大利亚高级管理人员和合同服务提供人员的配偶及家庭成员，可以获得与他们一致的居留时间。

（二）具体部门的开放措施

除了新增服务部门和原有部门的进一步开放，中国对澳大利亚服务部门的其他开放措施均与在中国在《服务贸易总协定》中的承诺一致。

1. 商业服务：跨境提供、境外消费和商业存在模式开放程度高

（1）对澳大利亚以跨境提供和境外消费模式提供服务基本开放

对商业服务大类下的多数子部门，允许澳大利亚企业以跨境提供和境外消费的方式向中国市场提供服务（见表4-20）。

表4-20　对跨境提供和境外消费没有限制

服务部门和活动	
1. 法律服务	15. 铁、铜、锰、煤层气和页岩气的现场维护和支持服务
2. 会计、审计和簿记服务	
3. 税收服务	16. 地质、地球物理和其他科学勘探服务
4. 医疗和牙医服务	17. 地下勘测服务
5. 与计算机硬件安装有关的咨询服务	18. 陆上石油服务
6. 软件实施服务	19. 摄影服务
7. 数据处理中的输入准备服务	20. 包装服务
8. 数据处理和制表服务以及分时服务	21. 在费用或合同基础上的包装材料印刷服务
9. 涉及自有或租赁资产的房地产服务	22. 办公机械和设备（包括计算机）维修服务
10. 以收费或合同为基础的房地产服务	23. 会议服务
11. 管理咨询服务	24. 笔译和口译服务
12. 建筑外的项目管理服务	25. 维修服务
13. 技术测试、分析服务和货物检验服务	26. 租赁服务
14. 与农业、林业、狩猎和渔业有关的服务	

对于广告服务，允许澳大利亚以跨境提供和境外消费模式向中国市场提供服务，但仅限于通过在中国注册的、有权提供外国广告服务的广告代理。

建筑设计服务、工程服务、集中工程服务和城市规划服务四个部门，对澳大利亚以境外消费模式提供服务没有限制。对跨境提供模式，要求澳大利亚与中国专业机构进行合作（对方案设计没有限制）。

（2）多数部门允许澳大利亚进入中国市场

对于多数商业服务部门，中国允许澳大利亚设立独资企业或合资企业（见表4-21）。

表4-21　允许澳大利亚设立独资企业的商业服务部门

服务部门和活动	
1. 税收服务	8. 维修服务
2. 广告服务	9. 租赁服务
3. 管理咨询服务	10. 笔译和口译服务
4. 技术测试和分析服务	11. 自然科学和工程学的研究和实验开发服务
5. 包装服务	12. 建筑设计服务
6. 维修服务	13. 工程服务
7. 办公机械和设备（包括计算机）	14. 集中工程服务和城市规划服务

此外，与计算机硬件安装有关的咨询服务、数据处理和制表服务以及分时服务，对澳大利亚在市场准入方面没有限制（见表4-22）。

表4-22　允许澳大利亚设立合资企业的服务部门

服务部门	开放措施
法律服务	澳大利亚律师事务所只能以代表处的形式提供法律服务。对代表处的业务范围、澳大利亚执业律师资质及在中国境外执业时间、在华居留时间等有要求
会计、审计和簿记服务	合伙或有限责任会计师事务所只限于中国主管机关批准的注册会计师。在国民待遇方面没有限制
医疗和牙医服务	允许澳大利亚与中国合资伙伴一起设立合资医院或诊所，设有数量限制。允许外资拥有多数股权。合资医院和诊所的大多数医师和医务人员应具有中国国籍

2. 通信服务：境外消费模式没有限制

通信服务中，中国开放了速递服务、电信服务和视听服务三个分部门，主要以电信服务为主（见表4-23）。

表4-23　通信服务开放措施

服务分部门	开放措施
速递服务	1. 澳大利亚以跨境提供、境外消费模式提供服务：没有限制 2. 进入中国市场：允许澳大利亚设立外资独资子公司，国民待遇方面没有限制
电信服务 - 增值电信服务 （包括七种服务活动）	1. 澳大利亚以境外消费模式提供服务：没有限制 2. 进入中国市场：允许澳大利亚服务提供者设立合资增值电信企业，外资比例不得超过50%。国民待遇方面没有限制
电信服务 - 基础电信服务 （寻呼服务）	1. 澳大利亚以境外消费模式提供服务：没有限制 2. 进入中国市场：允许澳大利亚服务提供者设立合资企业，外资比例不得超过50%。国民待遇方面没有限制
电信服务 - 移动话音和数据服务 （包括模拟/数据/蜂窝服务和个人通信服务）	1. 澳大利亚以境外消费模式提供服务：没有限制 2. 进入中国市场：允许澳大利亚服务提供者设立合资企业，外资比例不得超过49%。国民待遇方面没有限制
电信服务 - 国内业务 - 国际业务	1. 澳大利亚以境外消费模式提供服务：没有限制 2. 进入中国市场：允许澳大利亚服务提供者设立合资企业，外资比例不得超过49%。国民待遇方面没有限制

服务分部门	开放措施
视听服务 – 录像的分销服务 – 录音制品分销服务	1. 澳大利亚以跨境提供、境外消费模式提供服务：没有限制 2. 进入中国市场：在不损害中国审查音像制品内容的权利的情况下，允许澳大利亚与中国合资伙伴设立合作企业。国民待遇方面没有限制
视听服务 – 电影院服务	1. 澳大利亚以跨境提供、境外消费模式提供服务：没有限制 2. 进入中国市场：允许澳大利亚服务提供者建设和 / 或改造电影院，外资不得超过49%。国民待遇方面没有限制

3. 建筑及相关工程服务：对外商独资企业承揽项目有限制

（1）允许澳大利亚设立合资企业，允许外资拥有多数股权。

（2）允许澳大利亚设立独资企业，但是对于外商独资企业承揽项目有限制，只能承揽以下4类建筑项目：全部由外国投资和 / 或赠款资助的建设项目；由国际金融机构资助并通过根据贷款条款进行的国际招标授予的建设项目；外资等于或超过50%的中外联合建设项目及外资少于50%，但因技术困难而不能由中国建筑企业独立实施的中外联合建设项目；由中国投资，但中国建筑企业难以独立实施的建设项目。

（3）对澳大利亚以境外消费模式提供服务，没有限制。

4. 分销服务：部分子部门完全开放

对于分销服务部门，中国做出了较多超越《服务贸易总协定》的承诺。此外，与《服务贸易总协定》承诺一致的开放措施主要集中在几个方面（见表4–24）。

表4–24　分销服务开放措施

服务分部门	开放措施
佣金代理服务 批发服务 （均不包括盐和烟草）	1. 允许澳大利亚投资企业分销其在中国生产的产品，包括在市场准入或部门或分部门栏中所列产品，并提供按协定定义的附属服务 2. 允许澳大利亚服务提供者对其分销的产品，提供按附协定定义的全部相关附属服务，包括售后服务
零售服务（不包括烟草）	1. 澳大利亚以境外消费模式提供服务：没有限制 2. 允许澳大利亚投资企业分销其在中国生产的产品，包括在市场准入或部门或分部门栏中所列产品，并提供按协定定义的附属服务 3. 允许澳大利亚服务提供者对其分销的产品，提供按协定定义的全部相关附属服务，包括售后服务

服务分部门	开放措施
特许经营	1.澳大利亚以跨境提供和境外消费模式提供服务：没有限制
	2.澳大利亚以商业存在模式提供服务：没有限制
无固定地点的批发或零售服务	1.澳大利亚以跨境提供和境外消费模式提供服务：没有限制
	2.澳大利亚以商业存在模式提供服务：没有限制

5.教育服务允许中澳合作办学，澳大利亚可获得多数拥有权

中国教育服务开放了初等教育服务、中等教育服务、高等教育服务、成人教育服务、其他教育服务等6个分部门，但不包括国家义务教育，以及特殊教育，如军事、警察、政治和党校教育。中国对澳大利亚以境外消费模式提供服务没有限制。中国允许中外合作办学，外方可获得多数拥有权。

澳大利亚个人教育服务提供者受中国学校和其他教育机构邀请或雇用，可入境提供教育服务。中国要求澳大利亚教育服务提供者具备资格为，具有学士或以上学位，且具有相应的专业职称或证书，具有2年专业工作经验。

6.环境服务市场开放程度较高

对于分销服务部门，中国做出了较多超越《服务贸易总协定》的承诺。此外，与《服务贸易总协定》承诺一致的开放措施主要集中在几个方面（见表4-25）。

表4-25 环境服务开放措施

服务部门	开放措施
排污服务 固体废物处理服务 废气清理服务 降低噪音服务 卫生服务	1.市场准入方面，对澳大利亚以跨境提供模式提供环境咨询服务没有限制 2.国民待遇方面，对澳大利亚以跨境提供和境外消费模式提供服务均没有限制
自然和风景保护服务 其他环境保护服务	1.市场准入方面，对澳大利亚以境外消费模式提供服务没有限制。对澳大利亚以跨境提供模式提供环境咨询服务没有限制 2.国民待遇方面，对澳大利亚以跨境提供和境外消费模式提供服务均没有限制 3.允许澳大利亚服务提供者仅限于以合资企业形式从事环境服务，允许外资拥有多数股权

7.金融服务开放比较谨慎

（1）所有保险及其相关服务

所有保险及其相关服务包括寿险、健康险和养老金/年金险，非寿险，再保险，以及保险附属服务。

中国的承诺主要集中在商业存在模式，对澳大利亚企业进入中国市场的开放措施如表4-26所示：

表4-26　保险及其相关服务开放措施：商业存在模式

开放措施类型	具体内容
企业形式	1. 允许澳大利亚非寿险公司设立分公司或者独资子公司，即没有企业形式限制 2. 允许澳大利亚的寿险公司设立外资占50%的合资企业，并可自行选择合资伙伴 3. 合资企业合资伙伴有权议定合作条款，只要它们不超过减让表所承诺的限度 4. 对于大型商业险经纪、再保险经纪、国际海运、空运和运输保险和再保险经纪：允许设立外资独资子公司 5. 允许澳大利亚的已在华设立合资保险公司或独资子公司的保险公司设立内部分支机构 6. 允许已在华设立独资子公司的大型商业险经纪、再保险经纪、国际海运、空运和运输保险和再保险经纪设立内部分支机构
业务范围	1. 允许澳大利亚的非寿险公司提供无地域限制的"统括保单"（见协定附录3）保险/大型商业险保险。依照国民待遇，将允许澳大利亚保险经纪公司不迟于中国保险经纪公司，并以不低于中国保险经纪公司的条件提供"统括保单"业务 2. 允许澳大利亚非寿险公司向外国和国内客户提供全部非寿险服务。允许澳大利亚保险公司向外国人和中国人提供健康险、个人险/团体险和养老金/年金险 3. 允许澳大利亚保险公司以分公司、合资企业或外资独资子公司的形式提供寿险和非寿险的再保险服务，无地域限制或发放营业许可的数量限制

此外，许可的发放没有经济需求测试或许可的数量限制。设立澳大利亚保险机构的需满足一定资格条件。

（2）银行及其他金融服务

银行及其他金融服务包括多种服务活动。中国对澳大利亚的承诺如下：

对于银行及其他金融服务活动，澳大利亚以境外消费方式提供服务，在市场准入和国民待遇方面均没有限制。营业许可方面，中国金融服务部门进行经营的批准标准仅为审慎性的（即不含经济需求测试或营业许可的数量限制），澳大利亚企业需遵循银行总资产规模等相关要求（见表4-27和表4-28）。

表4-27　银行服务开放措施：商业存在模式

服务活动	开放措施
银行及其他金融服务 （不包括保险和证券） 1. 接收公众存款和其他应付公众资金 2. 所有类型的贷款，包括消费信贷、抵押信贷、商业交易的代理和融资 3. 金融租赁 4. 所有支付和汇划服务，包括信用卡、赊账卡和贷记卡、旅行支票和银行汇票（包括进出口结算） 5. 担保和承诺 6. 自行或代客外汇交易	1. 地域限制： 对于外汇业和本币业务，无地域限制 2. 客户： （1）对于外汇业务，允许澳大利亚金融机构在中国提供服务，无客户限制 （2）对于本币业务，允许澳大利亚金融机构向中国企业提供服务。允许澳大利亚金融机构向所有中国客户提供服务 （3）获得在中国一地区从事本币业务营业许可的澳大利亚金融机构可向位于已开放此类业务的任何其他地区的客户提供服务 （4）国民待遇方面，除审慎措施外没有限制。澳大利亚金融机构可以同外商投资企业、非中国自然人、中国自然人和中国企业进行业务往来，无个案批准的限制或需要。其他方面没有限制

表4-28　其他金融服务服务开放措施：商业存在模式

服务活动	开放措施
非银行金融机构从事汽车消费信贷服务	1. 澳大利亚以境外消费模式提供服务：没有限制 2. 澳大利亚以商业存在模式提供服务：没有限制 3. 以跨境提供模式提供服务：澳大利亚可以提供和转让金融信息、金融数据处理以及与其他金融服务提供者有关的软件，及相关金融活动的咨询、中介和其他附属活动
其他金融服务 – 提供和转让金融信息、金融数据处理以及与其他金融服务提供者有关的软件； – 就有关金融活动进行咨询、中介和其他附属服务	1. 澳大利亚以跨境提供和境外消费模式提供服务：没有限制 2. 商业存在：没有限制。中国金融服务部门进行经营的批准标准仅为审慎性的（即不含经济需求测试或营业许可的数量限制）。允许澳大利亚机构设立分支机构

（3）证券服务

以跨境提供模式提供的服务，澳大利亚证券机构可直接（不通过中国中介）从事 B 股交易。

澳大利亚证券机构在中国的代表处可成为所有中国证券交易所的特别会员。

允许澳大利亚服务提供者设立合资公司，从事国内证券投资基金管理业务，外资最多可达 49%。

近年来，中国在银行、保险、证券等金融服务领域采取了进一步开放措施，超出了中国在《中国—澳大利亚自由贸易协定》框架下做出的承诺，这些新的开放措施同样适用于澳大利亚。①

8. 旅游及与旅行相关服务：个别业务有限制

在饭店（包括公寓楼）和餐馆、旅行社和旅游经营者两个部门，澳大利亚以跨境提供和境外消费模式提供的服务，中国均对其没有限制。

澳大利亚服务提供者可在中国建设、改造和经营饭店和餐馆设施，允许设立外商独资子公司。但合资或外资独资旅行社和旅游经营者不允许从事中国公民出境及赴中国香港、中国澳门和中国台湾地区的旅游业务，除此之外没有限制。

9. 运输服务开放部门较多

（1）海运服务中的国际运输（货运和客运）

对澳大利亚以境外消费方式提供服务，没有限制。

商业存在方面，对于设立注册公司，经营悬挂中华人民共和国国旗的船队，中国允许澳大利亚设立合资船运公司，但外资不得超过合资企业注册资本的 49%。合资企业的董事会主席和总经理应由中方任命。

---

① 2018 年以来，我国采取多项金融开放措施，扩大经营范围，放宽市场准入条件，放开股比限制。我国进一步扩大外资银行业务范围，增加代理发行、代理兑付、承销政府债券、代理收付款项业务。将外国银行分行可以吸收中国境内公民定期存款的数额下限由每笔不少于 100 万元人民币下调为不少于 50 万元人民币。取消对外资银行开办人民币业务的审批，同时明确开办人民币业务应当符合国务院银行业监督管理机构规定的审慎性要求。放宽外资保险公司准入条件，取消 30 年经营年限要求。合资寿险公司外资持股比例可达 100%。取消境内保险公司合计持有保险资产管理公司的股份不得低于 75% 的规定，允许境外投资者持有股份超过 25%。允许外资机构在华对银行间债券市场和交易所债券市场的所有种类债券开展信用评级业务。鼓励境外金融机构参与设立、投资入股商业银行理财子公司。允许境外资产管理机构与中资银行或保险公司的子公司合资设立由外方控股的理财公司。允许境外金融机构投资设立、参股养老金管理公司。支持外资全资设立或参股货币经纪公司。取消 QFII/RQFII 投资额度限制以及 RQFII 试点国家和地区限制。允许外资机构获得银行间债券市场 A 类主承销牌照。证券公司、基金管理公司和期货公司外资可以拥有 100% 股权，外资机构在经营范围和监管要求上均实现国民待遇。详细内容可参阅中国银行保险监督管理委员会 http://www.cbirc.gov.cn、中国证券监督管理委员会 http://www.csrc.gov.cn 相关文件。

（2）辅助服务（见表4-29）

表4-29 辅助服务开放措施

服务部门	开放措施
海运理货服务 集装箱堆场服务	1. 澳大利亚以境外消费模式提供服务：没有限制 2. 商业存在：仅限于合资企业形式，允许外资拥有多数股权
海运代理服务	1. 澳大利亚以跨境提供和境外消费模式提供服务：没有限制 2. 商业存在：仅限于合资企业形式，外资股比不超过49%

（3）内水运输中的货运服务

对于以跨境提供模式提供的服务，中国只允许澳大利亚企业在对外国船舶开放的港口从事国际运输。

（4）航空器的维修服务部门

对澳大利亚以境外消费模式提供服务，没有限制。允许澳大利亚服务提供者在中国设立合资航空器维修企业，中方在合资航空器维修企业中的控股比例不得低于51%。

（5）空运服务的销售与营销

对澳大利亚以跨境提供和境外消费模式提供服务，没有限制。根据双边航空协定有权从事经营的澳大利亚空运企业可在中国设立办事处。

（6）计算机订座系统服务

对澳大利亚以境外消费模式提供服务，没有限制。对于跨境提供模式，澳大利亚计算机订座系统可通过与中国境内的计算机订座系统连接，向中国空运企业和中国航空代理人提供服务。航空代理人直接进入和使用澳大利亚计算机订座系统须经中国民航局批准。

（7）铁路货运、公路卡车和汽车货运服务

中国完全开放，没有限制，允许澳大利亚设立独资子公司。

（8）所有运输方式的辅助服务（见表4-30）

表4-30 所有运输方式辅助服务的开放措施

服务部门	开放措施
仓储服务	1. 澳大利亚以境外消费模式提供服务：没有限制 2. 商业存在：允许设立外资独资子公司

服务部门	开放措施
货物运输代理服务其他辅助服务部门	1. 澳大利亚以跨境提供和境外消费模式提供服务：没有限制 2. 商业存在：允许有至少连续3年经验的澳大利亚货运代理机构在中国设立合资货代理企业。允许设立外资独资子公司。合资企业的经营期限不得超过20年。在中国经营1年以后，合资企业可设立分支机构。澳大利亚货运代理机构在其第一家合资企业经营2年后，可设立第二家合资企业

整体来看，中国对澳大利亚服务贸易开放水平较高。与计算机硬件安装有关的咨询服务、软件实施服务、数据处理服务、房地产服务、包装服务、笔译和口译服务、速递服务、无固定地点的批发和零售服务、饭店和餐饮服务、旅行社和旅游经营者服务、体育和其他娱乐服务、公路卡车和汽车货运服务等完全开放。商业服务中的多个部门，允许澳大利亚设立独资企业。环境、旅游、运输、建筑服务也达到了较高开放水平。在上海自贸试验区内，部分部门也采取了更大力度的开放措施。特别要指出的是，近年来中国在银行、保险、证券等金融领域采取了进一步的开放措施，超出了中国在《中国—澳大利亚自由贸易协定》框架下做出的承诺，这些新的开放措施同样适用于澳大利亚。

澳大利亚对中国出口的主要部门是旅游、运输和金融服务。三个部门占澳方对华服务出口总额的95%以上。结合中国开放的服务部门，中国企业，特别是从事旅游、运输服务的企业，可能将面临更激烈的市场竞争。另外，在上海自贸试验区内，中国对法律、电信、建筑、海运等部门增加了开放承诺，区域内相关企业也将面临一定挑战。中国企业应当进一步提高服务水平以及管理能力，在开放的市场环境中提高国际竞争力。

第四节　澳大利亚对中国的服务贸易承诺解读

目前中国已生效的自由贸易协定中，澳大利亚是首个对中国以负面清单方式做出服务开放承诺的国家。中国企业要充分利用澳大利亚服务部门开放的契机，扩大对澳大利亚服务出口，进一步"走出去"，在当地开展业务活动。

一、澳大利亚对中国企业的开放

（一）总体开放水平更高，少数部门有限制

总体来看，在多数服务部门，澳大利亚对中国企业开放程度较高，允许中国企业以各种方式向澳大利亚出口服务或从事经营。对于少数部门，澳大利亚在不符措施清单中列明了限制措施。

虽受"棘轮"规则约束，但在建筑及相关工程服务、教育服务、环境服务等三大类部门，澳大利亚没有采取限制措施（见表4-31）。这三类部门中的所有服务分部门和具体服务活动，中国企业都可以通过各种模式参与。

表4-31 澳大利亚受"棘轮"规则约束的不符措施概览

服务部门		涉及义务	措施（项）
适用于所有部门		市场准入、国民待遇	6
适用于特定部门	1. 商业服务		
	– 专业服务	国民待遇、最惠国待遇	6
	– 安保服务	国民待遇	1
	– 渔业与珍珠养殖业	市场准入、国民待遇	1
	– 采矿与相关服务	国民待遇	1
	– 其他商业服务	国民待遇	1
	– 研发服务	国民待遇	1
	– 房地产与分销服务	国民待遇	1
	2. 通信服务	市场准入、国民待遇、最惠国待遇	2
	3. 分销服务	国民待遇	4
	4. 健康服务	国民待遇	1
	5. 旅游及旅游相关服务	国民待遇	1
	6. 娱乐、文化与体育服务	国民待遇	1
	7. 运输服务	市场准入与国民待遇	4
	8. 金融服务	市场准入与国民待遇	4

未来可能增加的不符措施，在商业服务、建筑及相关工程服务、环境服务、与健康有关的服务与社会服务、旅游及与旅行相关服务等五大部门中，澳大利亚没有提出保留措施，即对这五个部门中的服务活动，澳大利亚不会实施新的或限制程度更高的措施（见表4-32）。

表4-32　澳大利亚未来可能增加的不符措施概览

服务部门		涉及义务	措施（项）
适用于所有部门		市场准入、国民待遇、最惠国待遇	9
适用于特定部门	1. 通信服务	市场准入、国民待遇、最惠国待遇	1
	2. 娱乐、文化和体育服务 – 博彩业	市场准入、国民待遇、最惠国待遇 市场准入、国民待遇	1 1
	3. 分销服务	市场准入	1
	4. 教育服务	市场准入、国民待遇、最惠国待遇	2
	5. 运输服务 – 海运	市场准入、国民待遇 市场准入、国民待遇	1 2
	6. 金融服务	市场准入、国民待遇、最惠国待遇	3

（二）工程和技术人员赴澳大利亚更加便利

中国投资项目下的工程和技术人员赴澳大利亚，今后将更加便利。对于表4-33中10类工程和技术人员，澳大利亚取消了中国公民申请澳大利亚临时工作（技术工人）签证需要的强制性技能评估要求，这将有助于缓解中国在澳企业劳动力短缺和高用工成本等压力，也为中国企业和自然人在澳大利亚创业提供了更多的机会。

表4-33　取消强制性技能评估的职业类别

职业类别	职业类别
汽车电工	电工（普通）
细木工	电工（特种）
木工	工匠
木工细工	汽车修理工（普通）
柴油汽车修理工	摩托车修理工

（三）增加青年和特色职业人员入境配额

澳大利亚为中国青年赴澳提供每年5000人的假日工作签证，获得该签证的中国青年可在澳大利亚居留12个月并进行短期工作。

澳大利亚给予中国特色职业人员（包括中医、汉语教师、中餐厨师和武术教练）每年共1800人的入境配额。这些人员在澳首次停留期限最长可达4年，到期后可以续展。

这些措施促进了两国青年之间的交流，对中国特色职业人员入境澳大利亚从事服务活动提供了更多机会。

（四）中医赴澳大利亚服务有望获得较快增长

中国的中医服务在澳大利亚获得了与其他医疗服务基本一致的待遇，这是《中国—澳大利亚自由贸易协定》的一大亮点。

1. 澳大利亚明确对中医服务的评估和监管流程与其他医疗保健类别保持一致。

2. 澳大利亚各州和自治领政府通过国家注册和认证体系监管中医从业人员。

3. 相关专业机构和注册部门负责中医从业人员的注册和标准制定，以及对从业资格的审批。

4. 两国有关专业机构和注册部门将加强沟通，对中医从业人员资质的认可和认证作出澄清，并提供建议。

以上措施的实施，使中国中医服务人员有机会在澳大利亚获得从业资格，从而进入澳大利亚市场提供服务。

案例：中国中医服务走进澳大利亚

2000年2月，澳大利亚维多利亚州通过《2000年中医注册法》，成为澳大利亚首个为中医立法的州。2012年，澳大利亚联邦政府通过中医立法，将中医纳入澳大利亚健康行业注册管理和资格认证体系，对中医药的管理机制逐步完善。

尽管中医在澳大利亚拥有了合法地位，但是中医和中药仍然被视为"补充医学"和"补充药品"的一部分，无法获得与西医、西药相同的待遇和地位。澳大利亚中医管理局对中药的管理参照西方药典，导致一批在中国长期使用、安全的中药无法进入澳大利亚市场，也限制了中医师对中药的选用。

《中国—澳大利亚自由贸易协定》生效后，澳大利亚联邦政府鼓励澳大利亚相关机构与中国就中医的资格互认开展合作。双方实现对中医的资格互认，意味着在中国获得中医资格认证的中医师也可以在澳大利亚提供相应的中医服务。同时，澳方给予中方每年1800名特色职业人员（中医师、中文教师、中国厨师和武术教练）的入境配额，配额可以在四类人员之间调配，有助于扩大中国中医入境澳大利亚的人员数量，在当地提供中医服务。

（五）金融服务开放程度较高

除有关金融服务的4项限制措施外，澳大利亚向中国开放了大部分金融服务。

1. 澳大利亚进一步确认了中资银行在澳大利亚的国民待遇。在符合其审慎法律、法规和规章的前提下，澳大利亚在收到中国金融机构在其领土范围内设立子公司和分支机构的申请时，将本着公平、非歧视和善意的原则迅速处理。

2. 对于被提名担任中资银行澳大利亚分行或子行"负责经理人"的中方人士，澳大利亚证券与投资委员会（ASIC）在评估其知识和技能时，将根据ASIC政策及其适用于其他司法管辖区的相同标准，考虑中方人士在中国获得的相关资格和经验。

3. 中国的金融机构可在国民待遇基础上申请加入储备银行信息和转移系统（RITS），即澳大利亚储备银行（RBA）运行的实时全额结算模式（RTGS）支付系统。

4. 中国机构可以在国民待遇基础上，以支付体系成员和支付系统运营商的身份在澳大利亚提供支付服务（包括支付清算）。

案例：澳大利亚金融服务开放为中国金融机构"走出去"创造良好营商环境

以中国某银行为例，《中国—澳大利亚自由贸易协定》生效后，该银行在澳拥有对公和对私业务全面金融牌照，可以提供多元化金融服务，包括本外币存款产品、汇款服务、企业融资产品、贸易融资、全球金融市场业务、人民币业务、澳元清算和托管服务、ATM 机和网上银行、银行卡服务、个人融资产品、保管箱服务等。

《中国—澳大利亚自由贸易协定》实施前，澳大利亚不承认中国相关人员在中国获得的任职资格和经验，仅在中国获得相关资格和经验的中方人士不能担任中资银行在澳大利亚分行或子行的"负责经理人"。自贸协定生效后，澳大利亚对中资银行"负责经理人"的知识和技能认定时，将同等考虑其在中国获得的相关资格和经验。

根据《中国—澳大利亚自由贸易协定》，中国机构可以申请加入澳大利亚储备银行信息和转移系统，以支付体系成员和支付系统运营商的身份在澳大利亚提供支付服务，与澳大利亚金融机构享有同等的国民待遇。

澳大利亚开放金融服务，降低了中资银行进入澳大利亚的成本。中国金融机构可以设立更多网点，扩展金融服务业务范围，为当地企业和居民提供更全面、便捷的金融服务。

（六）中国学生赴澳大利亚留学更加便利

《中国—澳大利亚自由贸易协定》中，澳大利亚高等教育机构相关情况的透明度进一步提高，更方便中国学生了解、选择相关学校，赴澳大利亚留学。

澳大利亚的主要措施如下。

1. 提供澳大利亚高等教育质量和标准署（TEQSA）关于在"联邦政府招收海外学生院校及课程注册登记"（CRICOS）注册的高等教育机构的监管决定细节。

2. 按照 TEQSA 再注册流程，向中国提供公开报告。

3. 在对某一教育服务提供者进行风险评估时，如果 TEQSA 发现问题并作出监管决定，将向中国提供相关监管决定。

4. 如果某一教育机构未更新其注册，或者获得少于 TEQSA 规定的最长注册时间，TEQSA 将向中国提供相关决定的理由，并且提供以下信息：已在涉外教育监管网刊登的澳大利亚教育机构所获准开设的课程；该机构须向 TEQSA 和 CRICOS 申请再注册的截止日期，或申请课程再认证的截止日期。

5. 澳大利亚将定期通过外交渠道向中国提供《全国高等教育机构名录》（National Register）上公布的公共报告摘要信息。

6. 中国和澳大利亚将继续探讨在涉外教育监管网 www.jsj.edu.cn 上刊登更多经 CRICOS 注册的教育机构。

案例：《中国—澳大利亚自由贸易协定》便利中国学生赴澳留学

澳大利亚是教育强国，中国留学生是澳大利亚国际学生最主要的来源之一。

根据《中国—澳大利亚自由贸易协定》，澳大利亚向中国提供 TEQSA 关于在 CRICOS 注册的高等教育机构的监管决定细节，并提供公开报告以及其他详细监管信息。中国也将在协定生效后一年内审查、评估，并在中国教育部涉外教育监管网上新增 CRICOS 注册的澳大利亚高等教育机构名单。

教育服务的开放，提高了澳大利亚高等教育机构相关情况的透明度，为中国学生选择合适的教育机构提供了便利，同时减少了中国学生赴澳大利亚留学的风险，保护了中国留学生的权益。

二、澳大利亚对中国企业的现行限制措施

澳大利亚对中国服务业开放采取了负面清单的方式，企业要想充分利用《中国—澳大利亚自由贸易协定》的有利条件，关键要了解澳大利亚在不符措施清单中列出了哪些限制性措施。凡是未在清单中列出的，均没有限制，中国企业在开展经营活动过程中可以享受与当地企业同等的待遇和条件。

本书将根据澳大利亚的不符措施清单（附件三 A，第一节），对澳大利亚现行的对中国企业一般性限制措施进行解读。这些限制措施由澳大利亚中央政府和 / 或地区政府实施，主要针对中国服务企业在澳大利亚市场的投资经营。

1. 某些领域投资有一定的股权比例限制

（1）当中国企业在澳大利亚进行某些投资达到一定规模或比例时，可能会遭到地方政府的反对，并且需要向澳大利亚联邦政府报告。这些投资活动见表4-34：

表4-34　在澳大利亚可能受限制的投资活动

服务部门	可能限制的投资活动
媒体部门	外国人投资比例达到5%以上
1. 电信部门 2. 运输部门，包括机场、港口设施、铁路基础设施、国内外航空及在澳大利亚境内或境内外往来提供的水运服务 3. 向澳大利亚或其他国防部队提供培训或人力资源，或制造或供应军事用品、设备或技术 4. 制造或供应可用于军事的产品、设备或技术 5. 开发、制造或提供与加密和安全技术及通信系统相关的服务 6. 提取铀或钚（或提取权），或运营核设施	对资产价值超过2.52亿澳元的澳大利亚现有企业或指定公司的投资
金融产业公司以外的其他所有部门	对总资产超过10.94亿澳元企业或公司的投资
非住宅型商业房地产	外国人收购该类资产价值超过10.94亿澳元
所有部门	外国政府的直接投资

（2）中国投资者对澳大利亚现有金融产业公司股权的收购或订立，如果可能导致不可接受的持股状况，或形成对现有金融产业公司的实际控制，则可能被澳大利亚联邦政府拒绝，或者需要满足某些条件。

（3）在昆士兰州，某些租赁（以抽签方式取得）及部长决定的其他租赁，可能会要求承租人在租期内的前七年必须亲自居住在租赁物上。土地所有权的一切变更均必须登记。此外，外国土地持有人还必须承担额外义务，通过指定申报方式，披露土地的现有权益与处置土地权益的情况，并在土地持有人停止成为或即将成为外国人时予以通报。未能提供上述信息，将违反法律规定，可能面临起诉、经济处罚和／或被剥夺土地权益。

2. 公司董事和秘书需要满足澳大利亚常住居民要求

中国企业和个人在澳大利亚成立私人公司时，私人公司中至少有一名董事是澳大利亚常住居民。上市公司中至少有两名董事是澳大利亚常住居民，私人公司和上市公司中至少有一名秘书是澳大利亚常住居民。

3. 地区政府对社团（包括同业工会）以及社团法人要求有差异

北领地、澳大利亚首都领地：成立社团必须由当地居民提出，法人社团的公职人员也必须为当地居民。

昆士兰州：社团秘书必须由本州或距本州边境不超过 65 公里之其他州居民担任，否则应空缺。法人社团的管理委员会成员，必须确保该社团拥有一个用于向该社团送达文件的指定地址。

南澳大利亚州和塔斯马尼亚州：法人社团公职人员必须为本州当地居民。

维多利亚州：申请成立社团的人员、法人社团的第一秘书与秘书必须是澳大利亚居民。申请成立社团，社团的第一秘书必须是澳大利亚居民。

4. 地区政府对合作社有限制和要求

除南澳大利亚州外，合作社在其经营所在的州或领地必须拥有注册场所。南澳大利亚州限制如表4-35所示。

表4-35　南澳大利亚州对合作社的限制和要求

措施类型	限制措施
登记簿保管	登记簿必须保管在南澳大利亚州的办公室里
人员雇佣	1. 合作社秘书必须是澳大利亚常住居民 2. 合作社至少有两名董事是澳大利亚居民 3. 除实施全国合作社法的州及领地外，外国合作社必须在其经营所在的各个州或领地任命一名合作社代理人，外国合作社必须在其经营所在的各个州或领地任命一名居民，担任代表合作社接收所送达之所有通知和法律程序的人员

5. 对有限合伙企业或有限合伙公司的办公场所有要求

中国企业在澳大利亚某些地区成立有限合伙企业或有限合伙公司，必须在该州或领地设有办公室、总部或注册场所。

这些地区包括澳大利亚首都领地、新南威尔士州、北领地、昆士兰州、南澳大利亚州、塔斯马尼亚州和维多利亚州。

6. 昆士兰州对租赁及土地权益有要求

在昆士兰州经营的中国企业和个人需要注意，某些租赁要求承租人在租期内的前七年必须亲自居住在租赁处。

土地所有权的一切变更均必须登记，作为外国土地持有人还必须承担额外义务，通过指定申报方式，披露土地的现有权益与处置土地权益的情况，并在土地持有人停止成为或即将成为外国人时予以通报。

三、澳大利亚对中国企业的现行限制措施

除适用于所有部门的一般性限制外，澳大利亚对不同服务部门还分别存在现行限制。这些限制措施由中央政府和／或地区政府实施（见表4–36）。

表4-36 澳方采取或维持现行限制措施的部门

措施类型	涉及服务部门
除一般性限制措施外，无额外限制措施的服务部门	建筑及相关工程服务 教育服务 环境服务
除一般性限制措施外，只在特殊情况下有所限制的服务部门	健康服务 旅游与旅游相关服务 娱乐、文化与体育服务
除一般性限制措施外，限制措施较多的服务部门	商业服务部门（安保服务、专业服务、研发服务、房地产与分销服务、渔业与珍珠养殖业服务、采矿与相关服务、其他商业服务等） 分销服务 金融服务 运输服务

澳大利亚保留限制措施最多的是商业服务，涉及七个分部门。此外，在分销服务、金融服务、运输服务等三个大类服务的限制措施也应多加注意。澳大利亚联邦政府和地方政府分别针对中国企业是否能在这些部门进入澳方市场，在澳大利亚市场会受到何种限制进行了规定。具体措施如下：

（一）商业服务限制措施较多

商业服务限制措施多由地方政府实施，企业只有满足澳大利亚各州和各领地的要求，才能获得在该地区的经营许可。需要注意的是，地方政府针对某种服务的限制，仅仅适用于当地，并不适应于其他地区。

1.专业服务：限制措施多为地方政府实施

（1）安保服务

新南威尔士州有一定限制，其他地区对中国企业无限制。

根据新南威尔士州《1997年安保产业法》，在该州只有澳大利亚公民或澳

大利亚永久居民方可取得在新南威尔士州开展安保业务的许可证。

中国企业在新南威尔士州提供安保服务，需要雇用获得安保业务许可证的澳大利亚居民。

（2）法律服务中的特定服务活动

根据澳大利亚《1990年专利法》《1991年专利法规》，专利代理人必须是澳大利亚常住居民。中国企业要在澳大利亚从事专利代理服务，需要雇用澳大利亚常住居民。

中国法律服务机构如果提供遗嘱法律服务，需要按照规定成为"许可受托公司"（见表4-37）。

表4-37　澳大利亚各地区政府对遗嘱相关法律服务的限制

地区	限制措施
北领地	只有澳大利亚《2001年公司法》规定的"许可受托公司"或北领地法律授权可取得遗嘱验证书并开展相应行动的法人团体，才可取得遗嘱验证书或充当遗嘱执行人或已故者遗产的受托人
西澳大利亚州	只有澳大利亚《2001年公司法》（联邦）规定的"许可受托公司"，方可在西澳大利亚州担任受托公司
其他各州各领地	只有澳大利亚《2001年公司法》（联邦）第5D章规定的"许可受托公司"，才可取得遗嘱验证书或充当遗嘱及遗嘱附录执行人

（3）审计服务

需要满足澳大利亚联邦政府和地方政府关于任职资格的要求。至少有一名合伙人是澳大利亚常住注册公司审计师的事务所才能在澳大利亚提供审计服务。

澳大利亚各地还有一些不同规定：在新南威尔士州，某些指定类别的社团和协会的审计师，必须是新南威尔士州的常住居民。在维多利亚州，审计师事务所至少有一人是澳大利亚居民，方可审计房地产代理人账户。

（4）建筑设计服务

在北领地要注册成为建筑设计合伙企业或公司，该合伙企业／公司的经营场所必须位于北领地境内，或在北领地境内开展经营活动。

澳大利亚其他地区对中国企业以各种方式提供建筑设计服务完全开放。

（5）移民代理和报关服务

必须是澳大利亚公民或永久居民或持特殊类别签证的新西兰公民，方可在澳大利亚开展移民代理执业活动。必须在澳大利亚境内，或从澳大利亚对外国提供服务，方可成为澳大利亚报关经纪人。

2. 研发服务：在昆士兰州受到一定限制

在昆士兰州，使用样本或衍生品来开展生物发现研究与商业化的从属许可应先授予位于昆士兰州的实体，其次授予位于澳大利亚的实体，最后方可授予位于海外的实体。

3. 房地产与分销服务：限制措施各地区不同

新南威尔士州、北领地、首都领地、昆士兰州、维多利亚州和西澳大利亚州，对大多数房地产与分销服务有注册场所的要求，新南威尔士州还有要求代理人为澳大利亚居民。

新南威尔士州：非澳大利亚居民不可被委任为开发地块、街区地块或分契单位所有人的代理人。非澳大利亚居民不可被委任为地块所有人、业主法团交易的代理人。申请成为新南威尔士州的房产、股票、商业、分契管理或社区管理代理人，注册场所必须位于新南威尔士州。

北领地：被许可的房地产代理人、商业代理人或不动产转让代理人必须在澳大利亚设有办事处，并在该办事处或从该办事处开展许可业务行为。

首都领地：房地产代理人的主要经营场所必须位于澳大利亚首都领地。

昆士兰州：只有在昆士兰州拥有经营场所，方可成为房地产经纪人、拍卖人、机动车经销商或商务代理人。经营场所必须是实质地址，而非邮政信箱。

维多利亚州：要获得许可成为房地产代理人的人员，注册场所必须位于维多利亚州且必须在该州设立主要经营场所。代理人的代表必须在维多利亚州拥有注册地址，以便送达文件。申请成为维多利亚州不动产转让经纪人或在维多利亚州开展不动产转让业务的人员，必须在该州设立主要经营场所。

西澳大利亚州：拟在西澳大利亚州开展房地产或商业代理业务的人员，

必须在该州设立并保持注册场所。拟在西澳大利亚州开展结算代理业务（不动产转让代理）的人员，必须是西澳大利亚州的常住居民。被许可的结算代理人，必须在西澳大利亚州设立并保持注册场所。

4.渔业与珍珠养殖业服务：各地区保护程度较高

中国渔业船舶必须获得授权，方可在澳大利亚渔业捕捞区开展渔业捕捞活动，包括用于支持或准备任何渔业捕捞活动或加工、运载或转运鱼类的活动。获得授权开展此类渔业捕捞活动的中国渔业船舶，可能需要缴纳税款。

新南威尔士州：不允许外国人或外资团体在共同管理的渔业企业中持有股份。

维多利亚州：渔业捕捞许可证或水产养殖许可证，只能发放给身为澳大利亚居民的自然人，或注册场所位于澳大利亚的单一公司。

西澳大利亚州：只有身为澳大利亚公民或永久居民的个人，方可成为西澳大利亚州境内珍珠养殖业的被许可人。持有许可证的公司、合伙企业或信托公司，必须为澳大利亚所有和/或控制（即至少51%的发行股本、合伙权益或信托财产必须由澳大利亚人持有。董事会主席、多数股东及全体公司官员必须是澳大利亚人，且必须依据澳大利亚利益而任命，并代表澳大利亚利益）。

5.采矿与相关服务：针对伊萨山矿山有限制

伊萨山矿山（Mount Isa Mines）的经营者，应在合理且具有经济可行性的情况下符合表4-38中的要求：

表4-38　伊萨山矿山的限制措施

措施类型	限制措施
投标或报价	在施工作业、材料、厂房、设备和易耗品的规范编制、合同招标与发包时，确保向昆士兰州供应商、制造商与承包商提供合理的投标或报价机会
人员雇佣	使用居住在昆士兰州境内现有的专业顾问服务 使用昆士兰州境内现有的劳动力
地区优先权	在施工作业、材料、厂房、设备与易耗品的发包或订货时，在价格、质量、交货与服务等同或优于其他可获取来源的情况下，适当并尽可能优先考虑昆士兰州供应商、制造商与承包商

（二）通信服务：对两家澳大利亚企业有保护措施

澳方对澳大利亚邮政公司和澳大利亚通信公司，在经营业务和股份方面采取了一定的保护措施，限制中国企业经营。对其他电信服务部门没有限制（见表4-39）。

表4-39　澳大利亚对两家通信企业的保护措施

受保护的企业	保护措施
澳大利亚邮政公司	澳方对澳大利亚邮政公司的保护措施：专营权 澳大利亚邮政公司享有在澳大利亚境内发行邮票和在澳大利亚境内为来自于澳大利亚境内外的信件提供寄递服务的专营权。包括： 1. 在澳大利亚境内收取在澳大利亚境内投递的信件，以及在澳大利亚境内投递信件 2. 澳大利亚邮政公司还享有某些专有的权利、权力和豁免权，如在提供邮政和快递服务时使用和进入公共用地
澳大利亚电讯公司	澳方对澳大利亚电讯公司的保护措施：外资股权限制 1. 外国实体在澳大利亚电信公司的合计股份不得超过35% 2. 单个或关联团体外国投资的股份，不得超过5% 3. 澳大利亚电信公司的董事长与多数董事，必须是澳大利亚公民 4. 澳大利亚电信公司的总部、主要经营基地及注册场所应保持在澳大利亚

这些措施，可能会使中国企业无法进入澳大利亚某些邮政和速递服务部门，并限制中国企业在澳大利亚通讯公司的持股比例和担任管理人员。

（三）分销服务：对少数农业及相关产品的分销有限制

澳大利亚地区政府针对大米、马铃薯、啤酒、烟草和葡萄酒的分销服务有一定的限制措施（见表4-40）。

表4-40　澳大利亚各地区对少数农业及相关产品分销的限制措施

地区	限制措施
新南威尔士州	对大米保留经销管理局制度
西澳大利亚州	对马铃薯保留经销管理局制度

续　表

地区	限制措施
北领地	1. 只有北领地居民方可获发火器许可证，许可证与牌照将在持证人不再永久居住于北领地三个月后失效 2. 北领地酒牌发证委员会（Northern Territory Licensing Commission）可规定，个人持牌人、合伙持牌人的至少一名持牌人或公司持牌人的指定代理人，必须常住于该酒牌许可场所的区域内。烟草零售许可证的持有人只能在许可证指定场所销售烟草产品。酒牌许可场所的烟草零售许可证，只能授予相关场所的酒牌持牌人。卡瓦零售酒牌的申请人，必须常住于北领地或在北领地的相关许可区域开展经营活动
昆士兰州	1. 为取得葡萄酒销售经营许可证，依据该许可证开展的业务必须对昆士兰州葡萄酒业做出显著贡献 2. 为取得可销售葡萄酒的葡萄酒生产商许可证，经销者必须销售在该许可证相关场所种植的水果酿制的葡萄酒，或销售在该许可证相关场所酿制的葡萄酒

其他产品的佣金代理、批发、零售以及特许经营等服务，澳大利亚都向中国企业开放。

（四）健康服务：对血清实验室有要求

澳大利亚对血清实验室的要求有：

1. 任命、更换或撤除联邦血清实验室（CSL）超过1/3在某个特定时间任职的董事，不可计入重大外国持股所附有的表决权。

2. 联邦血清实验室总部、联邦血清实验室使用的主要设施以及用来生产源自澳大利亚个人捐献血液或血浆之产品的联邦血清实验室任何辅助设施，必须始终设在澳大利亚。

3. 联邦血清实验室董事会2/3的董事及任何会议的主持人，必须是澳大利亚公民。

4. 联邦血清实验室不得在澳大利亚境外注册设立。

除对血清实验室有限制和要求外，澳大利亚其他与健康相关的服务和社会服务，均向中国企业开放。

（五）旅游及相关服务，娱乐、文化与体育服务：昆士兰州有限制

除昆士兰州外，澳大利亚旅游及相关服务，娱乐、文化与体育服务两大

服务部门向中国企业完全开放（见表4-41）。

表4-41 昆士兰州对两类服务的限制措施

服务部门	限制措施
旅游及相关服务	取得旅游代理经营许可证的人员，必须在昆士兰拥有营业地址
娱乐、文化与体育服务	1. 一公司只有在昆士兰州设有办事处时，该州环境与遗产保护部首席执行官才会向其授予野生动物授权，而非野生动物运输许可 2. 首席执行官只有在下列情况下，才会批准某个人员成为受保护植物的授权栽培者或传播者：若为自然人，则该人员应是本州居民；若为公司，则该公司的经营场所必须位于该州境内用来栽培或传播植物的地方 3. 只有澳大利亚公民或澳大利亚常住居民的个人，或在澳大利亚成立的公司，才会被视为权利受到依据该法案而做出或不做出之决定或行为侵犯的"人员"

除了昆士兰州的限制措施以外，澳大利亚的饭店和餐馆、旅行社和旅游经营、导游服务、文化娱乐服务，新闻出版服务、图书馆、档案馆、博物馆和其他文化服务，体育和其他娱乐服务均完全向中国企业开放，中国企业可以各种形式向澳大利亚提供服务。

（六）运输服务：少数分部门有限制

运输服务中，除海运服务、空运服务和出租车运营服务之外，澳大利亚对其他运输服务没有限制，中国企业可以各种形式向澳大利亚提供服务。

1. 海运服务：对特定海运服务承运人有资格要求（见表4-42）

表4-42 特定海运服务限制措施

限制对象	限制措施
特定海运服务承运人	1. 每家提供澳大利亚往来国际班轮货物运输服务的海运承运人，必须始终以居住在澳大利亚的自然人作为代表人 2. 只有受注册公会协议或具有重大市场支配力的注册非公会海运承运人影响的人员，方可向澳大利亚竞争与消费者委员会申请，要求审查公会成员及具备重大市场支配力的非公会承运人是否阻碍其他承运人在合理范围内有效提供出港班轮货运服务。为明确起见，在判定"合理"时的相关考虑事项包括澳大利亚国家利益及澳大利亚承运人利益

2. 空运服务：对航空公司股权、董事会等构成有要求（见表4-43）

表4-43　澳方对航空公司股权、董事会构成等限制措施

航空公司	限制措施
所有航空公司 （除澳洲航空外）	1. 外国对单个澳大利亚国际航空公司的总持股比例不超过49% 2. 至少2/3的董事会成员是澳大利亚公民 3. 董事会主席必须是澳大利亚公民 4. 航空公司总部必须在澳大利亚 5. 航空公司的经营基地必须在澳大利亚
澳洲航空公司	1. 澳洲航空公司的外国总持股比例最高不超过49% 2. 澳洲航空公司总部必须始终位于澳大利亚 3. 澳洲航空公司多数经营设施必须位于澳大利亚 4. 任何时候，澳洲航空公司至少2/3的董事是澳大利亚公民 5. 主持澳洲航空公司董事会会议（无论如何描述）的董事必须是澳大利亚公民 6. 禁止澳洲航空公司采取任何措施，谋求在澳大利亚境外注册成立

3. 出租车运营服务：对承运人身份有要求（见表4-44）

表4-44　出租车运营服务：承运人身份限制

地区	限制措施
北领地	出租车许可证的个人持有者未在北领地常住超过6个月的，或法人团体持有者停止将北领地作为主要经营场所超过6个月的，其出租车许可证将被撤销
首都领地	澳大利亚公民或澳大利亚永久居民，方可申请公共交通服务经营认证
西澳大利亚州	澳大利亚公民或澳大利亚永久居民，方可持有政府出租的出租车牌照

（七）金融服务：限制措施主要集中在银行业务

澳大利亚对金融服务的限制主要集中在联邦政府对部分银行业务、某些地区对信贷提供业务和典当业务的人员及场所限制。对保险及相关服务没有限制措施。

1. 联邦政府的限制措施

（1）在澳大利亚开展银行业务的实体，必须是法人实体，并获得澳大利亚金融监督管理局（APRA）授权，成为经授权的存款吸收机构（ADI）。

（2）外国存款吸收机构（包括外国银行）只能通过在澳大利亚本地注册成立的存款吸收子公司或授权分公司（外国经授权的存款吸收机构），或通过上

述二者，方可在澳大利亚开展银行业务。

（3）外国经授权的存款吸收机构不得接受个人及非法人机构低于 25 万澳元的初始存款（及其他资金）。

（4）外国存款吸收机构在澳大利亚设立的代表处，不得在澳大利亚开展任何银行业务，包括发布存款广告，此类代表处只允许作为联络点。

（5）位于海外的外国银行，只能以发行债务证券方式在澳大利亚融资，而且这些证券必须以不低于50万澳元的打包发售 / 交易，证券及任何关联资料备忘录应清楚表明该发行银行未依据《1959 年银行法》（联邦）在澳大利亚取得授权。

2. 地方政府的限制措施（见表4-45）

表4-45　针对金融服务的地区政府限制措施

地区	限制措施
西澳大利亚州	1. 在西澳大利亚州开展信贷提供业务（包括在其他业务开展过程中涉及到信贷的提供）的自然人（单独或与他人合伙）或法人团体，必须在澳大利亚设有总部，且在西澳大利亚州设有主要经营场所 2. 任何拟在西澳大利亚州开展收债人业务或行使收债人任何职能的人员（包括法人团体），必须在该州设有主要经营场所 3. 拟在西澳大利亚州开展金融经纪人业务的自然人，必须是西澳大利亚州的常住居民 4. 金融经纪人在开展经纪人业务时，其注册场所必须位于西澳大利亚州
昆士兰州	经营二手货物或典当业务的人员，其主要经营场所必须位于昆士兰州，且可由人亲自送达文件

四、澳大利亚对中国企业的限制：可能采取的新的或限制性更强的措施

根据澳方的不符措施清单（附件三 A，第二节），除了现行限制措施，澳大利亚还可以采取新的或限制性更强的措施，适用于所有服务部门或特定服务部门，可能会对中国企业在进入澳大利亚市场或在当地经营产生潜在影响，需要企业特别关注。

（一）可能采取的新的或限制性更强的措施：适用于所有部门

1. 对通过自然人存在或自然人移动方式提供服务的可能限制

澳大利亚保留权利，采取或维持任何通过自然人存在或其他自然人移动方式提供服务的措施，包括入境或临时居留，具体以自然人移动规定为准。

2. 对澳大利亚原住民的优惠待遇

澳大利亚对原住民的优惠待遇，可能会影响竞争的公平性。这些待遇包括：

（1）对于服务领域商业或工业企业的收购、创办或运营，澳大利亚有权采取或维持优先照顾原住民或原住民组织，或为原住民或原住民组织提供优惠待遇的任何措施。

（2）澳大利亚有权采取或维持在投资方面优先照顾原住民或原住民组织，或为原住民或原住民组织提供优惠待遇的任何措施。

3. 对投资计划的审查或限制

澳大利亚保留采取或维持的相关措施，可能会对中国企业在澳大利亚投资造成困难，这些措施如表4-46所示。

表4-46　对投资计划审查/限制的保留措施

投资计划类型	限制措施
外国人及外国政府投资者在澳大利亚已开发非住宅型商业房地产之外的城市土地（包括由于租赁、融资和利润分享而产生的权益，以及对城市土地公司和信托权益的收购）有关的投资计划	澳大利亚有权采取或维持相关措施
外国人及外国政府投资者在澳大利亚的投资计划	澳大利亚有权采取或维持其认为出于保护基本安全利益所必需的任何措施
对于外国人在澳大利亚农业用地投资超过1500万澳元或以上及在澳大利亚农业企业投资超过5300万澳元或以上的投资计划	澳大利亚有权采取或维持任何允许实施计划审查的措施

4. 对某些社会服务保留的限制

在为公共利益而创办或维持原社会服务方面，包括收入保障或保险、社会福利、公共教育、公共培训、医疗卫生、托儿、公共事业、公共交通与公共住房等，澳大利亚保留采取或维持执法与惩教措施的权利。

为避免产生歧义，澳大利亚确定"以下服务方面的措施"包括：采集血液及其成分；配发血液及其相关产品，包括血浆制成品；血浆分离服务；采购血液及其相关产品与服务。

5.澳大利亚其他国际协定的影响

根据在《中国—澳大利亚自由贸易协定》生效日及之前澳大利亚与其他国家签署或实施的国际协定，澳大利亚可能会采取或维持现有措施，授予其他国家企业比中国企业更优惠的待遇。

对于《中国—澳大利亚自由贸易协定》生效后澳大利亚与其他国家签署或实施的国际协定，澳大利亚可能会在航空、渔业、海运事务（包括海上救援）方面维持或采取措施，授予其他国家企业比中国企业更优惠的待遇。

这意味着中国企业不仅要关注《中国—澳大利亚自由贸易协定》带来的机遇，也要关注澳大利亚的其他国际协定可能带来的风险。所有已经进入和即将进入澳大利亚服务市场的企业都应该未雨绸缪，做好相应的准备和预案。

（二）可能采取的新的或限制性更强的措施：适用于特定部门

对于某些特定服务部门，澳大利亚可以维持现行措施或采纳新的或限制性更强的措施，这些措施影响的部门主要有：通信服务，娱乐、文化和体育服务，分销服务，博彩业，运输服务，教育服务，金融服务等。

1.通信服务与娱乐、文化和体育服务

在通信服务，娱乐、文化和体育服务的市场准入、国民待遇和最惠国待遇方面，澳大利亚保留采取新的或更高限制性措施的权利，具体部门如表4-47所示。

2.分销服务

在烟草制品、酒精饮料或火器批发与零售贸易服务市场准入方面，澳大利亚保留采取或维持任何措施的权利。

3.教育服务

在初等教育服务市场准入和国民待遇方面，澳大利亚保留采取或维持任何措施的权利。

表4-47　通信服务与娱乐、文化和体育服务部门保留的现行措施

服务部门	现行措施
– 创意艺术、文化遗产及其他文化产业，包括视听服务、娱乐服务与图书馆、档案、博物馆及其他文化服务 – 广播与视听服务，包括规划、许可与频谱管理方面的措施，并包括在澳大利亚提供的服务和始于澳大利亚的国际服务	《1992年广播服务法》（澳大利亚联邦） 《1992年无线电通信法》（澳大利亚联邦） 《1936年所得税评定法》（澳大利亚联邦） 《1997年所得税评定法》（澳大利亚联邦） 《2008年澳大利亚银幕法》（澳大利亚联邦） 《2005年广播服务（澳大利亚内容）标准》 《2009年儿童电视标准》 《电视节目标准23—澳大利亚广告内容》 《商业电台行为准则与规范》 《社区广播行为准则》 《国际联合制作节目》

非初等教育服务领域的国民待遇和最惠国待遇方面，澳大利亚保留采取或维持以下方面任何措施的权利：

（1）独立的教育和培训机构在录取政策、学费设置、课程大纲或课程内容制订方面保持自主权；

（2）针对教育和培训机构及其项目非歧视性的认证和质量保证程序须满足相关标准；

（3）提供给教育和培训机构的政府资金及补贴，如土地划拨、税收优惠等；

（4）教育和培训机构须遵守关于在具体司法管辖区内建立和运营某设施的非歧视性要求。

4. 博彩业

在市场准入和国民待遇方面，澳大利亚保留采取或维持博彩业方面任何措施的权利。

澳大利亚现行的立法措施包括联邦政府的《2001年交互赌博法》以及首都领地、新南威尔士洲、北领地、昆士兰州、南澳大利亚州、塔斯马尼亚州、维多利亚州、西澳大利亚洲等地方政府的57项法律。

5. 运输服务

对于沿海运输服务与离岸运输服务，在市场准入和国民待遇方面，澳大利亚保留采取或维持任何措施的权利（见表4-48）。

表4-48　运输服务部门的现行措施

服务部门	现行措施
沿海运输服务与离岸运输服务	《1901年海关法》（澳大利亚联邦） 《1996年工作场所关系法》（澳大利亚联邦） 《1992年船员赔偿与康复法》（澳大利亚联邦） 《1993年职业健康与安全海运业法》（澳大利亚联邦） 《1981年水运登记法》（澳大利亚联邦） 《1936年所得税评定法》（澳大利亚联邦） 《201年沿海贸易（澳大利亚水运复兴）法》（澳大利亚联邦） 《2012年沿海贸易（澳大利亚水运复兴）相应修订和过渡性条文）法》（澳大利亚联邦） 《2012年水运改革（税务激励）法》（澳大利亚联邦）

对于船舶注册，在国民待遇方面，澳大利亚保留采取或维持任何措施的权利。其现行措施是联邦政府的《1981年水运登记法》。

对于机场投资，在市场准入和国民待遇方面，澳大利亚保留采取或维持任何措施的权利。其现行措施是联邦政府的《1996年机场法》《1996年机场（所有者股份权益）条例》和《1996年机场条例》。

6. 金融服务

（1）政府担保

在澳大利亚政府对政府所有实体提供担保的国民待遇方面，包括在实体私有化可能开展金融操作的担保业务，澳大利亚保留采取或维持任何措施的权利。

（2）银行与其他金融服务（不包括保险与保险相关服务）

澳大利亚应依据授予国民待遇的条款，允许中方跨境提供和传输金融信息与金融数据处理服务，以及银行与其他金融服务项下的除中介服务以外的咨询和其他附属服务。

澳大利亚应确保中方依据澳大利亚法律法规取得金融服务许可证及其他必要授权或豁免后，可以从事：

a. 在批发基础上，金融机构与其他实体之间与证券相关的交易服务；

b. 向位于澳大利亚的集体投资方案提供投资建议以及组合管理服务，但不包括受托人服务和与管理集体投资方案不相关的托管服务与执行服务。

除以上内容外，在市场准入、国民待遇和最惠国待遇方面，澳大利亚保留采取或维持有关银行与其他金融服务任何措施的权利。

（3）保险及其相关服务

澳大利亚应确保中方可根据授予国民待遇的条款，通过跨境作为主体、通过中间人或作为中间人提供服务（见表4-49）。

表4-49　澳大利亚确保中国可以提供的保险及相关服务

服务部门	中国可以提供的服务活动
保险及相关服务	a. 海上运输与商业航空及航天发射与送运（包括卫星），且此类保险保障以下任一或全部：运输的货物、承运车辆及由此产生的任何责任；国际转运过程中的货物方面的风险保险 b. 再保险与分保险业务 c. 保险中介

除以上规定外，在保险及其相关服务的市场准入、国民待遇和最惠国待遇方面，澳大利亚保留采取或维持的任何措施的权利。

对于金融服务部门在领土内招揽业务的市场准入、国民待遇和最惠国待遇方面，澳大利亚保留可以采取或维持任何措施的权利。

五、利用机遇，防范风险

通过对澳大利亚承诺的解读，中国企业可以了解到澳大利亚存在限制的服务部门和措施。整体而言，澳大利亚对中国的服务开放水平较高，多数部门为中国企业进入澳大利亚大市场提供了机遇。

具体来看，建筑及相关工程服务、教育服务、环境服务三个大类，除一些一般性的限制措施外，澳大利亚完全向中国开放。其中，建筑及相关工程服务是中国传统的优势部门，澳大利亚的开放承诺为中国企业进一步提高市场占有率提供了机遇。相比之下，中国的教育服务、环境服务竞争力弱于澳大利亚，尽管澳大利亚对中国的开放水平较高，现阶段给中国企业带来的机会也较为有限。

旅游及旅行相关服务是中国传统的优势服务部门，也是中澳双边服务贸易中占比最大的部门。澳大利亚对该部门的开放程度较高，只在昆士兰州有一定限制。中国企业可以抓住机会进入澳大利亚市场，增加服务出口。

健康服务和娱乐、文化与体育服务两个部门，澳大利亚采取的限制措施也较少，但是目前中国在该部门竞争力弱于澳大利亚，企业能够进入澳大利亚市场，但面临较大竞争压力。

商业服务是中国重要的服务出口部门，近几年占中国服务总出口比重在30%左右，该部门服务竞争力较强。澳大利亚在该部门列出的限制措施主要是针对具体服务活动，并限制在特定地区。中国企业只要避开这些地区限制，就能够顺利进入澳大利亚市场。

对于金融服务部门，澳大利亚开放水平虽有提高，但依旧存在较多保留措施。中国企业在澳大利亚提供金融服务，现阶段会受到一定限制。

澳大利亚在运输服务部门的限制措施主要集中在空运和出租车服务方面，中国企业要进入澳大利亚这两种服务的市场阻碍较大。海运、铁路运输等服务部门，中国竞争力较强，澳大利亚开放程度也较高，中国企业拥有较多机会。

需要注意的是，澳大利亚的保留不符措施，可能会对某些部门采取新的或更强程度的限制，即在现有限制措施上"加码"，给中国企业经营带来不确定性风险，需谨慎防范。

本章参考：

1.《中国—澳大利亚自由贸易协定》第八章"服务贸易"；

2.《中国—澳大利亚自由贸易协定》附件3-A"不符措施清单"；

3.《中国—澳大利亚自由贸易协定》附件3-B"服务贸易具体承诺减让表"；

4.《中国—澳大利亚自由贸易协定》附件4"附件四换文"；

5.《中国—澳大利亚自由贸易协定》换文"关于中医药服务"。

附录:《服务贸易总协定》服务部门分类

《服务贸易总协定》服务部门分类（MTN.GNS/W/120）[①]

部门和分部门	相对应的 CPC 号
1.商业服务	
A.专业服务	
a.法律服务	861
b.会计、审计和簿记服务	862
c.税收服务	863
d.建筑设计服务	8671
e.工程服务	8672
f.集中工程服务	8673
g.城市规划和园林建筑服务	8674
h.医疗和牙科服务	9312
i.兽医服务	932
j.助产士、护士、理疗医师和护理员提供的服务	93191
k.其他	
B.计算机及相关服务	
a.与计算机硬件安装有关的咨询服务	841
b.软件执行服务	842
c.数据处理服务	843
d.数据库服务	844
e.其他	845+849
C.研究和开发服务	
a.自然科学的研究和开发服务	851
b.社会科学和人文科学的研究和开发服务	852
c.边缘学科的研究和开发服务	853
D.房地产服务	
a.涉及自有或租赁房地产的服务	821

[①] 参考文件:（1）世界贸易组织，服务部门分类（MTN.GNS/W/120 of 10 July 1991）http://www.wto.org.（2）联合国经济和社会事务部统计司，临时中央产品分类（ST/ESA/STAT/SER.M/77），https://unstats.un.

部门和分部门	相对应的 CPC 号
b. 基于收费或合同的房地产服务	822
E. 无操作人员的租赁服务（干租服务）	
a. 船舶租赁	83103
b. 航空器租赁	83104
c. 其他运输设备租赁	83101+83102+83105
d. 其他机械设备租赁	83106–83109
e. 其他	832
F. 其他商业服务	
a. 广告服务	871
b. 市场调研和民意测验服务	864
c. 管理咨询服务	865
d. 与管理咨询相关的服务	866
e. 技术测试和分析服务	8676
f. 与农业、狩猎和林业有关的服务	881
g. 与渔业有关的服务	882
h. 与采矿业有关的服务	883+5115
i. 与制造业有关的服务	884+885（除 88442）
j. 与能源分配有关的服务	887
k. 人员提供与安排服务	872
l. 调查与保安服务	873
m. 相关的科学和技术咨询服务	8675
n. 设备的维修和保养服务	633+8861–8866
o. 建筑物清洁服务	874
p. 摄影服务	875
q. 包装服务	876
r. 印刷和出版服务	88442
s. 会议服务	87909
t. 其他	8790
2. 通信服务	
A. 邮政服务	7511

部门和分部门	相对应的 CPC 号
B. 速递服务	7512
C. 电信服务	
a. 语音电话服务	7521
b. 集束切换数据传输服务	7523
c. 线路切换数据传输服务	7523
d. 电传服务	7523
e. 电报服务	7522
f. 传真服务	7521+7529
g. 私有线路租赁服务	7522+7523
h. 电子邮件服务	7523
i. 语音邮件服务	7523
j. 在线信息和数据调用服务	7523
k. 电子数据交换服务	7523
l. 增值传真服务，包括储存和发送、储存和调用	7523
m. 编码和规程转换服务	/
n. 在线信息和 / 或数据处理（包括传输处理）	843
o. 其他	
D. 视听服务	
a. 电影和录像的制作和发行服务	9611
b. 电影放映服务	9612
c. 广播和电视服务	9613
d. 广播和电视传输服务	7524
e. 录音服务	/
f. 其他	
E. 其他	
3. 建筑和相关的工程服务	
A. 建筑物的总体建筑工作	512
B. 民用工程的总体建筑工作	513
C. 安装和组装工作	514+516
D. 建筑物的装修工作	517
E. 其他	511+515+518

续 表

部门和分部门	相对应的 CPC 号
4. 分销服务	
A. 佣金代理服务	621
B. 批发销售服务	622
C. 零售服务	631+632+6111+6113+6121
D. 特许经营服务	8929
E. 其他	
5. 教育服务	
A. 初级教育服务	921
B. 中等教育服务	922
C. 高等教育服务	923
D. 成人教育服务	924
E. 其他教育服务	929
6. 环境服务	
A. 排污服务	9401
B. 废物处理服务	9402
C. 卫生及类似服务	9403
D. 其他	
7. 金融服务	
A. 所有保险和与其相关的服务	812
a. 人寿险、意外险和健康保险服务	8121
b. 非人寿保险服务	8129
c. 再保险和转分保服务	81299
d. 保险辅助服务（包括保险经纪、保险代理服务）	8140
B. 银行和其他金融服务（不含保险）	
a. 接受公众存款和其他需偿还的资金	81115–81119
b. 所有类型的贷款，包括消费信贷、抵押贷款、保理和商业交易的融资	8113
c. 金融租赁	8112
d. 所有支付和货币汇送服务	81339
e. 担保与承兑	81199

部门和分部门	相对应的 CPC 号
f. 在交易市场、公开市场或其他场所自行或代客交易	
f 1. 货币市场票据	81339
f 2. 外汇	81333
f 3. 衍生产品，包括，但不限于期货和期权	81339
f 4. 汇率和利率契约，包括调期和远期利、汇率协议	81339
f 5. 可转让证券	81321
f 6. 其他可转让的票据和金融资产，包括金银条块	81339
g. 参与各类证券的发行	8132
h. 货币经纪	81339
i. 资产管理	8119+81323
j. 金融资产的结算和清算，包括证券、衍生产品和其他可转让票据	81339 或 81319
k. 咨询和其他辅助金融服务	8131 或 8133
l. 提供和传输其他金融服务提供者提供的金融信息、金融数据处理和相关的软件	8131
C. 其他	
8. 与健康相关的服务和社会服务（除专业服务中所列以外）	
A. 医院服务	9311
B. 其他人类健康服务	9319（除 93191）
C. 社会服务	933
D. 其他	
9. 旅游和与旅行相关的服务	
A. 饭店和餐饮服务（包括外卖服务）	641–643
B. 旅行社和旅游经营者服务	7471
C. 导游服务	7472
D. 其他	
10. 娱乐、文化和体育服务	
A. 文娱服务（除视听服务以外）	9619
B. 新闻社服务	962
C. 图书馆、档案馆、博物馆和其他文化服务	963
D. 体育和其他娱乐服务	964

部门和分部门	相对应的 CPC 号
E. 其他	
11. 运输服务	
A. 海洋运输服务	
a. 客运服务	7211
b. 货运服务	7212
c. 船舶和船员的租赁	7213
d. 船舶维修和保养	8868
e. 拖驳服务	7214
f. 海运支持服务	745
B. 内水运输服务	
a. 客运服务	7221
b. 货运服务	7222
c. 船舶和船员的租赁	7223
d. 船舶维修和保养	8868
e. 拖驳服务	7224
f. 内水运输的支持服务	745
C. 航空运输服务	
a. 客运服务	731
b. 货运服务	732
c. 带乘务员的飞机租赁服务	734
d. 飞机的维修和保养服务	8868
e. 空运支持服务	746
D. 航天运输服务	733
E. 铁路运输服务	
a. 客运服务	7111
b. 货运服务	7112
c. 推车和拖车服务	7113
d. 铁路运输设备的维修和保养服务	8868
e. 铁路运输的支持服务	743
F. 公路运输服务	
a. 客运服务	7121+7122

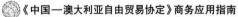

续　表

部门和分部门	相对应的 CPC 号
b. 货运服务	7123
c. 商用车辆和司机的租赁	7124
d. 公路运输设备的维修和保养服务	6112+8867
e. 公路运输的支持服务	744
G. 管道运输	
a. 燃料传输	7131
b. 其他货物的运输	7139
H. 所有运输方式的辅助服务	
a. 理货服务	741
b. 仓储服务	742
c. 货运代理服务	748
d. 其他	749
I. 其他运输服务	
12. 其他地方没有包括的服务	95+97+98+99

第五章

《中国一澳大利亚自由贸易协定》
中的投资

中国是澳大利亚重要的直接投资目的地和外资来源地。根据中国国家统计局公布的数据，2016—2020年，澳大利亚对中国（不包括中国香港特别行政区、中国澳门特别行政区及中国台湾地区，下同）直接投资总额为16亿美元，中国对澳大利亚直接投资流量为137亿美元。[①] 得益于《中国—澳大利亚自由贸易协定》，中国和澳大利亚双向投资均有所增长。中国在澳大利亚投资主要涉及能矿资源开发、房地产、金融等，澳大利亚在中国投资主要涉及服务业、信息技术、批发零售和制造业等领域。《中国—澳大利亚自由贸易协定》第九章（以下简称"投资章"）规定了中澳双方在投资领域的权利和义务，具有法律约束力，是中国投资者在澳投资和澳大利亚投资者在华投资的重要权益保障。本章将介绍《中国—澳大利亚自由贸易协定》投资章在何种情况下适用，赋予了投资者什么样的权益，形成了哪些投资新机遇。通过本章的阅读，企业可以了解和掌握以下问题：

1. 哪些投资者、哪些项目、在哪些情况下可以享受投资安排带来的优惠？

2. 投资者能够享受的优惠措施有哪些？

3. 该如何理解与投资相关的国民待遇和最惠国待遇？

4. 中国和澳大利亚两国的投资自由化安排是什么？有哪些限制性措施和条件？

5. 中国投资者应该注意澳大利亚保留的哪些不符措施？

[①] 中国国家统计局官方网站年度数据库。

第一节　投资安排的规则解读

一、范围和定义

（一）哪些情况能够享受投资安排带来的优惠？

能否享惠取决于如下两点：

1. 投资者是否为协定一方的自然人或协定一方的企业。一方的自然人指持有中国或澳大利亚身份证明文件的自然人。

对于可享惠企业，投资章没有特别的要求。企业只需依法组织或组建即可，不论是否以盈利为目的、是否私有、是否由政府所有或控制。形式上可以是公司、信托、合伙、独资、合资、协会或类似组织，也可以是企业的分支机构。

2. 投资者是否在协定另一方拥有或控制具有特定形式的资产。资产形式包括但不限于：

（1）企业。

（2）企业的股份。

（3）债券和债务。

（4）商业合同。例如交钥匙工程，即一方公司受另一方业主委托，按照合同约定对工程建设项目的设计、采购、施工、试运行等实行全过程或若干阶段的承包。

（5）知识产权。

（6）特许经营权、许可、授权及许可证。例如，一方特许经营权拥有者以合同约定的形式，允许被特许经营者有偿使用其名称、商标、专有技术、产品及运作管理经验等从事经营活动的商业经营模式。

投资章将一方投资者在另一方拥有或控制任何具有投资形式的资产都视

为涵盖投资，可享受协定带来的优惠。

所谓投资性质，是某项资产预期能够在未来产生收益或利润且需要承担一定风险。

（二）协定生效前开展的投资是否在协定适用范围之内？

投资章涵盖的投资既包括协定生效后在另一方新设立、获得或扩大的投资，也包括在协定生效时已经在另一方领土内存在的投资。根据《中国—澳大利亚自由贸易协定》第九章第一节第一条第一款规定，涵盖投资是指对一方而言另一方投资者依据己方相关法律、法规和政策已获准、于本协定生效之日起已在其领土内存在的投资，或者此后设立、获得或扩大的投资。

（三）适用范围与服务贸易章节、人员跨境流动章节重叠时以哪个章节为准？

投资章规定，投资涉及跨境服务贸易和人员跨境流动措施时，以协定第八章服务贸易或第十章自然人移动的内容为准。据《中国—澳大利亚自由贸易协定》第九章第一节第二条第二款规定，投资章不适用于一方采取或维持的已为第八章服务贸易或第十章自然人移动所涵盖的措施。

（四）《中国—澳大利亚自由贸易协定》投资章和其他投资相关协定同时存在时以哪个协定为准？

除《中国—澳大利亚自由贸易协定》外，规范中澳双边投资的协定条款还有《区域全面经济伙伴关系协定》（RCEP）涵盖的投资章节、《中华人民共和国政府与澳大利亚政府相互鼓励和保护投资协定》等。

从国际司法实践看，东道国政府有义务遵守在所有协定中所做出的承诺，故投资者可以根据情况选择使用最有利的协定。

（五）投资协定对于投资者享惠的条件是否有额外规定？

相关规定有三条：

1. 投资章不能约束协定生效之前已经发生的行为和事实；

2. 投资章不适用于政府采购、补贴或援助；

3. 缔约方可以拒绝将投资章的利益给予特定企业。

特定企业由投资章利益的拒绝给予条款（Denial of Benefits Clause，DoB）确定。该条款的目的在于防止协定被第三方投资者通过"邮箱公司"的方式利用。

依据《中国—澳大利亚自由贸易协定》第九章第一节第六条第一款规定，企业同时具备如下两个特征时可能被协定一方拒绝授惠：

（1）企业的所有人和控制人是非缔约方投资者，或是协定一方拒绝给予利益的投资者；

（2）企业在协定另一方领土内无实质性商业经营。

例如，某第三方投资人在中国成立了甲公司，然后通过甲公司向澳大利亚投资。如果甲公司在中国没有营业场所、没有雇员、没有营业额，那么澳大利亚政府可以基于 DoB 条款拒绝将协定利益给予这家被第三方投资人控制的中国公司。

依据《中国—澳大利亚自由贸易协定》第九章第一节第六条第二款规定，企业如同时具备如下两个特征时也可能被协定一方拒绝授惠：

（1）该企业的所有人和控制人是非缔约方投资者；

（2）协定一方针对该非缔约方采取或维持禁止与该企业交易的措施，或者给企业授惠会导致对这些措施的违反或规避。

例如，某第三方投资人在中国成立了某公司，然后通过该公司向澳大利亚投资。如果澳大利亚对第三方投资人进行着制裁。则澳大利亚政府可以拒绝将协定利益给予这家被第三方投资人控制的中国公司。

二、主要规则

《中国—澳大利亚自由贸易协定》投资章条款主要包含待遇条款和例外条款两大类别。待遇条款规定缔约方政府应该和不应该采取哪些类型的措施，作用在于保障另一方投资者及其涵盖投资的待遇。例外条款规定在哪些情况下，缔约方即便采取了违背待遇条款的措施，也不构成对协定的违反。目前，投资章的待遇条款包括国民待遇条款和最惠国待遇条款，投资章例外条款包括一般例外条款和不符措施条款。

就待遇条款和例外条款的规定看，如果例外条款不明确说明，那么缔约方的各项法律法规和措施都必须符合投资章待遇条款的规定。

（一）国民待遇条款

1.一方投资者及其投资在另一方的待遇是否可能低于当地投资者及其投资？

投资章规定，针对一方在另一方领土内的投资，缔约方应给予另一方投资者及其投资不低于本国投资者及其投资的待遇。对于某一中国企业在澳大利亚的投资项目，澳大利亚不能因该项目被中国投资者拥有或控制，而提出额外要求，或拒绝给予某些优惠。同样情况也适用于澳大利亚投资者在中国的投资项目。

除非在例外条款中另有规定，投资章的法律效率高于国内法。如果缔约方的某国内法对内外资区别对待，且提供给内资的待遇高于外资，那么该法律本身即构成了对协定的违反，投资者有权依据协定的争端解决机制在国际仲裁庭起诉东道国政府。

2.一方投资者及其投资是否可以享受"超国民待遇"？

投资章的国民待遇条款并没有限制一方采取外资优惠措施吸引另一方投资者及其投资。例如，澳大利亚可以实施外资税收减免、土地优惠等政策，促进中国投资者在澳大利亚投资。同样，中国也可以实施类似的外资促进政策。

3.投资者在投资项目落地之前是否可以享受国民待遇？

这取决于国民待遇条款是否覆盖投资的准入前阶段。在投资章中，投资项目的整个生命周期被划分为设立、获得、扩大、管理、经营、运营[①]、出售和其他处置八个阶段。其中设立、获得和扩大属于投资的准入前阶段，管理、

---

① 通常，经营是指在企业内，为使生产、营业、劳动力、财务等各种业务，能按经营目的顺利地执行、有效地调整而进行的系列管理、运营之活动；运营是指为生产和提供公司主要的产品和服务进行的设计、运行、评价和改进。

经营、运营、出售和其他处置属于准入后阶段。国民待遇如果覆盖投资的准入前阶段即被认为是准入前国民待遇，如果覆盖投资的准入后阶段即被认为是准入后国民待遇。

在投资章中，澳大利亚承诺给予中国投资者的国民待遇覆盖所有的投资阶段。中国承诺给予澳大利亚投资者的国民待遇涵盖扩大、管理、经营、运营、出售和其他处置等阶段，但不包括设立和获得阶段。《区域全面经济伙伴关系协定》生效后，澳大利亚投资者在中国制造业部门的投资将可以享受全面的准入前国民待遇，相关内容请参考《区域全面经济伙伴关系协定》指南。

如拟投资建立一家新公司或并购一家澳大利亚企业，中国投资者可在项目落地（新建和并购完成）前享受不低于澳大利亚投资者的待遇。

（二）最惠国待遇

1. 一方投资者及其投资在另一方的待遇是否可能低于第三国？

投资章的最惠国待遇条款能够保证一方投资者及其投资在另一方的待遇不低于任何第三方的投资者及其投资。这意味着，针对中国或澳大利亚投资者在另一方的投资项目，除非另有规定，另一方政府不能因投资项目的所有人或控制人来自中国或澳大利亚，非特定的第三国，而施加特殊限制，或拒绝给予特定优惠。

2. 中国和澳大利亚是否可以依据其他协定给予第三国更优惠的待遇？

可以，但需满足如下两个条件：

（1）一方给予第三方投资者及其投资的更优惠待遇源于双边或多边国际协定；

（2）该双边或多边协定在《中国—澳大利亚自由贸易协定》生效前已经实施，或者优惠待遇发生在航空、渔业或海事领域。

3. 基于最惠国待遇，一方投资者是否可以享受另一方在其他协定中给予第三方投资者的优惠待遇？

这取决于优惠待遇涉及的协定早于或晚于《中国—澳大利亚自由贸易协定》。

《澳大利亚—新西兰更紧密经济关系贸易协定》早于《中国—澳大利亚自由贸易协定》生效，澳大利亚基于此协定给予新西兰投资者的优惠待遇，无须惠及中国投资者。《全面与进步跨太平洋伙伴关系协定》（CPTPP）生效日期晚于《中国—澳大利亚自由贸易协定》，澳大利亚在CPTPP中承诺给予其他CPTPP成员的投资者的优惠待遇也应给予中国投资者。例如，澳大利亚在CPTPP投资章节的最低待遇标准、征收条款、转移条款、业绩要求、高层管理人员等条款中的承诺，同样适用于中国投资者，即便《中国—澳大利亚自由贸易协定》目前并未包含相关的条款。

类似的情况，中国在《中国—毛里求斯自由贸易协定》投资章节最低待遇标准、补偿损失、转移等条款中所做承诺，同样无须惠及澳大利亚投资者。此外，如果《中欧全面投资协定》（CAI）达成，因生效日期晚于《中国—澳大利亚自由贸易协定》，故中国在中欧CAI中承诺给予欧盟投资者的优惠待遇同样应该给予澳大利亚投资者。

需指出的是，《中国—澳大利亚自由贸易协定》规定，投资章不适用于一方采取或维持的已为第八章（服务贸易）所涵盖的措施。

（三）不符措施条款

不符措施是指协定缔约方保留的不受国民待遇、最惠国待遇等条款约束的措施，这些措施通常分为两大类别：

（1）协定生效前已经实施的不符措施；

（2）协定生效前已经实施的，但未来可能加严的不符措施。

对于第一类不符措施而言，其延续或修订不违背协定义务，但对此类措施的修订受"棘轮"规则的约束。

所谓"棘轮"规则，是指缔约方在修订第一类不符措施时，只能减轻该措施与协定义务不相符的程度，而不能强化该措施对协定义务的背离，而且缔约方应该努力取消这类不符措施。

1. 中国和澳大利亚各保留了哪些不符措施？

中国在《中国—澳大利亚自由贸易协定》签署时没有制定以负面清单方

式做出的投资承诺减让表，而是将此项工作纳入了投资章的未来工作计划。因此，在中国对澳大利亚的投资承诺减让表制定完成之前，中国对澳大利亚的投资开放安排总体上适用于中国政府颁布的《外商投资准入特别管理措施（负面清单）》《自由贸易试验区外商投资准入特别管理措施（负面清单）》和《市场准入负面清单》。同时，如果《区域全面经济伙伴关系协定》生效实施，则中国在该协定框架下制定的不符措施清单也将适用于澳大利亚。

澳大利亚保留了2005年1月1日存在的地方政府层面[①]所有不符措施，以及部分由不符措施清单列示的联邦政府层面和地方政府层面不符措施。

这些不符措施分为两大类别。第一类是协定附件三 A 第一节列出的、协定生效之日以前已经维持的不符措施，未来对这些措施的修订或修改受"棘轮"规则约束，不能降低该措施与国民待遇条款和最惠国待遇条款的相符性。第二类是在协定附件三 A 第二节列出的不符措施，未来对这些措施所涉行业、子行业或活动可以采取新的、限制性更强的措施。

2. 应该如何理解澳大利亚的不符措施清单？

如前文所述，澳大利亚的不符措施清单包括两节。第一节列出了各部门保留的现行不符措施，但未来这些措施不能加严限制。例如，第一节第1条规定，中国投资者对媒体部门投资，如股权占比达到5%或以上，则可能面临安全审查，前提是这一股权占比的门槛未来只能提高而不能降低。

第二节列出了澳大利亚可采取不符措施的部门及实施不符措施的范围。例如，第二节第14条规定，在沿海运输服务与离岸运输服务方面，澳大利亚保留采取或维持任何措施的权利。这意味着未来澳大利亚可以对海运部门采取更加严格的限制性措施，而不违反协定的义务。

不符措施第一节和第二节均可分为两个部分，一部分是适用于所有部门的水平措施，另一部分是只适用于特定部门的不符措施。

对中国投资者而言，只要投资部门和领域未在澳大利亚不符措施清单中列出，即可在澳大利亚享受国民待遇和最惠国待遇。

---

① 澳大利亚拥有三个等级的政府 —— 澳大利亚联邦政府、六个州和两个领地的政府以及约 700 个地方政府机构。这里的地区级政府是相对联邦层级政府而言，指州或领土层级政府和地方政府。

（四）一般例外条款

一般例外条款规定了东道国政府出于哪些目的采取的措施不受协定的约束。这类目的包括：

1. 为保护人类、动物或植物生命或健康所必需的措施；

2. 为保证与本协定不相抵触的法律法规得到遵守所必需的措施；

3. 为保护具有艺术、历史或考古价值的国宝所采取的措施；

4. 与保护有生命的或无生命的可用尽自然资源相关的措施。

这类目的通常是在全球范围被广泛认可的价值理念，可以借由"人之常情"理解。

即便出于这些原因而采取的不符措施，如果满足如下两种情况，也会被认为违背协定义务：

1. 在投资和投资者之间造成武断和不正当的歧视；

2. 名义上是为了实现公益的目标，实则是变相限制国际贸易或投资。

某项措施是否满足这两种情况需由裁决判定。裁决的方式分为"自裁决"和"非自裁决"两种。对于"自裁决"，实施该措施的缔约方是裁决是否符合上述两种情况的唯一法官，对"非自裁决而言"，争议措施是否符合上述两种情况将由国际仲裁庭根据具体案情确定。

投资章一般例外条款采取"非自裁决"的形式判定。

1. 如何判断中国和澳大利亚政府采取的举措是否符合一般例外要求？

由于投资章一般例外条款常采用与关税及贸易总协定（GATT）第20条相似的措辞，世界贸易组织争端解决专家组（以下简称"专家组"）在GATT第20条的解释和适用方面积累的经验可以用于判断东道国政府的举措是否符合一般例外的要求。这些经验包括：

（1）援用例外的国家一方承担举证责任，证明所采取措施符合例外条款规定。

（2）对例外条款实行双重审查。即该措施是否符合例外清单一项或数项之具体规定；以及该措施是否符合GATT序言的要求。第一层次的审查又分解为两步，一是措施是否符合例外条款规定的目的，二是措施是否为实现该目的所"必需"。

（3）"必需"定位为实现合法目的所必不可少（indispensable），或者该措施具有唯一性。专家组主要考虑的因素包括该措施所保护的公共利益或价值的相对重要性，该措施就实现该目标的实际效果，该措施对自由贸易的限制程度和影响。

（4）一般例外序言部分则彰显了善意原则和禁止权利滥用。在缔约方援用例外的权利和尊重其他缔约方的条约权利间保持平衡。

从已决案件来看，国际投资仲裁庭较为青睐专家组对一般例外条款所持的严格解释的态度，倾向于强调国际投资协定保护、促进投资的宗旨，在多起案件中，仲裁庭认为双边投资协定序言表明缔约方缔约目的明确，即承诺为进入己方领土的私人投资者创造有利条件，并予以有效保护，提高投资积极性，仲裁庭对相关条款的解释应当有利于受保护的投资。①

2. 中国和澳大利亚政府是否可以出于国家安全为由实施有悖协定义务的措施？

《中国—澳大利亚自由贸易协定》在第十六章（一般条款与例外）第三条中规定本协定适用于安全例外，涵盖投资章。因此，中澳双方出于国家安全利益考虑，必要时均有权采取有悖协定义务的措施而不会构成对协定义务的违反。

此外，澳大利亚还在不符措施清单中以"自裁决"条款的形式提出了基本安全利益的一般例外。即"对于外国人及外国政府投资者在澳大利亚的投资计划，澳大利亚有权采取或维持其认为出于保护基本安全利益所必需的任何措施"。

三、投资自由化安排

总体而言，中澳两国在自由贸易协定中的投资开放承诺水平都较高。

① 梁丹妮. 国际投资协定一般例外条款研究——与 WTO 共同但有区别的司法经验 [J]. 法学评论，2014, 32（01）：100-106.

（一）中国承诺给予澳大利亚高标准的投资开放水平

中国尚未在《中国—澳大利亚自由贸易协定》项下制定专门针对澳大利亚的投资承诺减让表，故中国对澳大利亚承诺的投资开放水平和中国总体的外资开放水平相当。根据当前最新版的《外商投资准入特别管理措施（负面清单）2020年版）》，澳大利亚投资者可以在中国境内享受高水平的投资自由化安排，同时还可依照《自由贸易试验区外商投资准入特别管理措施（负面清单）（2020年版）》，在中国已经设立的21个自由贸易试验区享有更加开放、快捷、便利的投资准入安排。

同时，中国已经在协定投资章承诺对来自澳大利亚的投资和投资者给予准入前国民待遇（设立和获得除外）和最惠国待遇，除另有规定，澳大利亚的投资者不仅总体上可以拥有与中国投资者相同的待遇，而且中国在未来给予任何国家的投资自由化承诺，都会同等地给予澳大利亚的投资者。

（二）澳大利亚给予了中国高标准的投资开放水平

在投资章中，澳大利亚承诺给予中国投资者及其投资准入前国民待遇，并就其例外的措施和领域制定了负面清单。澳大利亚负面清单除了对在电信、交通、房地产、机场、农业和金融等领域的投资有一定限制，总体限制不多，特别是对中国民营投资者的审核门槛大幅放宽，显示了澳大利亚高水平的投资开放承诺。

澳大利亚也在协定中承诺将逐步减少投资不符措施。

此外，相较《美国—澳大利亚自由贸易协定》中澳大利亚的不符措施清单，《中国—澳大利亚自由贸易协定》投资章澳大利亚不符措施清单更为明细。例如，澳大利亚并没有在《美国—澳大利亚自由贸易协定》不符措施清单中列明州一级的例外措施，而《中国—澳大利亚自由贸易协定》投资章则有所列明。这就使中国投资者赴澳大利亚投资时，知道在州一级有哪些限制，具体限制是什么，提高了透明度。

第二节 中国对澳大利亚投资开放的具体承诺

目前中国还没有制定专门针对澳大利亚的投资开放安排，中国对澳大利亚的投资开放安排取决于中国对全球所有投资者做出的单边投资开放承诺，以及中国在《区域全面经济伙伴关系协定》中对所有成员的外资开放承诺（参见《区域全面经济伙伴关系协定》商务应用指南）。

2019年3月15日，十三届全国人大二次会议表决通过《中华人民共和国外商投资法》（以下简称"外商投资法"），取代开放初期制定的"外资三法"成为中国外商投资领域新的基础性法律。该法确立了中国新型外商投资法律制度的基本框架，明确对外商投资实行"准入前国民待遇加负面清单"的管理制度，进一步强化投资促进和投资保护。2019年12月，国务院制定公布《中华人民共和国外商投资法实施条例》，细化了外商投资法确定的主要法律制度。外商投资法及其实施条例已经于2020年1月1起施行，外商投资将拥有更加稳定、透明、可预期和公平的市场环境。

最新版的《外商投资准入特别管理措施（负面清单）2020年版》（以下简称《负面清单2020年版》）于2020年6月24日发布，并于2020年7月23日起施行。列入《负面清单2020年版》项下外商投资特别管理措施的领域共33项。除全国版负面清单以外，国家发改委及商务部还同日发布了《自由贸易试验区外商投资准入特别管理措施（负面清单）（2020年版）》，条目由37条缩减至30条，在自贸试验区继续进行开放试点，允许外商投资中药饮片、设立学制类职业教育机构。两个负面清单分别列出了外国投资者在全国范围（除自由贸易试验区外）和自由贸易试验区内禁止投资的行业、限制投资的行业以及相应的特别管理措施（包括股权要求、高管要求等），具体见负面清单原文。

外商投资准入负面清单之外，外国投资者和外商投资企业还需遵循《市场准入负面清单（2019年版）》。国务院在该清单中明确列出在中国境内禁止、限制投资经营的行业、领域、业务等，各级政府依法采取相应管理措施。该清单包含禁止和许可两类事项。对禁止事项，市场主体不得进入，行政机关不予审批、核准，不得办理有关手续；对许可事项，包括有关资格的要求和程序、技术标准和许可要求等，由市场主体提出申请，行政机关依法依规作出是否予以准入的决定，或由市场主体依照政府规定的准入条件和准入方式合规进入；对市场准入负面清单以外的行业、领域、业务等，各类市场主体皆可进入。

外商投资法规定，在中国境内进行投资活动的外国投资者，外商投资企业应当遵守中国法律法规，不得危害中国国家安全、损害社会公共利益。中国建立外商投资安全审查制度，对影响或者可能影响国家安全的外商投资进行安全审查，依法作出的安全审查决定为最终决定。

中国建立了外商投资信息报告制度。外国投资者或者外商投资企业应当通过企业登记系统以及国家企业信用信息公示系统向商务主管部门报送投资信息。外国投资者或者外商投资企业报送的投资信息应当真实、准确、完整。

《外商投资信息报告办法》《关于外商投资信息报告有关事项的公告》和《关于开展2019年度外商投资信息报告年度报告的公告》等配套文件已于2020年1月1日起施行，外国投资者或者外商投资企业应当按照上述文件的要求，向商务主管部门报送初始、变更、注销和年度报告。[①]

案例：让创意设计更加简单——澳大利亚在线设计平台登陆中国

移动互联网的普及以及社交媒体、电子商务和O2O平台的飞速发展，使得很多企业及个人对平面设计的需求剧增。

来自澳大利亚的在线设计平台Canva在2019年宣布面向中国市场推出Canva中文版产品，为广大中国用户提供更为友好的中文界面、丰富的设计素材以及更为本地化的产品功能，以更好地满足中国用户的需求。Canva同时与视觉中国以及汉仪字库达成战略合作伙伴关系，为中国用户提供大量可商用版权图片和中文字体。

中国用户不仅可以在桌面端直接访问网站进行注册和设计编辑，也可以通过移动端官网和苹果应用商店以及安卓和阿里应用平台来下载和体验

---

① 关于中国单边投资开放承诺的详细资料请参考《中国外商投资指引》。

Canva 手机客户端。

第三节　澳大利亚对中国投资开放的具体承诺解读

澳大利亚对中国投资开放的承诺采取的是"负面清单"方式，如果没有通过不符措施清单加以明确，那么澳大利亚则为中国投资者提供了最高标准的投资准入——不低于当地投资者和任何第三国投资者的投资开放条件。

澳大利亚对中国投资的准入限制包含两部分。一部分是在特定部门实施的措施，主要涉及服务部门，相关内容参见对服务贸易章节的解读。另一部分是对所有行业均适用的投资限制措施，包括外资审查、土地政策、机构设置措施、原住民政策、公共服务政策等，涉及的主要法规包括《1975年外国收购与接管法》《2015年外国收购和接管条例》《2015年外国收购与接管费用征收法》《2015年外国收购与接管费用征收条例》《1998年金融产业（持股）法》等。

一、外资审查是澳大利亚限制中国投资者准入的主要措施

澳大利亚在不符措施清单中保留了审查特定外资项目的举措，中国在澳大利亚的特定投资项目可能需要澳大利亚审批。

（一）什么是外资审查？

澳大利亚依据《1975年外国收购与接管法》对可能影响国家利益的投资进行审查，判断投资是否与国家利益相悖。如果投资项目被认定为不利于国家利益则可能被拒绝。

澳大利亚负责外商投资审批事务的部门是外国投资审查委员会（FIRB）。澳大利亚国库部或其代表有权审查投资申请，在 FIRB 和安全、税务等相关主管部门建议的基础上判断投资是否违背国家利益，决定否决或通过投资申请，或要求投资项目执行附加条件。

（二）什么情况下需要提交外资审查？

外国人在收购澳大利亚企业或商业资产达到审批门槛者，应向外资审查委员会报批。

澳大利亚外资审查语境下对外国人的定义有别于《中国—澳大利亚自由贸易协定》投资章中一方投资者和涵盖投资的定义，采取的是澳大利亚《1975年外国收购和接管法》第5条的定义：

1. 非澳大利亚常住居民的自然人；

2. 由非澳大利亚常住居民的自然人或外国公司持有控股权益的公司；

3. 两人或两人以上合并持有控股权益的公司，且持有人均为非澳大利亚常住居民的自然人或外国公司；

4. 由非澳大利亚常住居民的自然人或外国公司持有实质权益的信托财产受托人；

5. 两人或两人以上合并持有重大权益的信托财产受托人，且持有人均非澳大利亚人。

根据《中国—澳大利亚自由贸易协定》投资章，中国企业是指在中国境内开展商业活动的企业，而澳大利亚外资审查语境下的外国人，主要是指企业所有人均非澳大利亚常住居民的企业。这意味着，澳大利亚常住居民直接或间接拥有的中国企业在澳投资可以豁免澳大利亚的外资审查。

澳大利亚对中国投资者投资项目的审查门槛：

1. 非敏感行业11.92亿澳元的投资；

2. 敏感行业2.75亿澳元的投资；

3. 媒体部门5%或以上股权的投资；

4. 6000万澳元农业企业投资；

5. 住宅用地、空闲商业用地、采矿及生产用地投资；

6. 1500万澳元的以上的农地投资；

7. 11.92亿澳元以上的已开发商业用地投资。

计算商业资产或公司价值时，需要计算公司发行的全部股票价值或总资产，以较高者为准。

敏感行业2.75亿澳元的免审上限和非敏感行业11.92亿澳元的免审上限都是针对私人投资者。对于政府投资者，无论投资规模如何，都需要经过 FIRB 审核。澳大利亚对政府投资者的界定采取了较为宽泛的标准，其中包括国有实体、主权财富基金和公共部门养老基金。视同条款规定，任何20%或以上权益由来自同一国家的外国政府投资者持有（或40%及以上权益由来自不同国家的外国政府投资者持有）的基金也将被视为外国政府投资者。

敏感行业包括媒体、电信、交通、国防及相关产业、加密、安全技术及通信系统、铀提取、钚提取及核设施运行等。

（三）澳大利亚外资审查的标准是什么？

FIRB 根据国家利益对外国投资的审查采取逐案进行的方式，倾向于采取灵活的标准，不拘泥于简单硬性的规定。外资审查通常考虑因素如下：

国家安全：澳大利亚政府考虑投资对保护其战略与安全利益的能力的影响程度。澳大利亚政府依赖相关国家安全机构的建议来评估投资是否会引起国家安全问题。

竞争力：澳大利亚政府赞同澳大利亚产业所有权的多样化，以促进健康竞争。澳大利亚政府会将该投资是否会导致投资者获得澳大利亚的市场定价以及货物生产或服务的控制权纳入参考范围。澳大利亚政府还可能考虑该投资对相关全球性行业的影响，是否会扭曲市场竞争，该投资是否会让投资者控制一项产品或服务的全球供应。

澳大利亚政府的其他政策（包括税务）：澳大利亚政府考虑外国投资提议对澳大利亚税收的影响。该投资还必须与澳大利亚政府在环境影响等相关问题的目标相一致。

对经济和社区的影响：澳大利亚政府会考虑投资对整体经济的影响，收购之后重组对澳大利亚企业的影响。澳大利亚政府会考虑收购资金的性质以及引进外国投资之后，企业在澳大利亚参与的程度，以及雇员、债权人及其他股东的利益。

投资者的性质：澳大利亚政府会考虑投资者以透明商业模式进行经营以

及受适当而透明的管理和监督约束的程度。还考虑外国投资者管理公司的方式。在投资者为基金管理人、包括主权财富基金的情况下，还会考虑基金的投资政策及澳大利亚企业行使投票权的方式。

（四）中国投资者在投资前应关注澳大利亚外资审查制度的变化

澳大利亚政府对外资审查制度的调整不受协定约束。澳大利亚不符措施清单第二节第五条规定对于外国人及外国政府投资者在澳大利亚的投资计划，澳大利亚有权采取或维持其认为出于保护基本安全利益所必需的任何措施。

澳大利亚的外资审查政策可能在特定时期发生变化。2020年3月，澳大利亚政府为应对新冠肺炎疫情扩散的影响，改变了外资审批金额门槛，延长了审批时间。从2021年1月1日起，澳大利亚政府推出了新的政策，以确保澳大利亚的外国投资审查框架与新出现的风险和全球发展保持同步。该政策调整的主要内容是：

1. FIRB 将对法定的一系列涉及国家安全的敏感资产进行新的国家安全测试（National Security Test）。敏感资产将包括能源、通信、港口、水资源和数据行业的资产。这意味着，无论国有或私营企业，每一项对敏感资产的收购均需经 FIRB 审批。

2. 国库部长获得了新的权力，可以对先前已经批准的投资重新审查，如果该投资引发了新的国家安全问题。国库部长将被赋予"最终裁量权"（Last Resort Powers），判断是否对外国投资者附加新的条件，在极端情况下，甚至可以强令该外国投资者出售其敏感资产。

3. 澳大利亚政府将对获得附条件批准的外国投资者进行更严格的合规审查，对违反审批条件的外国投资者进行更严厉的处罚，外资审查部门还将获得和其他监管部门类似的监管和调查权，包括进入企业搜集信息的权力。

4. 简化部分外资审批程序，投资额较小、对公司业务没有影响或控制权的所谓"消极投资"（Passive Investment），将被排除在外，不再接受 FIRB 审查。①

①《对外投资合作国别（地区）指南——澳大利亚（2020年版）》。

案例：中国铝业集团有限公司收购力拓集团案

中国铝业集团有限公司（以下简称"中铝"）成立于2001年2月23日，于2017年12月16日由中国铝业公司改制而成。集团现有骨干企业68家，业务遍布全球20多个国家和地区，集团资产总额为6400亿元，2018年营业收入超过3000亿元，2008年以来连续跻身世界500强企业行列。集团6家控股子公司实现了境内外上市。

力拓集团（Rio Tinto Group）（以下简称"力拓"）是一家跨国矿产及资源集团，该公司同时还兼营煤、铁、铜、黄金、钻石、铝、能源等业务。力拓集团1873年成立于西班牙，集团总部在英国，澳洲总部在墨尔本。力拓集团控股的哈默斯利铁矿有限公司是澳大利亚第二大铁矿石生产公司，在西澳皮尔巴拉地区有五座生产矿山（即汤姆普赖斯铁矿、帕拉布杜铁矿、恰那铁矿、马兰杜铁矿和布诺克曼第二矿区），探明储量约为21亿吨，公司铁矿年生产能力为5500万吨。

2009年2月12日，中铝与力拓通过伦敦证券交易所和澳大利亚证券交易所发布联合公告，签署战略合作协议，创中国企业海外投资纪录。中铝本次投入195亿美元，其中约72亿美元用于认购力拓发行的可转债，债券的票面净利率为9%。[①]

交易的完成需要获得澳大利亚FIRB、澳大利亚竞争与消费者委员会等机构的认可。

2009年3月16日，FIRB在澳洲证券交易所发布公告，称将延长对中铝与力拓195亿美元交易的审查时间，在原定的30天审查期基础上，再增加90天。

2009年6月5日，中铝确认，力拓董事会已撤销对2009年2月12日宣布的双方战略合作交易的推荐，并将依据双方签署的合作与执行协议向中铝支付1.95亿美元的分手费。

至此，这单中国国企在海外的最大并购案以失败而告终，尽管表面中铝

---

① 中铝公司与力拓集团签署战略合作协议 [EB/OL].（2009-02-12）. http://www.sasac.gov.cn/n2588025/n2588124/c4111413/content.html.

因对方的毁约行为获得近2亿美元的违约金，然而中铝不仅前期做的大量工作付之东流，而且失去了注资全球矿业巨头的重大机遇。

中铝收购力拓失败的直接原因是力拓单方面毁约，根本原因在于中铝在收购力拓时未能享有国民待遇和最惠国待遇。

2009年，《中国—澳大利亚自由贸易协定》尚未达成，中国投资者在澳大利亚的投资并不享有准入前国民待遇和准入前最惠国待遇，而并购属于投资的准入前阶段。

在《中国—澳大利亚自由贸易协定》生效后，澳大利亚在审批中国投资项目时必须考虑协定赋予中国投资者的准入前国民待遇和准入前最惠国待遇，中国投资者及其在澳大利亚的投资权利能得到更好的保障。

由于澳大利亚政府在外资安全审查时具有自由裁量权，对中国投资者而言，在澳大利亚开启投资项目时也应关注澳大利亚的外资审查制度，评估投资项目的规模是否超过了澳大利亚外资审查的最低门槛。如果投资规模超过审查门槛，那么应该了解澳大利亚外资审查流程和评估标准，权衡获得竞争和消费者保护委员会和FIRB批准的可能性，并做好未能通过安全审查的风险预案。

二、中国投资者如何在澳大利亚获得土地？

澳大利亚将土地划分为农业用地和城市土地。农业用地是指在澳大利亚用作或可以合理地用作初级产品生产的土地。城市土地的含义广泛，包括城镇区域之外并非全部和专门用于农业生产的土地，例如农村住宅、休闲农场、矿场等，均视为城市土地。

对于城市用地，澳大利亚区别对待了已开发非住宅型商业房地产和其他城市土地。前者包括酒店、汽车旅馆、招待所和宾馆，以及作为这些物业组成部分的个别住所。业主居住或私自租出的（即并非酒店业务的一部分）酒店单元被视作住宅类物业。

（一）中国投资者投资澳大利亚农业用地将面临哪些约束？

中国投资者可以直接或通过农业企业间接投资农业用地，且可享受国民待遇和最惠国待遇，但当直接投资规模超过1500万澳元或间接投资超过5500万澳元时，就必须报澳大利亚政府并获得事先批准。

（二）中国投资者投资澳大利亚城市土地将面临哪些约束？

对于已开发非住宅型商业房地产，中国投资者只需为价值11.92亿澳元以上的投资提出审查申请。这是《中国—澳大利亚自由贸易协定》带来的便利之一。根据澳大利亚现行法律，一般外国人需要申请才能购买或获得价值5500万澳元或以上的已开发商业类房地产的权益。

对于其他城市土地，澳大利亚在投资章保留了在未来采取或维持相关措施的权利。

（三）中国投资者投资澳大利亚土地时还应注意哪些事项？

对于昆士兰州的土地，投资者必须登记土地所有权的一切变更，中国投资者还必须以申报的方式披露土地的现有权益与收购、土地权益的处置等信息。某些土地租赁可能要求承租人在租期的前七年必须亲自居住在租赁土地上。

需特别注意的是，澳大利亚自2020年3月29日起对外资审查政策做了临时调整，所有审查门槛均为零。这意味着，中国投资者投资澳大利亚农业用地、已开发非住宅型商业房地产和其他城市土地，都需要事先获得批准。

三、在澳大利亚设立公司的有哪些要求？

澳大利亚在不符措施清单第一节中对各种类型的组织保留了部分现行与国民待遇和最惠国待遇不符的措施。这些措施体现在对组织（包括公司）成员的国籍限制。将来可能会延续和修订，但受"棘轮"规则约束。

（一）设立公司

澳大利亚保留了根据《2001年公司法》（联邦）和《2001年公司法规》（联邦）实施的如下措施：

1. 私人公司中至少有一名董事是澳大利亚常住居民；

2. 上市公司中至少有两名董事是澳大利亚常住居民；

3. 私人公司中至少有一名秘书（若该私人公司任命一名或多名秘书）是澳大利亚常住居民；

4. 上市公司中至少有一名秘书是澳大利亚常住居民。

（二）成立社团

澳大利亚保留了根据《社团法》（北领地）、《1991年社团成立法》（北领地）、《1981年社团成立法》（昆士兰州）、《1985年社团成立法》（南澳大利亚州）、《1964年社团成立法》（塔斯马尼亚州）和《2012年社团成立改革法》（维多利亚州）实施的如下措施：

1. 北领地

（1）社团（包括同业工会）成立申请，必须由北领地居民提出；

（2）法人社团的公职人员，必须为北领地居民。

2. 澳大利亚首都领地

（1）社团成立申请，必须由澳大利亚首都领地居民提出；

（2）法人社团的公职人员，必须为澳大利亚首都领地居民。

3. 昆士兰州

（1）若担任秘书之人员不再是昆士兰州或距昆士兰州边境不超过65公里之其他州居民，则秘书一职应当空缺；

（2）法人社团的管理委员会必须确保由昆士兰州或距昆士兰州边境不超过65公里之其他州居民担任秘书一职；

（3）法人社团的管理委员会成员，必须确保该社团拥有一个用于向该社团送达文件的指定地址。该指定地址必须位于该州可以由人亲自送达文件的地方。邮局信箱不属于可以用作指定地址的地方。

4. 南澳大利亚州

法人社团的公职人员，必须为南澳大利亚州居民。

5. 塔斯马尼亚州

除塔斯马尼亚州居民外的其他人，不可被任命为法人社团的公职人员。

6. 维多利亚州

（1）申请成立社团的人员，必须是澳大利亚居民；

（2）法人社团的第一秘书与秘书，必须是澳大利亚居民，且申请成立的社团第一秘书，必须是澳大利亚居民；

（3）合并社团的第一秘书，必须是澳大利亚居民。

（三）成立合作社

澳大利亚保留了根据《2002年合作社法》（首都领地）、《2012年合作社（实施全国法律）法》（新南威尔士州）、《合作社法》（北领地）、《1997年合作社法》（昆士兰州）、《1997年合作社法》（南澳大利亚州）、《1999年合作社法》（塔斯马尼亚州）、《2013年全国合作社法实施法案》（维多利亚州）、《2009年合作社法》（西澳州）实施如下措施，要求在澳大利亚各州各领地：

1. 除南澳大利亚州外，合作社在其经营所在的各州或领地均必须拥有一个注册场所。在南澳大利亚州，登记簿必须保管在南澳大利亚州的办公室里；

2. 合作社秘书必须是澳大利亚常住居民；

3. 除实施全国合作社法的州及领地外，外国合作社必须在其经营所在的各个州或领地任命一名合作社代理人；

4. 除实施全国合作社法的州及领地外，外国合作社必须在其经营所在的各个州或领地任命一名居民，担任代表合作社接收所送达之所有通知和法律程序的人员；

5. 合作社至少必须有两名董事是澳大利亚居民。

（四）设立合伙企业

澳大利亚保留了根据《1963年合伙企业法》（首都领地）、《1892年合伙企业法》（新南威尔士州）、《1997年合伙企业法》（北领地）、《1891年合伙企业法》（昆士兰州）、《1891年合伙企业法》（南澳大利亚州）、《1891年合伙企业法》（塔斯马尼亚州）、和《1958年合伙企业法》（维多利亚州）实施的措施，即在澳大利亚首都领地、新南威尔士州、北领地、昆士兰州、南澳大利亚州、塔斯马尼亚州和维多利亚州成立的有限合伙企业或有限合伙公司，必须在该州或领地设有办公室、总部或注册场所。

四、澳大利亚在原住民政策方面有何规定？

澳大利亚在不符措施清单中保留维持或在未来采取照顾原住民的政策。包括在照顾原住民和原住民组织的措施，以及为原住民或原住民组织提供优惠待遇的措施。

在投资章中，原住民是指土著居民与托雷斯海峡岛民。

五、中国投资者是否可以在澳大利亚公共服务领域享受国民待遇和最惠国待遇？

在公共服务领域，澳大利亚保留了比较宽泛的权利，将政府所有实体和资产及部分政府服务的私有化相关的措施，以及公共利益相关的社会服务方面的措施排除在协定义务之外。此外，社会福利、公共事业等"为公共利益而创办或维持的社会服务"，其具体的内涵并未在不符措施清单中明确说明，为澳大利亚政府留有较大的自由裁量权。在实际操作上，多数政府提供的公共服务措施可能都被排除在协定义务之外。

第六章

《中国—澳大利亚自由贸易协定》
中的其他领域规则

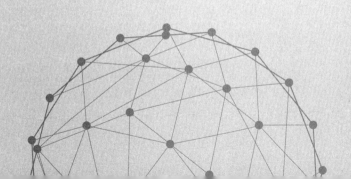

　　《中国—澳大利亚自由贸易协定》中的其他领域规则条款主要包括第五章卫生与植物卫生措施、第六章技术性贸易壁垒、第十章自然人移动、第十一章知识产权保护以及第十二章电子商务等内容。本章将就上述规则条款的内容进行详细解读，帮助中国企业了解该自贸协定中关于电子商务、卫生与植物卫生措施、技术性贸易壁垒、知识产权保护以及自然人移动等方面的具体条款和相关案例，为企业充分利用《中国—澳大利亚自由贸易协定》中的优惠条件并从中受益提供参考。通过本章的阅读，中国企业可以了解以下重要信息：

　　1. 中国和澳大利亚的电子商务管理机构和法律法规有哪些？协定可能在电子商务领域为企业带来哪些便利和机遇？

　　2. 中国和澳大利亚的卫生与植物卫生措施管理制度主要包括哪些内容？协定可能在该领域为企业带来哪些便利和机遇？

　　3. 中国和澳大利亚的技术性贸易壁垒管理制度主要包括哪些内容？协定可能在该领域为企业带来哪些便利和机遇？中国企业目前在该领域遇到了哪些问题？未来应如何充分应用协定的优惠安排？

　　4. 中国和澳大利亚的知识产权保护制度主要包括哪些内容？协定可能在该领域为企业带来哪些便利和机遇？企业在知识产权保护领域应注意哪些问题？

　　5. 中国和澳大利亚的自然人移动管理制度主要包括哪些内容？协定在自然人移动领域做出了哪些特殊优惠安排？中国企业在该领域应如何充分利用协定优惠？

第一节　电子商务

电子商务议题在《中国—澳大利亚自由贸易协定》中被单独列出，为协定的第十二章，共有11个条款，主要包括对电子交易免征关税、为在线消费者和在线数据提供保护、致力数字证书和电子签名的互认、鼓励使用数字证书、提高电子文本的接受度、鼓励双方企业在电子商务领域的合作等内容。这些条款将为企业提供较大的便利，有利于企业降低运营成本，提高工作效率，促进中国与澳大利亚在电子商务方面的合作。

一、规则解读

（一）协定可能为企业在电子商务方面带来的便利

1. 无纸化通关助力企业提升管理效率

《中国—澳大利亚自由贸易协定》对电子认证、电子签名和无纸贸易等方面进行了明确规定。根据协定第十二章第六条和第九条，中澳双方对电子签名认证、数字证书互认以及无纸化等方面予以接受。即两国企业贸易管理文件的电子版本和纸质文件具有同等法律效力，为企业提供了更多的便利，有助于提升管理效率。

自协定签发后，相关部门针对上海自贸试验区自动进口许可管理的有关货物开展通关无纸化应用试点。目前，与此类货物有关的企业可采用无纸方式向海关申报，海关以自动进口许可证联网核查方式验凭自动进口许可证电子数据，不再需要提交纸质自动进口许可证，标志着中国在贸易便利化方面迈上了一个新台阶。

统计数据显示，2014年上半年，全国进口海关通关时间平均为27.3小时，而无纸化报关单进口通关时间仅为16.8小时，通关时间减少了10.5小时。由此也可以看出，通关作业无纸化改革让企业享受到通关提速和成本降低的双重红利，企业不再受海关工作时间和地点的限制，可以进行"自由"申报，大大降低了通关难度，为企业效率提升提供助力。

2. 贸易自由化水平大幅提升，为电商企业提供新的机遇

《中国—澳大利亚自由贸易协定》在减税过渡期后，澳大利亚实现零关税的税目占比和贸易额占比将达100%，而中国实现零关税的税目占比和贸易额占比将分别达到96.8%和97%。其中，澳大利亚的牛肉、乳制品、羊毛产品、葡萄酒、橙子和橙汁、虾蟹、鲍鱼等在中国市场极受欢迎的产品均列入了降税范围。据商务部介绍，牛肉将在十年过渡期后平均税率由目前的15.5%降为零，葡萄酒、虾蟹、鲍鱼、猫粮和狗粮产品也将在5~9年不等的过渡期后全部降为零，贸易自由化水平大幅提升，充分调动双方企业开展跨境电子商务的积极性。

以京东为例，在协定正式签署后的一周内，果断抓住机遇与佳宝和山格这两个知名澳洲品牌签订战略合作协议，广泛开展深度合作，在跨境电商这一领域抢占了更多的市场份额。同时，京东还和澳大利亚邮政达成合作，解决了澳大利亚国内配送取货服务、澳洲海外仓储、空海运、澳洲到中国各地小包裹直邮等需求，使物流体系得到完善，进一步提升了运输效率，为中国企业借助政策红利开拓海外市场提供了很好的借鉴。

3. 电商合作规则有亮点

在自贸协定中引入电子商务合作条款主要基于两个原因，一是由于国际经济法对全球各类国家开展全面合作的客观要求，二是电子商务自身的无边界特点也要求各成员国通过加强国际合作不断扩展贸易范围。《中国—澳大利亚自由贸易协定》将对企业间的交流、合作，积极参与地区及多边论坛予以支持，同时特别强调关于网络消费者保护的信息，支持中澳双方可以其认为合适的方式为使用电子商务的消费者提供保护。该条款在提高企业信息保护自由度的同时，降低了双方企业沟通成本，有利于形成保护网络消费者信息的良好营商环境，推动中澳企业在电子商务方面的合作。

（二）企业需要了解的中国电子商务制度

1. 管理机构

（1）官方机构

中国国际电子商务中心^①（CIECC）是目前中国电子商务官方管理机构。作为中华人民共和国商务部信息化建设执行机构和技术支撑单位，它成立于1996年2月，主要负责建设、运营、维护国家信息化建设重点工程"外经贸专用网"，从公共服务、专业服务、安全服务、信用服务和灾备服务五方面推动电子商务国际合作与对外交流。

2. 主要法律法规、条款

近年来中国电子商务的交易规模迅猛发展，电子商务产业有望成为最具发展潜力、最有国际竞争力的产业之一。随着电子商务的飞速发展，中国已经对电子商务专门立法，同时还有较多部门规章用于在实践中规范和指导电子商务的发展。

（1）电子商务法律保障

《中华人民共和国电子商务法》于2018年8月31日出台，自2019年1月1日起施行。该法是政府调整、企业和个人以数据电文为交易手段，通过信息网络所产生的，因交易形式所引起的各种商事交易关系的总称。当企业在经营、合同、快递物流、电子支付等方面遇见问题时，可以以该法作为保障依据。

（2）可供企业参考的部门规章

自《中华人民共和国电子商务法》出台后，《中华人民共和国电信条例》《互联网信息服务管理办法》《互联网电子公告服务管理规定》等一系列法规相继出台，基本形成了一整套的电子商务法律、法规体系。

《中华人民共和国电信条例》于2000年9月25日通过，至今经历两次修订。条例对在中华人民共和国境内从事电信活动或者与电信有关的活动进行了明确规定，供相关企业参照执行。

《互联网信息服务管理办法》于2000年9月25日公布施行，至今经历一次

---

① 中国国际电子商务中心网址：https://ciecc.ec.com.cn.

修订，对企业从事互联网信息服务进行约束。

《互联网电子公告服务管理规定》由中华人民共和国信息产业部于2000年10月8日通过，并自发布之日起对通过电子论坛、网络聊天室、留言板等交互形式为上网用户提供信息发布条件的企业行为进行规范。

总体看来，目前中国的电子商务法律环境取得重大进展，相关法律与规章纷纷出台，连同相关政策、地方法规及司法解释在内，总数以数十计。这些法律与规章涉及互联网安全、保密、基础设施建设、融资、广告、经营许可、新闻发布等诸多领域，基本做到了与国际接轨，为企业电子商务的发展提供了良好的制度环境。

（三）企业需要了解的澳大利亚电子商务制度

1. 管理机构

（1）官方机构

澳大利亚在电子商务的发展过程中十分注重私人部门的作用，政府部门仅仅起到辅助和监督的作用。早在1997年9月，澳大利亚政府[①]就成立了信息经济国家办公室。该机构的主要职能是在全国范围内推广和扶持电子商务发展。此外，信息经济国家办公室充分利用了公共密钥技术（PKI），通过制定联邦政府通用的PKI标准确保数字身份认证和网上交易的安全，实现经济环境智能化管理。

（2）协会社团组织

协会社团在澳大利亚电子商务发展中的作用不容忽视。以墨尔本雇主工商总会（VECCI）为例，该组织成立于1851年，为澳大利亚上万家私人企业提供商业服务。

2. 主要法律法规、条款

（1）企业开展电子商务的主要保障与依据

《澳大利亚电子交易法》允许个人以电子方式与政府部门和机构进行交易，推动了电子商务在澳大利亚的成功开展。

---

① 澳大利亚政府网址：https：//www.australia.gov.au/business-and-employers.

《澳大利亚隐私权法》颁布于1988年12月。该法对于隐私权保护原则对个人信息的收集、使用、持有和披露进行规定，专门设立隐私权保护专员办公室接受个人的投诉并对其进行解决等。

（2）可供企业参考的部门规章

《广播服务法案（1992）》颁布于1992年，并于1993年实施，规定了宏观的广播政策目标和原则。

《交互式赌博法案》颁布于2001年，适用于所有的交互赌博服务提供者，无论其设点在澳大利亚还是国外，也不论其是否属于澳大利亚。值得注意的是，该法案针对的是交互式赌博服务的提供者（企业），而非赌博的实际或潜在参与者。

澳大利亚《垃圾邮件法》颁布于2003年，2004年4月10日起正式生效。在允许网络直销和类似商业行为的同时，明确禁止滥发垃圾邮件的行为，企业在营销推广时可以进行参考。

案例：电子商务迅猛发展，为中澳企业带来新机遇

近年来电子商务逐渐成为中澳两国经贸合作的热门领域，两国政府鼓励企业间加强电子商务领域的交流合作。2016年，在澳大利亚第二届澳中跨境电子商务峰会暨展览会上，共有来自澳大利亚和新西兰的70多家保健品、护肤品、奶粉、羊毛制品厂商及为跨境电商提供配套服务的跨境支付和物流企业参展，吸引了上万人次观展。参展商及参观者看好中国电子商务市场潜力，积极就加强澳中跨境电商合作等问题展开交流。

据统计，目前在阿里巴巴、天猫商城等平台上销售的澳大利亚品牌约有1300个，其中80%为首次进入中国市场。澳大利亚最大的折扣连锁药房（Chemist Warehouse）2017年11月入驻天猫商城，不到1小时销售额就达到190万澳元（1澳元约合5.03元人民币）。①

当下，越来越多的澳大利亚企业通过电子商务渠道进入中国市场。中国电子商务的蓬勃发展为中澳双方企业在电子商务领域带来了广阔市场。随

---

① 资料来源：http://www.xinhuanet.com/world/2018-09/07/c_129272123.htm。

着《中国—澳大利亚自由贸易协定》的正式实施，中国消费者对澳大利亚优质产品需求不断上升，为两国跨境电商业务保持快速发展势头提供了强劲动力。

中澳两国政府也为企业间加强电子商务领域的交流合作创造了很多便利条件，企业应当积极把握《中国—澳大利亚自由贸易协定》带来的利好政策，探索企业合作的新领域和新模式，可以参加峰会、论坛等方式进一步了解电子商务市场的营销方式，抓住新的发展机遇。

第二节　卫生与植物卫生措施

《中国—澳大利亚自由贸易协定》第五章规定了缔约双方在卫生与植物卫生措施方面的权利和义务，主要包括目标、范围、透明度、区域化和等效性、委员会等11个条款。协定在重申世界贸易组织有关原则的同时，对透明度进一步提出了要求，突出了双边合作的内容，并纳入技术援助和能力建设条款，以促进中澳双方企业技术能力的共同提升。此外，企业应当对卫生与植物卫生委员会条款予以关注，该磋商机制的建立有利于推动双边检验检疫问题的及时解决。

一、规则解读

（一）协定可能为企业在卫生与植物卫生措施方面提供的便利

1. 促进信息交流，提升透明度

根据《中国—澳大利亚自由贸易协定》内容，中澳双方要就各自卫生与植物卫生措施及时交流信息，加深对各方卫生与植物卫生措施相关的法规和程序的相互理解，加强中国和澳大利亚两国政府卫生与植物卫生事务主管部门之间的合作。

根据世界贸易组织《实施卫生与植物卫生措施协定》（简称为"SPS协

定")附件 B 第三条，每一个世界贸易组织的成员都应该设立咨询点，负责对有利害关系的成员提出的所有合理问题做出答复，并提供相关文件。双方企业可以根据 SPS 协定要求的方式，向另一方的咨询点通报新的或修订的卫生与植物卫生措施，及时进行政策更新，加强合作交流，进一步提升贸易透明度。

2. 贸易合作进一步深化

《中国—澳大利亚自由贸易协定》的签署进一步提升了双方企业进行经贸合作的广度和深度。企业可以根据协定内容，在双边、区域和多边层面就卫生与植物卫生事项开展进一步合作与协作，包括：

（1）在有关国际机构和区域组织中，就涉及食品安全及人类、动植物生命或健康问题的工作开展合作；

（2）就进口风险分析的原则和程序加强技术合作与交流，以避免不适当的延迟；

（3）就疫病和病虫害预防、监测和控制策略及其他科学问题，包括在与卫生与植物卫生措施相关的食品安全领域，开展可能的联合研究项目。

同时，企业也应注意到，《中华人民共和国国家质量监督检验检疫总局与澳大利亚农渔林业部在卫生与植物卫生领域合作的谅解备忘录》下建立了高级别磋商机制，设立了卫生与植物卫生措施委员会。中澳企业之间可能出现的卫生与植物卫生事项的进展情况需由该委员会进行审议，在双方同意的前提下酌情寻求解决方法。

此外，在检验检疫工作的具体实施过程中，中澳两国分别设立了联系点，企业也可以向联系点咨询或了解相关信息，寻求帮助。联系点为：

（1）澳大利亚：农业部或其继任机构；

（2）中国：海关总署动植物检疫司。

3. 能力建设与技术援助尤为重要

深化合作、信息交流、能力建设和技术援助是实现中澳卫生与植物卫生措施合作目标的要素。企业可以对这些领域的发展情况进行调研，深入挖掘行业的发展潜力。在制定和实施卫生与植物卫生措施时，SPS 协定考虑到了发展中国家成员，特别是最不发达国家成员的特殊需要，给予发展中国家成员有利害关系产品更长的期限以符合该措施，从而维持其出口机会。具体来看，当中国企业在出口过程中为满足进口方的卫生与植物卫生要求而需要大量投资时，可以向进口方寻求一定的技术援助，进而提升市场准入机会。

就卫生与植物卫生章的实施而言，此类技术援助项目可以包括，但不限于：

（1）在动植物病虫害及疫病，食品安全，农用化学品和兽药，以及双方同意的其他领域共享知识、经验或研究成果；

（2）就区域和国际组织中的立场以及相关标准和项目进行磋商。

4.相关程序的等效性得以实现

根据世界贸易组织SPS协定第四条，如果出口缔约方客观地向进口缔约方证明其卫生与植物卫生措施达到进口缔约方适当的卫生与植物卫生保护水平，该缔约方应当将其他缔约方的措施作为等效措施予以接受。那么，当中国企业办理通关手续时，只要中国相关的卫生与植物卫生措施达到澳大利亚适当的卫生与植物卫生保护水平，澳大利亚将承认这些措施的等效性，将其控制、检验和批准程序视为等效而予以接受，从而进一步提升企业的通关效率。

（二）企业需要了解的中国卫生与植物卫生措施

1.主管机构

中国的主管机构为海关总署动植物检疫司。[1]该部门主要负责拟订出入境动植物及其产品检验检疫制度，承担出入境动植物及其产品的检验检疫、监督管理工作，按分工组织实施风险分析和紧急预防措施，承担出入境转基因生物及其产品、生物物种资源的检验检疫工作。

2.重要法律法规、条款

本书对目前中国已出台的相关法律法规、条款进行了简要梳理，中国现有的卫生与植物卫生措施法律体系主要有以下两部分。

---

① 海关总署动植物检疫司：http://dzs.customs.gov.cn.

（1）企业的主要保障与依据

《中华人民共和国进出境动植物检疫法（2009年修正）》：最初于1991年10月30日发布，1992年4月1日生效。值得注意的是，企业可以对于符合国家规定的免予检验条件的进出口商品进行申请，经国家商检部门审查批准，可以免予检验。

《中华人民共和国进出境动植物检疫法实施条例》：1996年12月2日发布，1997年1月1日生效。企业可以利用该条例，了解检疫审批、进境检疫、出境检疫、过境检疫、携带及邮寄物检疫、运输工具检疫、检疫监督、法律责任等方面的相关规定。

（2）可供企业参考的相关法规

《中华人民共和国农产品质量法》《中华人民共和国种子法》《中华人民共和国食品安全法》《中华人民共和国动物防疫法》《中华人民共和国森林法》《中华人民共和国农业法》和《中华人民共和国植物检疫条例》等，是开展进出境动植物检疫工作的主要依据，可供企业参考。

当然，对政府相关管理机构出台的部门规章、行政命令、公告、有关卫生与植物卫生措施工作的标准等文件的关注，也有利于企业进一步提升竞争力。

（三）企业需要了解的澳大利亚卫生与植物卫生措施制度

1. 主管机构

澳大利亚农林渔业部下属的市场准入和生物安全局①（BA）与检验检疫局②（AQIS）是进出口产品检验、检疫工作的主管机构。BA成立于2000年10月，是澳大利亚农业部新设机构。该局主要负责卫生与植物卫生措施的研究和制定以及进口产品风险分析工作（Import Risk Analysis）。AQIS主要负责政策的具体实施和出口产品证书的颁发，通过对动植物、基因物质及产品、食品的进口检验检疫，保护澳大利亚农牧业、食品和林业的健康发展。目

---

① 澳大利亚农业部：https://www.agriculture.gov.au.

② 澳大利亚检验检疫局：http://www.aqis.gov.au.

前，BA 现有员工100人，AQIS 有员工150人（加上派驻口岸的工作人员约2000人）。

2. 主要法律法规、条款

（1）企业的主要保障与依据

澳大利亚有关卫生与植物卫生措施的主要保障与依据包括《1908年检疫法》《1982年出口控制法》《1992年进口食品控制法》《1998年检疫公告》《2000年检疫条例》等。同时，所有进口澳大利亚的食品企业都必须符合《1992年进口食品控制法》的有关要求，并符合《澳大利亚新西兰食品标准法典》所设定的相关标准。

《澳大利亚检疫法》颁布于1908年。澳大利亚对于蛋类制品、乳类制品、非罐装肉、种子和坚果类、新鲜水果和蔬菜的进口有所限制，中国企业在出口此类食品前需满足检验检疫要求并获得相关许可。

澳大利亚实行进口风险管控制度在一定程度上也影响了中澳双方企业的经营活动。在风险管控方面，外国动植物产品进入澳大利亚市场前，必须提出进口申请，并由澳大利亚生物安全局决定进行快速评估或者进行进口风险分析（IRA），评估合格方准予进口。由于受IRA管理程序各环节限定的期限，要完成一项常规的IRA一般至少需要435天。因此，企业应当合理规划申请时间，避免在此环节出现失误。目前，中国通过进口风险分析的产品有鸭梨、葡萄、苹果等农产品。

（2）可供企业参考的相关法规

此处列举了部分近年来澳大利亚出台的建议法规，供相关领域企业参考。例如，2012年，澳大利亚检验检疫局发布针对各类产品的多份公共检疫警告（ICON Alerts），主要包括修订加工苹果和梨（PQA0832）、木瓜种子（PQA0845）、番茄种子（PQA0812）、柳木和柳条制品（PQA0834）、翻新商用飞机轮胎（PQA0601）等各类产品的进口条件，此外还包括修订进口到澳大利亚的淡水活鱼的列表（PQA0842）、更新受番石榴/桉树锈病影响的国家名单（PQA0837）、公布关于兽用疫苗和其他体内产品的 TSE 政策（PQA0846）以及通知行业实施熏蒸认证要求（PQA0594）等。

其中，关于各类产品的进口条件详细规定了适用的产品类型、非商业性进口条件和商业性进口条件。商业性进口条件分别规定了产品要求、进口商责任、检疫要求等。此外，这些进口条件还规定了提交给澳大利亚检验检疫局的所有文件须符合最低文件要求，并列举了澳大利亚检验检疫局允许的检疫处理方法、进口许可证费用等要求，供企业参考。

案例：相关部门落实等效性原则，助推中国企业"走出去"

自《中国—澳大利亚自由贸易协定》生效以来，海关总署广东分署积极指导企业利用检疫程序的等效性原则提升通关效率。根据协定的相关内容，只要中国相关的卫生与植物卫生措施达到澳大利亚适当的卫生与植物卫生保护水平，澳大利亚将承认这些措施的等效性而予以接受。合规的企业在进入澳大利亚市场时，无须进行重复检疫，可以有效推动"广东制造"走出国门。

《中国—澳大利亚自由贸易协定》的等效性原则不仅有利于企业的检疫通关流程得到进一步简化，也有利于企业节约成本，将自贸协定政策优势转化为成本优势，有效提升竞争力。

企业可以通过地方媒体、外网等途径，全面了解自贸协定内容，充分利用等效性规则，开拓和巩固澳大利亚市场。针对享受检疫程序便利化的主体出口企业，应根据《出入境检验检疫报检企业管理办法》认真完成备案管理和报检业务，在上述两方面做好充分的准备工作。

根据《出入境检验检疫报检企业管理办法》第五条和第九条，报检企业办理报检业务应当向检验检疫部门备案，备案时应当提供《报检企业备案表》、营业执照复印件、《报检人员备案表》及报检人员的身份证复印件、企业的公章印模。使用报检专用章的，应当提交报检专用章印模、出入境快件等材料。在办理报检业务时，企业需要：1. 办理报检手续；2. 缴纳出入境检验检疫费；3. 联系和配合检验检疫部门实施检验检疫；4. 领取检验检疫证单。

第三节 技术性贸易壁垒

《中国—澳大利亚自由贸易协定》第六章规定了缔约双方在技术性贸易壁垒方面的权利和义务，主要包括目标、范围、透明度、国际标准、委员会等13个条款，在重申世界贸易组织基本原则的基础上，就技术法规、标准合格评定程序等方面制定了相应规则，鼓励中澳双方企业加强在该领域的合作，探索开展技术援助活动，提高技术性贸易措施的透明度。其中的贸易便利化条款，为中澳企业技术合作提供了便利。

一、规则解读

（一）协定可能为企业在技术性贸易壁垒方面提供的便利

近年来，澳大利亚技术性贸易壁垒（TBT）的实施频率不断提高，据世界贸易组织统计，2016—2020年，澳大利亚对外TBT通报数由2016年的4次上升到2020年的17次，通报总数达40次，涉及贸易的各个领域和环节，包括农产品、食品、机电产品、纺织服装、信息产业、家电、化工医药等。[①] 技术法规、认证标准和合格评定程序已经成为中国企业产品进入澳大利亚市场的三道"门槛"。《中国—澳大利亚自由贸易协定》中关于技术性贸易壁垒的相关条款提高了信息透明度，中国企业应充分利用澳大利亚技术性贸易壁垒自由化带来的市场准入成本降低等优势。

1. 及时交流信息，提升透明度

企业确认透明度在拟议合格评定程序决策中的重要性是不容忽视的。《中国—澳大利亚自由贸易协定》详细列明了中澳企业关于技术法规和合格评定程序、需要进行合格评定的产品以及相关费用等信息，企业可以结合自身的实际需求，向有关政府部门或企业索要相关文件。该协定将帮助企业更好获取双方有关技术法规、标准和合格评定程序的信息，增强对双方技术法规、标准和合格评定程序的理解，减少双方间交易成本。

---

① 资料来源：http://tbtims.wto.org/en/SpecificTradeConcerns/Search.

2. 贸易合作进一步深化

目前，中澳双方及其主管部门在技术性贸易壁垒领域已有相当程度的合作。根据世界贸易组织《技术性贸易壁垒协定》中的相关条款，企业可在合规的方式下，向世界贸易组织成员就技术法规、建立国家标准化机构和参加国际标准化机构、建立管理机构或技术法规的合格评定机构等问题寻求技术援助，开展进一步合作及技术援助项目。此类合作和技术援助包括：

（1）开展联合研究，举行座谈会和研讨会；

（2）就技术法规、标准、合格评定程序和良好管理实践交换信息；

（3）支持国际标准化机构和世界贸易组织技术性贸易壁垒委员会的活动；

（4）增强国际标准作为技术法规和合格评定程序基础的作用；

（5）促进以国际标准化组织（ISO）和国际电工委员会（IEC）相关标准和指南为基础认可合格评定机构；

（6）双方商定的其他领域。

此外，《中国—澳大利亚自由贸易协定》还设立了技术性贸易壁垒委员会（以下简称"委员会"）。双方企业之间可能出现的技术性贸易壁垒事项的进展情况需由委员会进行审议，在双方同意的前提下酌情解决。

企业可以向两国委员会的协调员发出协调申请：

（1）澳大利亚：工业部或其继任机构；

（2）中国：海关总署商品检验司。

同时企业也可以登录世界贸易组织网站[①]查询澳大利亚方面关于技术性贸易壁垒的最新通报信息。当遭遇不公平贸易行为、过量进口或澳大利亚产业转移冲击时，积极运用贸易救济机制，及时采取有效对策跨越壁垒，确保产品顺利出口，维护好企业正当利益。

3. 企业从事中澳双边贸易趋向便利化

《中国—澳大利亚自由贸易协定》就有关特定事项或部门适用的标准、技术法规和合格评定程序提出了倡议，鼓励各国加强国际协调，进一步提升接受和信任供应商合格声明的可行性。这可能会扩大双方标准、认可和合格评

---

① 世界贸易组织网站：http://tbtims.wto.org.

定机构间的现有合作，促进对合格评定结果的认可和接受度，使得中澳企业在现有合作的基础上，推动双边贸易趋向便利化。

（二）企业需要了解的中国技术性贸易壁垒制度

1. 主管机构

中国的主管机构是海关总署商品检验司。[①]该部门主要负责拟订进出口商品法定检验和监督管理的工作制度、评估进口商品安全风险、风险预警和快速反应工作以及监督管理法定检验商品的数量、重量鉴定等。

2. 中国企业面临的技术性贸易壁垒概况

（1）技术性贸易壁垒的主要形式

工业产品的技术法规和技术标准。由于各国工业化程度、技术发展水平不同，部分国家为了保护国内相关产业的发展，通常以法律形式制定某些技术标准，并把这些标准作为进口通行证，成为贸易保护工具，导致出口国家难以适应，形成贸易障碍。

在中国的出口贸易交易中，由于技术法规等原因造成贸易受阻的现象时有发生。例如，同样的工业制成品可以出口到东南亚国家，但由于不符合欧盟的要求，不能销往欧盟。

严格的合格评定程序。合格评定程序是指任何直接或间接用以确定产品是否满足技术法规或标准中相关要求的程序。国际标准化组织对合格评定程序的内容规定包括：抽样、检测和检验程序；符合性的评价、验证和保证程序；注册、认可和批准程序。

商品包装和标签规则。为防止产品包装及其废弃物可能对生态环境、人类及动物的安全构成威胁，很多国家颁布了关于包装和标签方面的法律法规，对产品包装物的材料等进行规定。规定进口产品标签需要包含某些信息，以保护消费者权益，形式可以为印刷品、说明书等。

（2）技术性贸易壁垒的发展趋势

技术性贸易壁垒的涵盖范围越来越广；为保护环境及人类、动植物健康

---

① 海关总署商品检验司：http://dzs.customs.gov.cn.

安全所实施的贸易壁垒占比扩大；扩散和仿效效应日益加剧；由自愿性措施向强制性技术法规转化；技术升级、知识产权、环保等因素使企业面临的技术壁垒更加严苛。

（3）企业需要了解的相关法律法规

《中华人民共和国食品安全法（2018年修改）》：于2015年4月24日发布，2015年10月1日生效，最新版本于2018年修改。该法第六章企业食品进出口的标准、程序要求明确规定，进口的食品、食品添加剂、食品相关产品应当符合中国食品安全国家标准，企业经出入境检验检疫机构依照进出口商品检验相关法律、行政法规的规定检验合格后，按照国家出入境检验检疫部门的要求随附合格证明材料。

《中华人民共和国进出口商品检验法（2018年修正）》：于1989年2月21日发布，1989年8月1日生效。国务院设立进出口商品检验部门，主管全国进出口商品检验工作。

《中华人民共和国进出口商品检验法实施条例（2019年修订）》：于2005年8月31日发布，2005年12月1日生效，最新一版2019年修订。出入境检验检疫机构对列入目录的进出口商品以及法律、行政法规规定须经出入境检验检疫机构检验的其他进出口商品实施检验。

《中华人民共和国食品安全法实施条例（2016年修订）》：于2009年7月20日发布并生效，最新一版于2016年修订。该条例第六章规定，进口食品企业应当持合同、发票、装箱单、提单等必要的凭证和相关批准文件，向海关报关地的出入境检验检疫机构报检。

《国务院令第331号（中华人民共和国技术进出口管理条例）》：于2001年12月10日发布，2002年1月1日生效。该条例第二章技术进口管理中，属于禁止进口的技术，企业不得进口；属于限制进口的技术，企业可根据相关实行许可证管理制度进行进口；未经许可，企业不得进口。

（三）企业需要了解的澳大利亚技术性贸易壁垒相关制度

1. 主管机构

根据世界贸易组织《技术性贸易壁垒协定》，企业面临的国际贸易技术性壁垒措施主要分为三类：技术法规、认证标准和合格评定程序。目前，澳大利亚已经在技术性贸易壁垒方面建立了标准制定机构，包括澳大利亚新西兰食品标准局（FSANZ）、国家测试机构协会（NATA）、澳大利亚标准协会、澳大利亚检验检疫局以及澳大利亚通讯与媒体管理局（ACMA）等。

（1）澳大利亚新西兰食品标准局

澳大利亚新西兰食品标准局[①]是澳大利亚和新西兰制定食品安全标准专门的独立非政府机构，办公室设立在澳大利亚堪培拉和新西兰惠灵顿。该机构的主要职能是建立食品联合管理系统，并不断完善食品安全和食品标准的法律法规体系。

（2）国家测试机构协会

澳大利亚国家测试机构协会[②]成立于1946年，旨在促进政府、行业、贸易和学术间的合作，建立可满足在测试测量方面所有要求的实验室网络。

目前，除药物和医疗器件是由治疗物品管理局（TGA）负责以外，澳大利亚几乎所有涉及技术测试或测量的受控领域，均要求由认可实验室或公认的等效机构进行测试。其中，有50多项国家级法令和法规涉及本文提到的澳大利亚国家测试机构协会认可。由此可以看出，澳大利亚国家测试机构协会目前在澳大利亚标准认证领域的认可程度较高。

（3）澳大利亚标准协会

澳大利亚标准协会[③]成立于1922年，是澳大利亚最高层的非政府标准制定机构。澳大利亚标准协会的主要职能包括标准制定、国际参与和标准制定组织的认证三方面。目前，该机构为众多企业提供一系列途径，以开发或更新现有的标准，共出版了大约6000份标准，包括种类繁多的产品、技术、测

---

① 澳大利亚新西兰食品标准局网址：https://www.foodstandards.gov.au.

② 澳大利亚国家测试机构协会网址：https://www.nata.com.au.

③ 澳大利亚标准协会网址：https://www.standards.org.au.

试和行为规范等内容。

（4）澳大利亚检验检疫局

澳大利亚检验检疫局[1]主要负责农产品及食品政策的具体实施和出口产品证书的颁发，通过对动植物、基因物质及产品、食品的进口检验检疫，保护澳大利亚农牧业、食品和林业的健康发展。

（5）澳大利亚通讯与媒体管理局

澳大利亚通讯与媒体管理局[2]成立于2005年7月1日，由原广播管理局和电信管理局合并重组而成，主要负责澳大利亚媒体根据通信立法和标准在确保公众利益的基础下有效运行。

2. 主要法律法规、条款

（1）技术法规

工业化学品法规。2012年7月，澳大利亚国家工业化学品通告评估署在化学公报上刊登了《关于由于工作、健康和安全法规的变更而修订工业化学品通告（通报和评估）法案和法规的通告》，包括修订相关定义、有害标准等内容，被列入澳大利亚国家工业化学品通告评估署手册修订版中。

产品安全合规指南。2012年9月21日，澳大利亚竞争和消费者委员会（ACCC）发布了产品安全合规指南，对产品安全进行了规范。

旧机械设备进口标准。2012年，澳大利亚提高了对旧机械设备的进口要求。根据行业公报第21/2012号，澳大利亚生物安全局将对遭受污染设备做退运处理，相关费用由进口商或货主承担。从执行情况来看，2012年澳大利亚生物安全局已对数批污染严重的货物实施了退运处理，给进出口贸易企业造成较大的贸易损失，企业应当予以关注，及时调整贸易结构。

（2）认证标准

澳大利亚在世界统一标准的基础上，结合国土面积、地理状况、经济发展水平及其他国内因素又制定了一系列的认证标准。企业应当对这些认证标准有所了解。

---

[1] 澳大利亚检验检疫局网址：http://www.aqis.gov.au.

[2] 澳大利亚通讯与媒体管理局网址：https://www.acma.gov.au.

食品认证标准。《进口食品控制法》颁布于1992年，要求所有进口的食品必须符合《澳大利亚新西兰食品标准法典》，这一标准对澳大利亚本地生产的食品同样适用。2019年9月20日，澳大利亚农业部发布《2019进口食品控制指令》（以下简称"指令"）替代该法律。指令将进口食品根据风险等级进行了分类，对各类食品明确了定义和进口要求，并且列出了风险食品和自新西兰进口的风险食品清单以及需要提供官方卫生证书的食品清单。

《澳大利亚新西兰食品标准法典》（以下简称"食品标准法典"）适用于澳大利亚各州，部分适用于新西兰。该食品标准法典是单个食品标准的汇总，按顺序整理成为四章，包括一般食品标准、食品产品标准、食品安全标准和初级产品标准等。

《澳大利亚新西兰食品标准规则》颁布于2005年，澳大利亚政府和新西兰政府在颁布食品标准法典后，又共同制定了《澳大利亚新西兰食品标准规则》，规定了企业生产食品和进口食品都要遵守的一些标准，并列出了描述标准、成分含量标准以及营养表，规定了金属和有害物质的最高含量和农业及兽医所用的化学物质的最高含量等标准。

《进口食品管控法规评审报告》颁布于2017年5月11日，主要内容包括了：加大进口企业的食品安全责任，加大进口企业的食品安全溯源力度，改善对新食品安全风险及突发食品安全风险的监督管理，提高企业应对食品安全事件的能力。

机动车标准。澳大利亚对机动车国家标准的审查十分严格。

（3）合格评定程序

出口企业在关注技术标准的同时，也应当对产品的合格评定程序予以重视。目前，国际上比较普遍的合格评定程序主要包括：绿色壁垒、安全壁垒以及包装和标签类合格评定三种。

绿色壁垒。近年来，不少国家对我国出口工业制成品设置了较为严格的贸易壁垒。以电子设备为例，澳大利亚通过设置绿色技术标准，对电子设备的有害物质最大限制量进行严格规定，如违反规定将面临不同程度的处罚。中国作为制造业大国，目前出口总量的23%以上都涉及这项标准。

安全壁垒。对电子企业来讲，当电子电器产品流入澳大利亚境内时，除安全标示外，还应该有电磁兼容性指令（EMC）标志即C标志。此外，部分EMC实验项目也必须符合强制性要求，包括传导干扰、断续干扰、辐射干扰。其余EMC项目不作强制要求。产品经检验符合相关标准，才可贴上C标志。

包装、标签类。如果企业要打入国际市场，包装是一个不可忽视的问题。包装能否满足环保要求，已成为贸易谈判的重要条款和筹码。部分国家对商品的包装和标签作了苛刻的规定，不符合相关规定的产品将不准进口或禁止在市场上销售。例如，澳大利亚就曾因为中国南京一家化工厂的产品包装规格为高900厘米，与他们的包装规格914厘米不符合，以不便于流通周转为由退货。

（四）技术性贸易壁垒对中国企业出口的启示

首先，企业应当确保出口流程的合规性，对相关政府部门发布的可能影响中国产品出口的技术性贸易措施动态信息予以关注，分析最新动向和应对措施，提升信息预警能力，必要时向政府部门寻求帮助。同时，企业也要充分关注澳大利亚法律法规、贸易措施、信息预警及技术法规等方面的信息，及时了解澳大利亚方面的要求，增强应对国际市场风险的及时性、有效性，不断提升技术水准和质量等级。

其次，切实提高企业出口产品质量，坚持质量取胜原则，使出口产品更好地满足澳大利亚市场需求和质量标准。

最后，结合澳大利亚在产品标准方面的要求，不断完善出口企业的标准化管理体系，建立以产品标准为核心的有效标准体系，积极推进标准的运用以支持产品开发。

第四节　知识产权规则

《中国—澳大利亚自由贸易协定》第十一章规定了缔约双方在知识产权负面的权利和义务，共有24条，涉及专利、商标、版权、地理标识、植物新品种、商业秘密、执法等内容。知识产权章的内容体现了包容性的特点，充分考虑到两国知识产权规则的差异性和发展现状，为中国企业充分利用相关规则条款维护自身权益提供了法律依据。

一、规则解读

（一）协定可能为企业在知识产权保护方面提供的便利

自2015年12月20日《中国—澳大利亚自由贸易协定》正式生效以来，中澳两国双边货物贸易结构不断优化，经贸关系蓬勃发展，两国均从协定实施中获益良多。近年来，中国始终坚持知识产权强国战略，把知识产权保护放在改革发展进程中的重要位置，该协定中的知识产权条款也随着两国贸易往来趋向纵深化发展。

《中国—澳大利亚自由贸易协定》对企业的版权、商标、专利等问题做出明确规定，有利于深化两国企业在版权贸易和文化产业领域的互利合作，为两国企业贸易提供制度保证，妥善解决企业在贸易进程中出现的知识产权问题。

1.在版权方面带来的便利

（1）强调保护遗传资源、传统知识和民间文艺的重要性

就目前实际情况来看，尽管部分发展中国家拥有丰富的民间创作遗产，这些遗产资源却出于各种原因没有得到充分利用。根据《中国—澳大利亚自由贸易协定》，中澳双方企业可以根据其国际义务和国内法律，采取适当措施保护遗产资源、传统知识和民间文艺。

近年来，国潮文化在文创市场获得了越来越多的关注。其中，故宫文创着力打造自身特色，创造出不少独具中华传统文化魅力的文创产品。其在树

立品牌形象、发挥传统文化优势、影响推广方面的经验值得企业研究学习。同时，企业也应当认识到保护遗产资源、传统知识和民间文艺的必要性，严格遵守协定中相关条款的要求，保护文化多样性，提升文化软实力。

（2）进一步明晰网络服务提供商的侵权责任

在大数据时代背景下，人们频繁利用互联网传递信息，网络犯罪事件时有发生。《中国—澳大利亚自由贸易协定》进一步明确了网络服务提供商的侵权责任，为企业提供了健康的网络市场环境。

2. 在商标方面带来的便利

在当今经济全球化、竞争日益激烈的情况下，商标蕴含着巨大的信誉价值，体现了消费者的信任程度、商品或服务的高质量（高水平服务），承载着企业的核心竞争力。

《中国—澳大利亚自由贸易协定》中的商标条款在保护商标和地理标识的同时，也维护了商标持有人（企业）的实际利益，是企业提升市场竞争力的有效手段。根据知识产权章第十三条至第十五条，中澳两国依法对可作为商标的标识类型（包括声音标识）、证明商标、集体商标、驰名商标及地理标识提供保护。

3. 在专利方面带来的便利

创新是企业取得竞争力的重要动力，而专利工作在知识产权工作中占据着重要的地位，尤其正处在产业结构转型重要时期的中国企业，专利申请对企业的发展尤为重要。

（1）专利申请拥有修改、更正及意见陈述的机会

根据知识产权章第十条，两国应依本国国内法律规章向对方国家的专利申请人提供修改、更正申请及陈述意见的机会。企业在申请对方国家的专利时，可以依据相关条款提出修改、更正申请文件的合理请求，也可以进行意见陈述。

（2）专利申请文件的公布

根据知识产权章第十一条，从申请日（有优先权的为从优先权日）起满18个月，两国应立即公布并通过互联网向社会公众提供该专利申请，已提前

公布、放弃、撤回或被驳回的专利申请除外。

企业实施专利战略有利于优化资源配置，从而获得更大的市场竞争优势。否则，将可能导致侵犯他人专利权利或者新研发的产品专利被盗用的严重后果。因此，企业要对专利申请予以重视，创新成果只有在企业对其进行申请后才能获得专利授权，企业的创新成果才能得到有效保护。

4. 给企业带来的其他便利

（1）植物育种者权利得到保护

在经济全球化背景下，对植物新品种的保护会对企业乃至整个国家农业和生物技术的发展产生重要影响。根据知识产权章第十六条，中澳两国为植物育种者权利的保护和开发提供了便利条件，鼓励信息交换，以期更好地协调双方有关植物育种者权利的监管体系。对企业来说，相关法律体系更加完善的同时，审查体系中的重复程序也得到了进一步简化。企业可以借鉴澳大利亚先进的制度、实践经验，满足自身发展需求。

（2）企业的商业秘密得到保护

一般情况下，企业为了防止被对手复制，往往不对外公开商业计划、制造方法等具有较大商业价值的机密。根据知识产权章第十八条，中澳两国对未披露信息予以保护，这有利于企业维护自身的合法权益，推进公平竞争。

（二）企业需要了解的中国知识产权保护制度

中国的知识产权保护目前实行"双轨制"，对知识产权既提供行政保护又提供司法保护。针对不同的知识产权类型及其保护要求，从国家到地方，均设置了相应的履行知识产权保护职责的行政管理部门。

1. 管理机构

从国家层面来看，行政管理部门主要包括国家知识产权、国家版权局、商务部、农业部和海关总署等。[①]

不同的知识产权客体在中国设置了不同的行政管理部门，企业可以根据具体的业务需求寻找相关部门提供帮助。

---

① 邓建志. WTO 框架下中国知识产权行政保护［M］. 北京：知识产权出版社，2009.

（1）国家知识产权局：负责管理全国的专利、集成电路布图设计工作。

（2）国家版权局：主管全国的版权管理工作。

（3）农业部：对植物新品种权给予保护。

（4）国务院信息化工作领导小组办公室：是互联网络域名系统的管理机构。

（5）中国互联网络信息中心：协助国务院信息办管理中国的互联网络域名系统。

（6）海关总署：负责知识产权的边境保护。

从地方层面来看，主要由上述部委所属的地方行政管理部门来履行保护职责。

2. 主要法律法规、条款

（1）企业寻求知识产权保护的主要保障与依据

《中华人民共和国宪法》是中国的根本大法，在中国的法律体系中具有最高权威性。企业可以关注现行《中华人民共和国宪法》（1982年12月4日通过）中的第二条、第十二条、第十三条、第二十条、第二十二条、第四十七条、第五十一条等直接与知识产权法相关的条款。

《中华人民共和国商标法》及《中华人民共和国商标法实施条例》。《中华人民共和国商标法》自1983年3月1日起施行，至今经历四次修订。主要目标为加强商标管理，保护商标专用权，促使生产、经营者保证商品和服务质量，促进社会主义市场经济的发展。企业的商标管理问题可以参照该法。

《中华人民共和国专利法》及《中华人民共和国专利法实施细则》于1984年3月颁布，至今经过四次修订，主要用来保护发明、实用新型和外观设计。企业的专利问题可以参照该法。

《中华人民共和国著作权法》及《中华人民共和国著作权法实施条例》。《中华人民共和国著作权法》是为了保护文学、艺术和科学作品作者的著作权，鼓励有益于社会主义精神文明、物质文明建设的作品的创作和传播。该法颁布于1990年，至今已经过两次修订。企业的著作权问题可以参照该法。

《中华人民共和国反不正当竞争法》是为了促进社会主义市场经济健康发展，鼓励和保护公平竞争，制止不正当竞争行为，保护企业的合法权益，颁布于1993年，至今经历两次修订。

《中华人民共和国民法典》规定，民事主体依法享有知识产权，中国知识产权享有的范围包括作品、专利、商标、地理标志等。侵犯知识产权，要承担相应的赔偿责任。《中华人民共和国民法典》第一百二十三条、第四百四十四条、第一千一百八十五条对知识产权相关事宜进行了明确说明。

（2）可供企业参考的部门规章

《中华人民共和国知识产权海关保护条例》由国务院于2003年12月2日发布，自2004年3月1日起施行，共计五章三十三条。海关对与进出口货物有关并受中华人民共和国法律、行政法规保护的商标专用权、著作权和与著作权有关的权利、专利权实施知识产权海关保护。

《中华人民共和国植物新品种保护条例》是为了保护植物新品种权，鼓励培育和使用植物新品种，促进农业、林业的发展而制定，颁布于1997年。

《中华人民共和国集成电路布图设计保护条例》是为了保护集成电路布图设计专有权，鼓励集成电路相关企业的技术创新，促进科学技术的发展而制定，颁布于2001年10月1日。

（3）可供企业参考的国际条约

《保护工业产权巴黎公约》颁布于1883年，适用于最广义的工业产权，包括专利、商标、工业品外观设计、实用新型、服务商标、厂商名称、地理标志以及制止不正当竞争，是工业企业在国际进行知识产权保护的重要依据。1984年，中国加入《保护工业产权巴黎公约》。

《世界知识产权组织公约》（The Convention Establishing the World Intellectual Property Organization）简称"WIPO公约"。1980年6月4日，中国加入世界知识产权组织，WIPO公约对中国生效，相关企业可以重点参考。

《保护文学和艺术作品伯尔尼公约》（简称"伯尔尼公约"），是关于著作权保护的国际条约，1886年9月9日制定于瑞士的伯尔尼，在该公约中，对国民待遇原则、自动保护原则、独立保护原则、最低保护限度原则进行了约定。1992年10月15日中国成为该公约缔约方。

《世界版权公约》：该公约于1947年由联合国教育、科学及文化组织主持准备，1952年在日内瓦缔结，1955年生效。它要求缔约方保护四项经济权利：复制权、公演权、广播权以及翻译权。

（三）企业需要了解的澳大利亚知识产权保护制度

早在2001年，澳大利亚政府就宣布将知识产权保护纳入国家创新战略，将包括专利在内的知识产权保护纳入科技计划管理，对知识产权的保护涉及科技计划的立项、实施、验收等整个过程。至今，已经形成一整套十分严密的知识产权保护体系。

1. 管理机构

澳大利亚的知识产权管理由知识产权局[①]（IP Australia）负责，该局成立于1904年2月13日，隶属于澳大利亚联邦工业、旅游和资源部。主要职能包括：

（1）管理知识产权：包括专利、商标、外观设计、植物新品种以及PCT国际检索和初步审查；

（2）其他领域的立法：如1987年奥林匹克标识保护法案；

（3）宣传知识产权；

（4）为企业提供有关知识产权的咨询；

（5）国际交流：发展知识产权体系，开展地区合作；

（6）制定国家有关知识产权政策、法律和规章；

（7）管理专利和商标代理机构。

由于澳大利亚知识产权局在各州都有相应的专利管理机构，实行在线管理，专利管理机构不仅受理企业的专利申请，而且也为企业提供一系列的后续服务，包括提供有关专利体系、申请及审批流程等信息。

2. 主要法律法规、条款

澳大利亚与知识产权相关的法律主要有《1990年专利法》《1995年商标法》《1994年植物育种者权利法》和《2003年外观设计法》等。

（1）企业寻求知识产权保护的主要保障与依据

《1990年专利法》：澳大利亚作为世界知识产权组织（WIPO）成员，早在

[①] 澳大利亚知识产权局网址：https：//www.ipaustralia.gov.au.

1903年即建立专利制度。澳大利亚的专利有两种类型：一是标准专利，持有人拥有该专利的20年独家利用权；二是创新专利，一个相对快速、廉价的保护选择，赋予专利持有人8年独家利用该专利的权利。

根据澳大利亚《1990年专利法》，企业对其发明既可以申请标准专利，也可以申请创新专利，对改进发明还可申请增补专利。申请专利的发明成果必须是新的产品或方法，可以是关于物品、设备、工艺或方法的新的构思方案。其中，企业在经营过程中的艺术创作、数学模型、计划、方案或其他纯粹的思维过程不能申请专利。但是，整容治疗方法、新的药物、植物和生物方法都可以获得专利保护。标准专利申请一经专利局盖章，即视为取得了专利权，保护期限为20年。

《1995年商标法》：商标的注册不是强制性的，但消费者保护法中含有针对虚假陈述的保护。如果一国企业商品的商标与在澳大利亚的注册商标一样或相似，则该商品有可能被禁止进口。

《1994年植物育种者权利法》：植物新品种保护在澳大利亚又称为"植物育种者权利"，是知识产权的重要组成部分。在强化植物育种者权利保护的同时，在特定条件下对育种者权利进行了一定限制。第三方可以依据法律在育种者权利人取得权利的2年后，采取销售或以销售为目的的生产授权等措施，保证公众通过合理途径获得授权品种，充分体现了育种者权利保护与公众利益之间的平衡。企业在对澳贸易中遇到的植物育种者权利问题可以参考该法。

《2003年外观设计法》：该法自2004年6月17日起开始正式生效，在外观设计方面实行先注册后审查的制度。在企业对外观设计申请注册之前，只对其作形式审查，在有要求的情况下才进行实质审查，为新的、与众不同的设计提供注册和保护，保护期最长为10年。

（2）可供企业参考的部门规章

《2006年知识产权法修正案》：该修正案于2006年正式生效，除了对《1990年专利法》《1995年商标法》《2003年外观设计法》以及其他知识产权法律做了大幅修改外，还补充了对专利侵权行为的惩罚措施，增加对侵权行为的惩罚性制裁规定（如侵权行为人为故意侵权，除应考虑权利人利润损失外，可以裁定惩罚性赔偿）。法院在处理企业经济纠纷、确定赔偿额时，会相应考虑侵权行为的恶劣程度以及侵权人在被告知侵犯专利权后的行为。

澳大利亚政府还建立了知识产权执法咨询小组（IP 执法小组）。IP 执法小组由澳大利亚联邦警察牵头，由来自电影、音乐和软件产业的代表以及商标权利人、司法部、澳大利亚知识产权局、澳大利亚海关总署、澳大利亚犯罪学研究所和澳大利亚打击刑事犯罪委员会、部分州的警察局和联邦检察长等政府机构组成。该小组的主要职能是鼓励企业、警察和海关之间通过信息共享开展务实合作。

案例：专利保护成为推动中澳企业经贸往来的"催化剂"

北京市某公司属于国家级高新技术企业。近年来，该公司积极开展新型环保污水处理项目，以满足高速公路服务区、管理所，以及环保特色小镇的污水处理需求，但在污水处理工艺的研究仍未取得实质性进展，迫切希望能与一家专业的污水处理机构进行合作。《中国—澳大利亚自由贸易协定》生效后，该公司迅速与澳大利亚某公司签署合作意向书，购入该澳大利亚公司污水处理专利技术，加快了研发进度，预计每年的市场份额增长 2000 万元至 3000 万元，实现互利共赢。[1]

澳大利亚的专利制度已有 160 多年历史，目前已形成较为完善的知识产权保护体系。由于当地企业的知识产权意识较强，他们在寻找贸易合作伙伴时往往将知识产权当作重要的考虑因素。《中国—澳大利亚自由贸易协定》知识产权章对企业的专利等问题做出明确规定，帮助两国企业减少顾虑，进一步深化了两国企业的互利合作。企业应充分意识到专利对知识产权保护的重要作用，在进入澳大利亚市场前，应做好专利布局，增强知识产权保护意识，提高核心竞争力。

---

[1] 资料来源：http://www.chinahightech.com/html/hotnews/yuanchuang/2018/1012/493776.html.

第五节　自然人移动

《中国—澳大利亚自由贸易协定》中与自然人移动相关的条款主要包括协定正文部分的第十章自然人移动以及附件一中澳大利亚关于自然人移动的具体承诺。本节将帮助企业了解《中国—澳大利亚自由贸易协定》中关于自然人移动的相关承诺和安排，为企业充分利用相关优惠条件并从中受益提供参考。

一、规则解读

（一）协定可能为企业在自然人移动方面提供的便利

1. 申请入境程序走向快捷化

双方出入境管理部门会快速处理移民手续申请和临时入境的完备申请，并在合理时间内对临时入境申请进程进行通知，以提高申请效率。此过程收取合理的手续费用。

在满足规定条件时，还可申请临时入境或临时入境延期。临时入境包括临时雇用入境。除非条款中另有规定，澳大利亚不应设置签证总数限制和将劳动力市场测试、经济需求测试等程序作为临时入境的条件要求。对于某项专业或活动，入境领土内法律法规的效力优于临时入境。

2. 及时公布信息，提高透明度

《中国—澳大利亚自由贸易协定》中提到的相关文件、信息等的发布和修改，企业可通过互联网和已公开的信息进行查询。

3. 为企业青年工作者赴澳创造了有利条件

在《中国—澳大利亚自由贸易协定》的框架下，中澳双方签订了《假日工作签证安排谅解备忘录》。根据该安排，澳大利亚将向中国18~30岁的年轻人提供每年5000个进入澳大利亚旅游并进行短期工作的机会，使青年赴澳获得了除留学、工作、旅游外的第四种选择。这不仅有助于中国青年实现海外游学梦想，还将加强企业青年人才对澳大利亚文化的学习，促进企业在澳大利亚业务的开展。

4. 为中国特色职业人员赴澳开辟了"绿色通道"

根据《中国—澳大利亚自由贸易协定》内容，澳大利亚承诺向符合要求的中医师、中文教师、中国厨师和武术教练四种职业人员提供每年1800人的入境配额，而更加便利上述人员赴澳。《中国—澳大利亚自由贸易协定》将有助于推动这些具有典型中国特色服务的提供者走出国门，向世界展现中国传统文化的魅力。

以天士力康平医疗中心为例，中国天士力集团与澳洲康平国际医疗集团在2014年5月26日在悉尼正式签约并启动"天士力康平医疗中心"项目。该项目是由中澳企业共同投资在海外设立的中西医结合的现代医疗中心。中心将整合中国国内优势资源，让成熟的中医理念和技术进入澳大利亚西医医院，通过教育患者，教育西医医生，实现中西医的优势互补。澳洲康平国际医疗集团负责引进中国中医师在澳大利亚的就诊、就业资质，以及相关中药成药、饮片等进口澳大利亚的批准或许可；天士力集团负责中国中医师的选拔，澳大利亚中医师培训以及中药制剂、饮片从中国的采购。[①]

两集团的强强联手更好地利用和发挥医疗行业优势，为传播中医药文化，推动中西医结合在澳洲的发展起到了积极的作用。

5. 为中国海外留学及相关教育机构发展创造了有利条件

澳大利亚是教育服务强国，中国将在《中国—澳大利亚自由贸易协定》生效后一年内，审查、评估并在中国教育部涉外教育监管网上新增在澳大利亚联邦政府招收海外学生院校及课程注册机构（CRICOS）注册的77家澳大利亚高等教育机构。帮助中国留学人员及时获取准确、权威的澳大利亚教育服务信息。

此外，中澳双方还决定扩大并深化两国教育服务的进一步合作。对于在CRICOS注册的澳大利亚高等教育机构，澳大利亚将向中国提供相关监管决定的详细信息，以进一步提高澳大利亚高等教育机构相关情况的透明度，切实保护中国赴澳留学生的权益。与此同时，澳方也欢迎中方教育机构赴澳大利亚设立中文国际学校。总而言之，《中国—澳大利亚自由贸易协定》深化了

---

① 资料来源：https://world.cankaoxiaoxi.com/2014/0526/393184.shtml。

双方在教育领域的合作共赢，为中澳两国师生交流创造了有利条件。

如图6-1所示，自2015年《中国—澳大利亚自由贸易协定》签订以来，中国前往澳大利亚从事劳务合作的人数出现了明显增长，可见该协定显著促进了中澳境外劳务合作。

图6-1　2007—2018年中国对澳大利亚境外务工人数

资料来源：对外经济年鉴。

6.澳大利亚对六类人员的临时入境及居留措施作出承诺

《中国—澳大利亚自由贸易协定》在第十章附件一的第一节列出了澳大利亚对中国自然人移动模式服务开放采取的正面清单，并对中国商务访问者、中国公司内部调动人员、中国独立高管、中国合同服务提供者、中国安装和服务人员、随行配偶和家属六类人的临时入境及居留措施作出承诺。

（1）中国商务访问者

为商业目的旅行至澳大利亚，包括以投资为目的，其在澳访问期间的薪酬和费用支持均来自澳大利亚境外，其本人不得从事对公众直接销售或提供货物或服务。澳大利亚允许此类商务访问者入境和临时居留时间最长为90日。

服务销售者，不是常驻澳大利亚的自然人，在澳访问期间的薪酬和费用支持均来自澳大利亚境外，同时是一家服务提供企业的销售代表，临时入境目的是开展服务销售谈判或为该服务提供企业商签服务销售协议。澳大利亚允许此类商务访问者入境和临时居留时间最长为6个月，并有延期至1年的可能。

（2）中国公司内部调动人员

中国公司内部调动人员是指已在澳大利亚建立合法、有效运营的分公司、子公司或关联公司的中国企业的雇员，被调动至该澳大利亚分公司、子公司或关联公司，以填充相关职位，并且该雇员符合以下情形：

高管或高级经理，该自然人主要接受企业更高级别高管、董事会或股东的总体监督或指导，负责企业在澳全部或实质部分的运营，包括指导企业或企业的部门或分部门；督导和管控其他监督、专业或管理类雇员的工作；以及有权为企业的部门或分部门设定目标和政策。

专家，该自然人拥有高级手艺、技术或专业技能和经验，对其所从事的职业，须经评估具备必要的资质或符合澳大利亚标准的其他证书，在申请临时入境时，受聘于该雇主时间不少于2年。

经理，该自然人在企业中主要负责指导企业或企业的部门或分部门，督导和管控其他监督、专业或管理类雇员的工作，有权雇用和解雇或采取其他人事行为（如晋升或批准休假），并对日常运营行使自由裁量权。

澳大利亚允许符合以上条件的中国公司内部调动人员入境和临时居留时间最长为4年，并有延期居留的可能。

（3）中国独立高管

中国独立高管是指企业总部在中国的高管，该自然人正在澳大利亚筹建分公司或子公司，将负责企业在澳大利亚全部或实质部分运营，主要接受企业更高级别高管、董事会或股东的总体监督或指导，包括指导企业或企业的部门或分部门；督导和管控其他监督、专业或管理类雇员的工作，以及有权为企业的部门或分部门设定目标和政策。

澳大利亚允许中国独立高管入境和临时居留时间最长为4年。

（4）中国合同服务提供者

中国合同服务提供者是指拥有手艺、技术或专业技能和经验的中国自然人，对其被提名的职业，经评估具备必要的资质，以及符合澳大利亚标准的技能和工作经验，并且：

已签署在澳大利亚提供服务合同的中国企业的雇员，该企业未在澳大利亚设立商业存在；

受雇于在澳大利亚合法、有效运营的企业，依据合同拟在澳大利亚提供服务。

澳大利亚允许中国合同服务提供者入境和临时居留最长4年，并有获得延期的可能。对于中国厨师、武术教练、中文教师和中医师，澳大利亚允许其作为中国合同服务提供者入境和临时居留时间最长为4年，并有获得延期的可能，每年总人数最多为1800人。

（5）中国安装和服务人员

该类中国自然人是机械和（或）设备安装或服务人员，购买上述机械或设备的条件之一是由此类供应公司提供安装和（或）服务。安装或服务人员必须遵守澳大利亚工作场所的标准和条件，应按合同标的从事安装或服务活动，不得从事与此无关的服务。

澳大利亚允许中国安装和服务人员入境和临时居留时间最长为3个月。

（6）随行配偶和家属

对于根据第十章（自然人移动）已获得长于12个月入境和临时居留权利、并有配偶或家属的中国自然人，澳大利亚依据申请给予其随行配偶或家属入境和临时居留、移动及工作的权利，有关时间期限均与该自然人相同。

根据附件四，澳大利亚取消了汽车电工、细木工、木工、木工细工、柴油汽车修理工、电工（普通）、电工（特种）、工匠、汽车修理工（普通）、摩托车修理工等10类职业中国公民申请澳大利亚临时工作（技术工人）签证需进行的强制性技能评估要求。

（二）企业如何理解"假日工作签证安排的谅解备忘录"

在《中国—澳大利亚自由贸易协定》的框架下，中澳双方还签订了《假日工作签证安排谅解备忘录》，根据该备忘录，澳大利亚将向中国18~30岁的年轻人提供每年5000个进入澳大利亚旅游并进行短期工作的机会。

1.获得"假日工作"签证的条件

澳大利亚将根据其国内法律和程序，向满足要求的中国公民签发临时居留期为12个日历月、可多次入境的"假日工作"签证或许可，每年签发数量最多5000个。获得签证的具体要求如下：

主要目的是在澳大利亚度假，居留时间不超过12个日历月；提出签证申请时至少年满18周岁，但未满31周岁；无需要抚养的子女同行；持有有效护照，并拥有续程旅行票证或购买续程旅行票证的充足资金；拥有充足资金，可维持拟在澳大利亚假日工作期间的个人生活；符合澳大利亚法律关于健康和品行的要求；此前未参加过澳大利亚的"假日工作"安排或"工作假日"项目；拥有高等教育学历，或已成功完成至少两年的大学本科学习；经评估认定，英语熟练程度至少达到使用水平。

中国公民在申请该签证时，需要注意以下问题：澳大利亚政府可确定中华人民共和国公民提交"假日工作"签证申请的方式和地点；"假日工作"签证申请须在依此确定的地点提交；中国申请者须支付与签证申请相关的所有费用；澳大利亚政府根据其国内法律法规，可拒绝中华人民共和国公民根据本谅解备忘录提交的签证申请。

2. 持有"假日工作"签证所享有的权利

"假日工作"签证申请者可在澳居留12个日历月。在此期间，"假日工作"签证持有者可离开澳大利亚并持此签证再次进入澳大利亚。

尽管谅解备忘录部分或全部条款可能被终止或中止，但终止或中止生效日之前已获得"假日工作"签证的中国公民，仍可根据有效签证进入或居留澳大利亚。

3. 持有"假日工作"签证所承担的义务

持"假日工作"签证进入澳大利亚的中国公民应遵守澳大利亚法律法规。

4. 持有"假日工作"签证时不允许的行为

不得从事与"假日工作"安排目的不符的工作。中澳双方均不希望"假日工作"签证持有者在其访问的12个日历月期间都从事工作。

"假日工作"签证持有者若以度假作为主要目的，工作仅能为附属活动。签证持有者居留期间不得为同一雇主工作超过6个月，除非获得澳大利亚政府允许。

不允许"假日工作"签证持有者访澳期间接受超过4个月的学习或培训。

不允许在"假日工作"签证许可的12个日历月之后继续凭此签证在澳大利亚居留。

（三）企业需要了解的中国自然人移动制度

1. 主管机构

公安部、外交部按照各自职责负责有关出境入境事务的管理。

中华人民共和国驻外使馆、领馆或者外交部委托的其他驻外机构负责在境外签发外国人入境签证。

出入境边防检查机关负责实施出境入境边防检查。

县级以上地方人民政府公安机关及其出入境管理机构负责外国人停留居留管理。

公安部、外交部可以在各自职责范围内委托县级以上地方人民政府公安机关出入境管理机构、县级以上地方人民政府外事部门受理外国人入境、停留居留申请。公安部、外交部在出境入境事务管理中，应当加强沟通配合，并与国务院有关部门密切合作，按照各自职责分工，依法行使职权，承担责任。

经国务院批准，公安部、外交部根据出境入境管理的需要，可以对留存出境入境人员的指纹等人体生物识别信息做出规定。

外国政府对中国公民签发签证、出境入境管理有特别规定的，中国政府可以根据情况采取相应的对等措施。

2. 主要法律法规、条款

（1）《中华人民共和国出境入境管理法》于2012年6月30日发布，2013年7月1日实施。该法对中国公民出境入境、外国人出境入境、外国人停留居留、交通运输工具出境入境边防检查、调查和遣返、法律责任等进行了规定。为了规范出境入境管理，维护中华人民共和国的主权、安全和社会秩序，促进对外交往和对外开放，制定本法。中国公民出境入境、外国人入境出境、外国人在中国境内停留居留的管理，以及交通运输工具出境入境的边防检查，适用本法。

（2）《中华人民共和国外国人入境出境管理条例》于2013年7月12日发布，2013年9月1日实施。为了规范签证的签发和外国人在中国境内停留居留的服务和管理，根据《中华人民共和国出境入境管理法》制定了本条例。该条例对签证的类别和签发、停留居留管理、调查和遣返等进行规定。外交签证、礼遇签证、公务签证的签发范围和签发办法由外交部规定。

（四）企业需要了解的澳大利亚自然人移动制度

1. 主管机构

澳大利亚自然人移动由澳大利亚内政部①主管。企业可以根据访问澳大利亚的目的，向澳大利亚移民局申请不同类型的签证，主要包括游客签证、学习培训签证、家庭和伴侣签证、工作签证和技术签证、难民和人道主义签证以及其他签证，每种签证的具体信息可以登录澳大利亚内政部网站查询。②

持有表6-1中国家或地区的签证到达澳大利亚可以享受"免入境人工询问"③：

表6-1　抵达澳大利亚"免入境人工询问"国家清单

国家或地区的名单				
阿根廷	奥地利	加拿大	中国	丹麦
法国	芬兰	中国香港	爱尔兰	意大利
日本	韩国	卢森堡	中国澳门	马来西亚
新西兰	卡塔尔	圣马力诺	新加坡	瑞士
泰国	瑞典	阿拉伯联合酋长国	联合国工作人员	英国
美国				

2. 主要法律法规、条款

《澳大利亚移民法》颁布于1994年，对于技术移民、商业移民、留学等行为做出了明确规定，供相关企业参考。

---

① 澳大利亚内政部网址：https：//www.homeaffairs.gov.au。
② 澳大利亚内政部签证信息页：https：//immi.homeaffairs.gov.au/visas/getting-a-visa/visa-listing。
③ 澳大利亚边境署：https：//www.abf.gov.au。

案例：自贸协定迎来投资移民利好

《中国—澳大利亚自由贸易协定》协定涵盖货物贸易、服务贸易和投资等多个领域，包含了电子商务、政府采购等"21世纪经贸议题"。在开放水平方面，澳大利亚对中国所有产品关税最终均降为零，中国对澳大利亚绝大多数产品关税最终降为零。

随着《中国—澳大利亚自由贸易协定》的启动，赴澳大利亚投资移民也迎来了黄金时代。在澳大利亚132个投资移民的"最佳方案"中，仅需2年出口60万澳元的南澳大利亚州产品即可。而南澳大利亚州又是澳大利亚众多知名物产的"聚宝盆"，拥有诸如红酒、海产品、奶制品、肉制品、有机护肤品等常见出口产品。①

根据《中国—澳大利亚自由贸易协定》内容，红酒、海产品关税将在4年内逐步取消，奶粉关税将分4~11年逐步取消。原本对澳大利亚产品需求量十分巨大的国人可以买到更便宜的澳洲牛肉、乳制品、海产品、葡萄酒等商品，这意味着将有更多澳大利亚的多元化产品在零关税的情况下出口到中国。此外，双方约定在协定生效日起相互给予最惠国待遇，同时大幅降低企业投资审查门槛，为投资提供了更多便利。

一直以来，澳大利亚就是中国投资移民青睐的区域。尤其在加拿大、美国投资移民难度增加之后，该协定的出台为澳大利亚移民提供了更多可能，其在资产配置、风险防范和子女教育等方面的吸引力大大增强。

---

① 资料来源：http://finance.china.com.cn/news/cjpl/20141223/2865433.shtml。

第七章

《中国—澳大利亚自由贸易协定》中的贸易救济措施与争端解决机制

企业在参与双边贸易及投资等经济活动时，难免会遇到各种摩擦和争端。当发生此类事件时，企业可选择贸易救济措施及争端解决机制维护合法利益，解决摩擦和争端。

贸易救济是指在对外贸易领域，国内产业由于不公平贸易行为或过量进口的冲击，受到了不同程度的损害，本国政府给予的帮助或救助。自由贸易协定下的贸易救济的主要形式包括反倾销措施、反补贴措施以及保障措施等。反倾销和反补贴措施针对的是价格歧视的不公平贸易行为，保障措施针对的是进口产品激增的情况。

争端解决机制是指当自由贸易协定缔约方之间因经贸活动发生矛盾和摩擦时，用以解决矛盾的主要方法和程序，主要包括对争端适用的范围、解决争端的场所、磋商机制、仲裁庭的组成与职能、仲裁报告执行等的具体规定。

本章将深入剖析《中国—澳大利亚自由贸易协定》第七章贸易救济及第十五章争端解决的有关条款和约定，帮助企业了解相关规则及程序。通过本章的阅读，企业可以了解以下重要信息：

1.《中国—澳大利亚自由贸易协定》对反倾销、反补贴和双边保障措施等贸易救济措施有哪些主要规定？

2. 目前中国和澳大利亚之间的贸易救济情况如何？

3. 中国企业如何获取贸易救济相关信息及帮助？

4.《中国—澳大利亚自由贸易协定》关于争端解决机制有哪些具体规定？

5. 中国企业作为投资者应如何理解和使用"投资者—东道国争端解决机制"？

第一节　与贸易救济相关的法规及管理机构

贸易救济的法律体系包括国际法和国内法两部分。国内法中的贸易救济法规是各国制定的，为一国国内法律制度的组成部分；而国际法的贸易救济法规是世界贸易组织法律体系的一项重要内容，相关规则是在各国贸易救济法律制度基础上形成并发展的。双边自由贸易协定通常会包括贸易救济的有关约定。

目前，世界贸易组织与贸易救济相关的主要协定包括《关于实施1994年关税与贸易总协定第六条的协定》（即《反倾销协定》）《补贴与反补贴措施协定》《关税与贸易总协定》第十九条以及《保障措施协定》等。世界贸易组织争端解决机构是解决与贸易救济相关的国际贸易争端的主要机构。

中国国内与贸易救济相关的主要法律法规包括《中华人民共和国对外贸易法》《中华人民共和国反倾销条例》《中华人民共和国反补贴条例》《中华人民共和国保障措施条例》以及《中华人民共和国货物进出口管理条例》等。中国的主要管理机构为商务部贸易救济调查局。

澳大利亚与贸易救济相关的法案主要为《2015年海关条例》《1975年海关关税法案（反倾销）》以及《2013年海关关税条例（反倾销）》等。澳大利亚主要贸易救济管理机构包括澳大利亚海关署，司法部，贸易措施审议官，工业、科学、能源与资源部以及联邦法院等。

《中国—澳大利亚自由贸易协定》中，贸易救济列在第七章，共包括十条三十一款，内容涵盖了双边保障措施、全球保障措施、反倾销措施和补贴与反补贴措施等。中国企业需适当学习相关国内立法和国际协定，并积极配合政府部门及行业协会等的相关工作。

企业可通过上述管理机构网站以及中国贸易救济信息网（http://cacs.mofcom.gov.cn）查询与贸易救济有关的法律法规，以及中国和澳大利亚两国的贸易救济案件进展等信息。

第二节　反倾销措施和反补贴措施

《中国—澳大利亚自由贸易协定》关于反倾销和反补贴的条款多为原则性规定，并基本沿用了世界贸易组织的相关约定。因此，目前中澳两国之间的反倾销和反补贴案件在申诉、调查和落实措施的过程中，仍然以国内法和世界贸易组织相关协定作为法律依据，没有以双边自贸协定反倾销和反补贴条款作为法律依据发起申诉和调查的案例。企业在贸易实践中如果遇到倾销和补贴等不公平贸易行为，并导致了损失，可以求助于政府部门，通过贸易救济措施获得补偿。而当贸易伙伴采取的贸易救济措施对本国企业造成影响时，本国企业在积极应诉的同时，也可以寻求政府部门的帮助，进行应对。

一、反倾销措施

（一）什么是倾销？为什么要重视反倾销？

倾销，是指在正常贸易过程中一国产品以低于其正常价值的价格（通常产品的出口价格低于在其国内消费的相同产品的可比价格，即视为低于正常价值）出口到另一国的行为。例如，若某种澳大利亚原产产品在澳大利亚的正常市场销售价格折合人民币为100元，而该产品出口至中国后的销售价格为70元，则该产品可能存在倾销。倾销会扰乱进口国正常的市场秩序，给进口国的国内同类产品生产企业带来不正当竞争压力，造成损害或者损害威胁。因此，进口国企业在受到倾销的影响时，可要求本国政府对倾销行为予以适当惩罚，这就是反倾销措施。

（二）实施反倾销措施必须满足的条件

国内产业在提出反倾销调查申请后，进口国政府的主管部门需根据法律规定发起反倾销调查，并根据调查结果决定是否对进口产品采取反倾销措施。在反倾销调查过程中，政府部门需要证实三项事实，这也是实施反倾销措施必须满足的三个条件：一是申请调查的进口产品存在倾销；二是对国内相关产业的损害；三是倾销与损害之间存在因果关系。世界贸易组织及中澳两国相关法律对反倾销调查和反倾销措施的实施都做出了明确的规定，企业在实践中可予以参考。

（三）协定关于反倾销措施的基本原则：遵守世贸规则，加强透明度和沟通

《中国—澳大利亚自由贸易协定》就中澳两国在该协定下实施反倾销措施的权利和义务做出了明确规定。中澳双方约定，在协定下继续遵守两国在世界贸易组织内所做出的承诺，履行相关权利和义务。此外，协定同时规定，双方将在反倾销事务方面加强对话，以相互给予公平和透明的待遇。双方将提供适当的磋商机会，通过定期举办贸易救济高层对话，就另一方提出的与此类事务有关的问题交换信息。

（四）中国和澳大利亚反倾销情况

1. 发起反倾销调查情况

根据世界贸易组织的统计，从1995年该组织成立至2021年6月30日，中国共启动292项反倾销调查，作为出口方共收到1507项反倾销调查申诉。而澳大利亚共申诉发起375项反倾销调查，作为出口方收到38项反倾销调查申诉。其中，中国对澳大利亚出口产品共启动2项反倾销调查申诉（大麦和葡萄酒产品），而澳大利亚对中国出口产品共启动64项反倾销调查申诉（见表7-1）。

表7-1　世界贸易组织成立至2021年6月30日中国和澳大利亚发起的反倾销调查情况

出口方	申诉方		
	中国	澳大利亚	世界贸易组织全体成员
中国	—	64	1507
澳大利亚	2	—	38
世界贸易组织全体成员	292	375	6422

资料来源：世界贸易组织。

2. 采取反倾销措施情况

1995—2021年6月30日，中国共采取了261项反倾销措施，作为出口方遭受了1099项反倾销调查。而澳大利亚共采取了170项反倾销措施，作为出口方共遭受了19项反倾销调查。其中，中国对澳大利亚出口产品共采取2项反倾销措施，而澳大利亚对中国出口产品共采取了30项反倾销措施（见表7-2）。

表7-2　世界贸易组织成立至2021年6月30日中国和澳大利亚采取的反倾销措施情况

出口方	申诉方		
	中国	澳大利亚	世界贸易组织全体成员
中国	—	30	1099
澳大利亚	2	—	19
世界贸易组织全体成员	261	170	4225

资料来源：世界贸易组织。

3. 协定生效后，澳大利亚对中国反倾销案件频发，增加了双边贸易风险

《中国—澳大利亚自由贸易协定》生效以来，澳大利亚对中国出口产品的反倾销案件频发。根据中国贸易救济信息网公布的信息，2015年12月20日协定生效以来，澳大利亚先后对中国出口的A4复印纸、钢置物架、合金圆钢棒、铝型材、钢托盘货架、铁道轮毂、聚氯乙烯扁平电缆、硝酸铵、角钢、变压器、热镀锌角钢、铝挤压件、精密钢管、彩钢带、镀铝锌板以及铜管等发起反倾销调查。澳方发起反倾销调查的产业主要集中在中国的钢铁、造纸、金属制品、有色金属、其他运输设备、电气工业及化学原料和制品工业等。其中，有部分产品的反倾销措施仍在执行中，部分产品已无措施结案，新提出的申诉案件仍在调查中。频繁发生的反倾销案件对两国贸易造成不良影响。

中国对澳大利亚原产产品发起的反倾销调查数量较少。《中国—澳大利亚自由贸易协定》生效至2021年底，中国对自澳大利亚进口的大麦和葡萄酒产品发起反倾销调查，并最终采取了反倾销措施，集中在澳大利亚对中国出口农产品范围内。

二、补贴和反补贴措施

（一）什么是补贴和反补贴措施？

补贴是指出口国政府或者其公共机构提供的财政资助以及任何形式的收入或者价格支持，并且这些资助或支持能够给接受者带来利益。与倾销不同，补贴的行为主体不是企业，而是出口国政府或公共机构。补贴会破坏进口国市场秩序，造成不正当竞争，损害进口国产业利益。因此，当进口产品存在补贴，并对已经建立的国内产业造成实质损害或者产生实质损害威胁，或者对建立国内产业造成实质阻碍时，进口国政府可依法进行调查，采取反补贴措施。

（二）协定关于补贴和反补贴措施的规定

根据《中国—澳大利亚自由贸易协定》，如果没有其他特殊规定，中澳双方保留在世界贸易组织中承诺的有关补贴和反补贴的权利和义务。除此之外，协定还就补贴和反补贴措施的透明度、通知义务、磋商、证据的准确性和适当性等问题进一步做出了规定。

关于透明度：协定规定，双方应遵守在世界贸易组织的承诺，相互交换必要的信息，保证补贴措施的透明度。

关于通知义务：一方收到来自另一方的进口的反补贴调查申请后，应立即书面通知另一方。该通知应包括申请书及其支持性证据的非保密版本。双方应同时做好保密工作，如果没有决定发起调查，则调查机关及收到通知的一方应避免公布有关调查申请的消息。

关于磋商：反补贴调查申请一经接受，在发起任何调查之前，进口一方应给予另一方合理的磋商机会，以澄清申请中提及事项的情况，并寻求达成双方同意的解决方案。对新指控的补贴项目的调查应以透明的方式进行，应给予另一方合理的磋商机会以维护其权益。在整个调查期间，应给予另一方继续进行磋商的合理机会，以澄清事实情况，并达成双方同意的解决办法。

关于证据的准确性和适当性：调查机关应对调查申请中的证据的准确性和适当性进行审查，以确定所提供的证据足以证明发起调查是正当的。

（三）中澳两国反补贴情况

1. 发起反补贴调查情况

根据世界贸易组织的统计，从1995年该组织成立至2021年6月30日，中国共发起17项反补贴调查，作为出口方共收到193项反补贴调查申诉。而澳大利亚共发起39项反补贴调查，作为出口方收到4项反补贴调查申诉。其中，中国对澳大利亚出口产品共启动2项反补贴调查（大麦和葡萄酒产品），而澳大利亚对中国出口产品共启动21项反补贴调查（见表7-3）。

表7-3　世界贸易组织成立至2021年6月30日中国和澳大利亚发起的反补贴调查情况

出口方	申诉方		
	中国	澳大利亚	世界贸易组织全体成员
中国	—	21	193
澳大利亚	2	—	4
世界贸易组织全体成员	17	39	644

资料来源：世界贸易组织。

2. 采取反补贴措施情况

1995—2021年6月30日，中国共采取了11项反补贴措施，作为出口方遭受了138项反补贴调查。而澳大利亚共采取了16项反补贴措施，作为出口方共遭受了2项反补贴调查。其中，中国对澳大利亚出口产品共采取1项反补贴措施，而澳大利亚对中国出口产品共采取11项反补贴措施（见表7-4）。

表7-4　世界贸易组织成立至2021年6月30日中国和澳大利亚采取的反补贴措施情况

出口方	申诉方		
	中国	澳大利亚	世界贸易组织全体成员
中国	—	11	138
澳大利亚	1	—	2
世界贸易组织全体成员	11	16	368

资料来源：世界贸易组织。

3. 协定生效后，澳方对中国的反补贴调查相对较为频繁

《中国—澳大利亚自由贸易协定》生效以来，澳方对中国原产产品的反补贴案件频发。根据中国贸易救济信息网提供的信息，2015年12月20日协定生效以来，澳大利亚先后对中国出口的钢筋、盘条、A4复印纸、钢置物架、铁道轮毂、聚氯乙烯扁平电缆、精密钢管、彩钢带、镀铝锌板以及铜管等发起反补贴调查。澳大利亚发起的反补贴调查主要集中在中国的钢铁、造纸、金属制品以及有色金属等产业。其中，有部分产品的反补贴措施仍在执行中，部分产品已无措施结案，新提出的申诉案件仍在调查中。

中国对澳大利亚出口产品发起的反补贴调查相对较少。协定生效至2021年底，中国对澳大利亚进口的大麦和葡萄酒产品发起反补贴调查①，并最终采取了反补贴措施，集中在澳大利亚对华出口农产品范围内。

三、中国企业应如何使用贸易救济措施

当中国企业作为进口竞争者，受到来自澳大利亚的倾销或补贴行为损害时，企业可根据中国有关法律向中国商务部提出调查申请，并依法提供各项证据，包括是否存在损害事实、损害程度以及倾销或补贴与损害之间因果关系的证明。在商务部开展损害调查的过程中，企业应积极配合完成各项问卷和调查，以帮助政府部门获取必要的证据。

当中国企业作为出口方，遭受到来自澳大利亚的反倾销或反补贴调查时，一方面可积极寻求法律帮助，进行应诉和自证，提供必要的法律证据，并配合澳大利亚方面完成相关问卷及调查；另一方面可以通过行业协会、商会以及中国有关政府部门获得指导和帮助，进行科学应对。事实表明，通过中国企业的积极应诉，澳大利亚对中国产品发起的部分反倾销和反补贴调查已经获得无措施结案。

中国企业可关注中国贸易救济信息网中的各项相关法规以及案件进展，加强学习，了解信息，做好应对准备。

---

① 中国在2020年8月对原产于澳大利亚的葡萄酒产品发起反补贴调查，并于2021年3月做出终裁。但世界贸易组织尚未将葡萄酒产品列入表7–4的统计范围。

案例：中国对原产于澳大利亚的大麦采取反倾销和反补贴措施

根据商务部2018年第89号公告，商务部于2018年10月9日收到中国国际商会代表国内大麦产业正式提交的反倾销调查申请，请求对原产于澳大利亚的进口大麦（中国进出口税则编码为10031000和10039000）进行反倾销调查。商务部依据《中华人民共和国反倾销条例》有关规定，对申请人的资格、申请调查产品的有关情况、中国同类产品的有关情况、申请调查产品对国内产业的影响、申请调查国家（地区）的有关情况等进行了审查。根据审查结果，依据《中华人民共和国反倾销条例》第十六条的规定，商务部决定自2018年11月19日起对原产于澳大利亚的进口大麦进行反倾销立案调查。2018年12月21日，根据《中华人民共和国反倾销条例》第二十条规定，商务部贸易救济调查局向国外出口商及生产商、国内生产商/种植者以及国内进口商/贸易商/下游用户等利益相关方分别发放了调查问卷。2019年12月，鉴于案情复杂，根据《中华人民共和国反倾销条例》第二十六条的规定，商务部决定将该案的调查期限延长6个月，即截止日期为2020年5月19日。2020年5月18日，商务部发布2020年第14号公告，对原产于澳大利亚的进口大麦反倾销调查做出最终裁定，原产于澳大利亚的进口大麦存在倾销行为，中国国内大麦产业受到实质损害，而且倾销与实质损害之间存在因果关系。根据《中华人民共和国反倾销条例》第三十八条，商务部向国务院关税税则委员会提出征收反倾销税的建议，国务院关税税则委员会根据商务部的建议做出决定，自2020年5月19日起，对原产于澳大利亚的进口大麦征收反倾销税，实施期限为自2020年5月19日起5年。

同样是对原产于澳大利亚的大麦产品，根据《中华人民共和国反补贴条例》的规定，2018年12月21日，商务部发布2018年第99号公告，决定对该产品进行反补贴立案调查。2019年1月15日，商务部向利益相关方发放调查问卷。2019年12月17日，商务部发表公告，鉴于本案情况复杂，根据《中华人民共和国反补贴条例》第二十七条，商务部决定将本案的调查期限延长6个月，即截止日期为2020年6月21日。2020年5月18日，商务部发表2020年第15号公告，对原产于澳大利亚的进口大麦反补贴调查做出最终裁定，原产于澳大利亚的进口大麦存在补贴行为，中国国内大麦产业受到实质损害，而且补贴与实质损害之间存在因果关系。根据《中华人民共和国反补贴条例》第三十九条，商务部向国务院关税税则委员会提出对原产于澳大利亚的进口大麦征收反补贴税的建议。国务院关税税则委员会根据商务部的建议做出决定，自2020年5月19日起，对原产于澳大利亚的进口大麦征收反补贴税，反补贴税率为6.9%。对原产于澳大利亚的进口大麦征收反补贴税的实施期限为自2020年5月19日起5年。

由以上案例可见，中国进口企业在面临出口国的倾销或补贴行为所造成的损害时，应积极向行业协会、商会以及商务部贸易救济调查局等相关组织和机构反馈信息，搜集倾销或补贴行为的存在证据，科学测算贸易伙伴的行为所造成的损害程度，并积极配合政府的相关调查活动，提供准确必要的信息。有效的企业调查可以更好地支持贸易救济案件的裁决，为中国企业挽回损失，创造更加公平的贸易条件。

案例：澳大利亚对原产于中国等国的硝酸铵启动反倾销调查

2018年6月25日，澳大利亚反倾销委员会发布公告称，应澳大利亚企业提交的申请，决定自公告发布之日起对进口自中国、瑞典和泰国的硝酸铵启动反倾销立案调查。本案倾销调查期为2017年4月1日至2018年3月31日，损害分析期为自2014年4月1日起。

2018年10月24日，澳大利亚反倾销委员会发布公告称，对进口自中国、瑞典和泰国的硝酸铵做出反倾销肯定性初裁，决定自2018年10月25日起对涉案产品征收临时反倾销税。

2019年6月5日，澳大利亚反倾销委员会发布公告称，澳大利亚工业、科技部部长通过了澳大利亚反倾销委员会对进口自中国、瑞典和泰国的硝酸铵做出的反倾销终裁建议，决定对进口自中国、瑞典和泰国的涉案产品实施反倾销措施。2020年2月17日，澳大利亚对上述产品进行了再调查立案。2020年3月6日，澳大利亚公布了再调查初裁结果，未发现此次再调查的结果和原审终裁的结果有不同之处。

《中国—澳大利亚自由贸易协定》生效后，澳大利亚曾多次发起对原产于中国的产品的反倾销和反补贴调查，给中国相关产业造成了一定程度的损失，增加了两国贸易环境的不确定性。中国企业需对这一情况有所了解，并适当做好应对准备。一旦发生反倾销和反补贴调查，中国企业要注意积极应对，在调查中积极提供各项证据，保护好合法权益，必要时可以提请行业协会、商会以及中国商务部等政府部门给予必要的援助。如果对澳大利亚终裁结果不认可，可以进一步通过世界贸易组织争端解决机制提出诉讼请求。

第三节　保障措施

当进口产品数量增加，并对生产同类产品或者直接竞争产品的本国产业造成严重损害或者严重损害威胁时，进口国政府可依法进行调查，并采取保障措施。与反倾销和反补贴案件不同，在保障措施案件中，出口方并无不正当贸易行为。触发进口国发起保障措施的直接原因是进口数量增加，同时对本国产业造成严重损害。出于保障本国产业基本利益的目的，进口国可以根据法律规定采取一定的保护措施。根据适用范围的不同，保障措施可以分为在世界贸易组织范围内的全球保障措施以及在双边自由贸易协定成员之间适用的双边保障措施等。此外，紧急情况下，进口国政府也可以先采用临时保障措施，然后再开展保障措施调查。

《中国—澳大利亚自由贸易协定》分别就双边保障措施、临时双边保障措施和全球保障措施做出了解释和规定。截至目前，中国和澳大利亚尚未发生双边保障措施立案调查情况。

一、双边保障措施

《中国—澳大利亚自由贸易协定》规定，如果在过渡期内，由于按照协定降低或取消关税，导致原产于一方的产品出口至另一方领土内的数量绝对增加或与国内产量相比相对增加，且对生产同类产品或直接竞争产品的国内产业造成严重损害或严重损害威胁，则进口方可实施协定规定的双边保障措施。协定对双边保障措施的实施期限、实施条件及实施方式等做出了原则性规定。

第一，双边保障措施必须在过渡期内实施。根据规定，过渡期，就某一特定产品而言，是指自协定生效之日起3年。但对于在关税减让表中承诺的关税取消过程超过3年的产品，过渡期应为该产品关税取消的时间。目前，根据中国关税减让表的规定，部分关税取消期限超过3年的产品尚未完成关税减让，因此仍然处于过渡期内。

第二，双边保障措施的实施必须具备特定的条件。实施双边保障措施的前提是由于进口方按照协定降低或取消关税，导致原产于一方的产品出口至另一方领土内的数量绝对增加或与国内产量相比相对增加，并且对生产同类产品或直接竞争产品的进口方国内产业造成严重损害或严重损害威胁。其中，国内产业是指相对于进口产品而言，在一方领土内生产同类产品或直接竞争产品的生产者全体，或同类产品或直接竞争产品的总产量占这些产品全部国内产量主要部分的生产者；严重损害是指国内产业状况的重大全面减损；严重损害威胁是指明显迫近的严重损害，该损害威胁是根据事实，而非仅凭指控、推测或极小的可能性确定的。

第三，进口方实施双边保障措施必须符合特定的实施方式。根据相关条款，当协定所规定的实施双边保障措施的条件得到满足时，一方仅可在防止或补救严重损害所必要的限度内采取以下双边保障措施：

（一）中止按照协定的规定进一步削减该产品的关税税率；

（二）或提高该产品的关税税率，但不超过下列税率中较低的水平：

1. 采取措施时适用于该产品的最惠国关税实施税率；

2. 协定正式生效之日前一日适用于该产品的最惠国关税实施税率。

第四，协定对双边保障措施的范围和期限有明确的规定。双边保障措施的目的不是加剧贸易保护，而是弥补进口激增所造成的损失。因此，实施双边保障措施必须要用适当的方式，不能超出受损害的程度，并且要有适当的期限。根据相关条款，各方实施或维持一项双边保障措施时，不得：

（一）超过防止或补救严重损害和便利调整所必要的限度和时间；

（二）或超过2年。除非在实施方主管机关根据协定规定的程序，认定继续实施双边保障措施对防止或补救严重损害和便利调整仍有必要，且有证据证明产业正在进行调整时，可延长不超过1年的时间。不论实施期多长，任何此类措施应在过渡期结束时终止。

在双边保障措施的预计期限超过1年的情况下，实施该措施的一方应在实施期内按固定时间间隔逐渐放宽该措施。已经实施过双边保障措施的产品，在与前一次保障措施实施期相等的期限内，不得再次实施保障措施，间隔期至少为2年。对同一产品实施双边保障措施不得超过两次。

双边保障措施终止时，实施该双边保障措施的一方应适用在未采取该措施情况下根据关税减让表本应适用的关税税率。

第五，双边保障措施的调查程序和透明度必须满足要求。一方只有经过主管机关按照规定的程序进行调查后，才能实施双边保障措施。各方应保证其主管机关自发起调查之日起1年内完成调查。

第六，实施双边保障措施需要进行补偿。由于实施双边保障措施会损害出口一方根据协定本应享有的自由化福利，因此，实施保障措施的一方应给予出口方适当的补偿。协定规定，实施双边保障措施的一方应通过与另一方的磋商，向另一方提供双方同意的贸易自由化补偿；补偿采用与此双边保障措施预期导致的贸易影响实质相等或与额外关税价值相等的减让的形式。磋商应于双边保障措施实施后30日内开始。如磋商开始后30日内双方无法就补偿达成一致，出口方有权对实施双边保障措施的一方的贸易中止采取实质相等的减让措施。一方中止减让应至少提前30日书面通知另一方。保障措施终止时，提供补偿的义务和中止实质相等的减让的权利也同时终止。

第七，关于通知和磋商等其他具体程序和要求。《中国—澳大利亚自由贸易协定》还分别就双边保障措施的通知和磋商等具体程序和要求做出了规定，详细内容参见该协定正文第七章。

二、临时双边保障措施

（一）临时双边保障措施的实施条件

《中国—澳大利亚自由贸易协定》同时规定，在紧急情况下，为了防止由于延迟采取保障措施可能带来的难以弥补的损害，当存在明确证据，表明增加的进口对国内产业已经造成或正在威胁造成严重损害时，一方可根据这一初步裁定，采取临时双边保障措施。

（二）临时双边保障措施的告知和磋商

一方在采取临时双边保障措施前，应通知另一方，并应在采取措施后，应另一方请求启动磋商。

（三）临时双边保障措施的期限和形式

临时双边保障措施的期限不得超过200日。临时双边保障措施的形式包括中止协定规定的进一步降税安排，以及提高关税等。需要注意的是，如果采用提高关税形式，不得超过下列税率中较低的水平：

1. 采取措施时适用于该产品的最惠国关税实施税率；
2. 协定正式生效之日前一日适用于该产品的最惠国关税实施税率。

（四）关税或保证金的退还

如随后进行的调查确定增加的进口对国内产业未造成或者未威胁造成严重损害，则提高的关税或征收的保证金应予迅速退还。另外，临时双边保障措施的实施期限应被计为双边保障措施实施期限的一部分。

三、全球保障措施

全球保障措施是世界贸易组织成员在进口激增并对其国内产业造成严重损害或严重损害威胁时，依据《1994年关税及贸易总协定》及世界贸易组织的《保障措施协定》所采取的进口限制措施。保障措施的形式包括提高关税、实行关税配额以及进行数量限制等。全球保障措施的实施应该是无歧视的，即进口国应该对所有同类产品均采取相同的措施，不因出口方不同而进行差别对待。

《中国—澳大利亚自由贸易协定》还就全球保障措施做出了安排。根据该协定，中澳双方保留世界贸易组织中关于全球保障措施的权利与义务，不再赋予双方任何额外权利，也不增加任何额外义务。同时，对同一产品，全球保障措施和双边保障措施不可同时实施。

第四节　争端解决机制的一般安排

《中国—澳大利亚自由贸易协定》第十五章就本协定在解释和适用中引发的具体争端解决程序做出明确规定。当出现争端时，一方企业可以求助于本国政府部门，协定双方政府承诺尽最大努力通过合作达成共同满意的方案。如未能达成，则双方可以通过争端解决机制寻求解决方法。

一、适用范围和场所选择

如果协定一方认为另一方执行、解释和适用协定的方式不符合规定，以及认为另一方采取了不符合协定义务的措施或者没能履行应承担的协定义务，都可以适用本协定下的争端解决机制。对于协定的解释和适用涵盖了货物贸易、服务贸易、投资、贸易救济等章节规定的权利与义务。

除非另有规定，在双方均为缔约方的其他国际贸易协定下争端解决程序的权利的使用，不受本协定的影响。如果争端既涉及本协定下事项也涉及双方均为缔约方的其他国际贸易协定下的事项，起诉方可以选择解决争端的场所。

二、争端解决的程序

《中国—澳大利亚自由贸易协定》的争端解决机制的总体流程如图7-1所示：

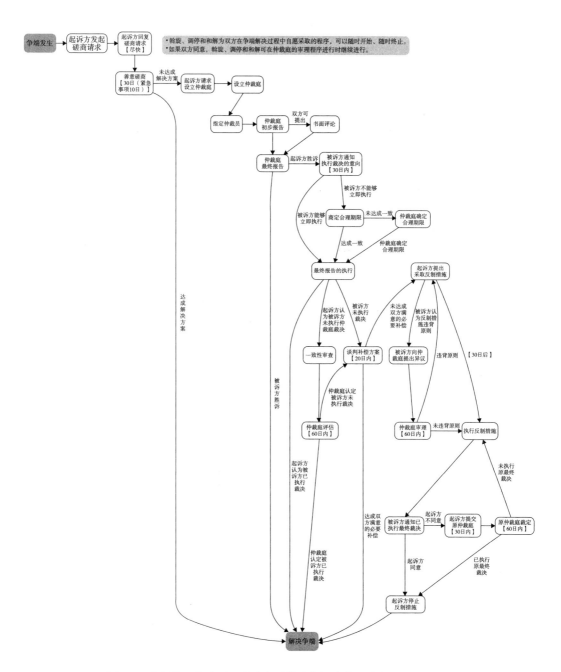

图7-1 《中国—澳大利亚自由贸易协定》投资者国家争端解决的流程

（一）磋商

争端解决程序的第一步是双方磋商，由一方以递交书面通知的方式向另一方发起，告知另一方提出请求的理由。另一方应立即回复该请求，并通过善意磋商，尽可能在30日（涉及易腐货物的紧急事项则为10日）内达成解决方案。

例如，中澳大麦关税争端问题就是在以合作方式无法达成解决方案的情况下，寻求争端解决机制，并以磋商作为争端解决的开端。

应国内大麦产业申请，商务部于2018年11月19日和12月21日发布公告，决定对原产于澳大利亚的进口大麦发起反倾销调查和反补贴调查。立案后，商务部严格按照中国相关法律法规和世贸组织相关规则进行调查。2020年5月18日，商务部发布2020年第14号和第15号公告，公布对原产于澳大利亚的进口大麦反倾销调查和反补贴调查的最终裁定，裁定原产于澳大利亚的进口大麦存在倾销和补贴，国内产业受到了实质损害，且倾销和补贴与实质损害之间存在因果关系。决定自2020年5月19日起对上述产品征收反倾销税和反补贴税，反倾销税率为73.6%，反补贴税率为6.9%（两者合计80.5%），征收期限为5年。

澳大利亚政府认为这种做法违背了协定义务，于2020年8月正式向中国提出复审申请，要求中国取消对澳大利亚大麦的关税。该复审申请遭到中国拒绝。2020年12月16日，澳大利亚在世界贸易组织争端解决机制下就中国对自澳大利亚进口大麦采取的反倾销和反补贴措施向中国提出磋商请求。

我国收到该磋商请求后，对澳大利亚提出磋商请求表示遗憾，将根据世界贸易组织争端解决程序进行处理。

（二）斡旋、调停和和解

斡旋、调停和和解为双方在争端解决过程中自愿采取的程序，可以随时开始、随时终止。如果双方同意，斡旋、调停和和解可在后续仲裁庭的审理程序进行时继续进行。

（三）仲裁庭程序

1. 仲裁庭的设立与组成

如果被请求方未能在30日（涉及易腐货物的紧急事项则为10日）内进行磋商，或双方的磋商未能在60日（涉及易腐货物的紧急事项则为20日）内解决争端，磋商发起方可书面请求设立仲裁庭审议争端事项。

不过，在任何时候，双方都可以随时同意斡旋、调停和和解，该程序可以随时开始、随时终止。

仲裁庭应在起诉方按规定提出请求时设立。此后15日内，各方应分别指定一名仲裁员（可以是本国国民），并在仲裁庭设立之日起30日内共同指定仲裁庭的第三名仲裁员，即仲裁庭主席。

如果双方未能在30日内就仲裁主席的人选达成一致意见，那么任何一方可请求世界贸易组织总干事在提出请求后30日内指定一名仲裁员。如果仲裁员辞职或不能履行职责，继任者应以原方式任命，且应享有原仲裁员的所有权利和职责。

无论仲裁员以何种方式产生，都应具备如下基本条件：

（1）具有法律、国际贸易、本协定项下其他事项或解决国际贸易协定项下争端的专业知识或经验；

（2）依据客观性、可靠性及良好判断进行严格挑选；

（3）独立于任何一方，并且不隶属于或听命于任何一方；

（4）未曾以任何身份处理过争端事项；

（5）遵守本章附件一规定的行为守则；

（6）仲裁庭主席应：不是任何一方的国民，并且不在任何一方领土内拥有常用住所。

2. 仲裁庭的职能

仲裁庭的主要职责有两项：一是审查起诉方设立仲裁庭时提及的事项，二是为争端解决提出基于法律和事实的裁决。双发也可以在设立仲裁庭后20日内，通过协商的方式约定仲裁庭的职能。

仲裁庭应客观评估各项与争端相关的事项，包括：

（1）案件事实；

（2）双方援引的本协定相关条款的适用性；

（3）争议措施是否与协定义务一致；

（4）被诉方是否履行应尽的义务。

仲裁庭在解释协定时，主要依据国际公法的相关惯例（包括1969年5月23日订于维也纳的《维也纳条约法公约》所反映的惯例），也会考虑世界贸易组织争端解决机构在裁决和建议中确立的相关原则。

仲裁庭的裁决对双方均具有约束力。裁决和建议不能增加或减少本协定所规定的权利和义务。

3. 仲裁庭程序的中止或终止

在任何时候，只要双方同意，仲裁庭程序可以随时中止或终止。

对于中止的情形，期限通过不能超过12个月。中止期间，任何一方都可以要求仲裁庭恢复工作。如果中止期超过了12个月，设立仲裁庭的授权应终止。当然，双方也可以另行约定中止期的最长时限。

如已达成双方满意的解决方法，双方可同意终止仲裁庭程序，且双方应共同通知仲裁庭主席。仲裁庭可在提交最终报告之前的任何阶段，建议双方友好解决争端。

4. 仲裁庭报告

仲裁庭在出具最终报告前会先提交一份初步报告，旨在向双方提交争端相关的事实认定及其理由。

初步报告通常在指定最后一名仲裁员后的90日内提交。如果未能按时提交，则必须书面通知迟延的原因和预计提交初步报告的时间。除非双方另有约定，否则迟延不能超过30天。

双方在收到初步报告后可以向仲裁庭提出书面评论。仲裁庭必须加以考虑并在此基础上做出进一步审查。

最终报告将在提交初步报告后30日内提交，双方另有约定除外。

最终报告提交给双方后，应在10日内向公众公开。

（四）最终报告的执行

如果仲裁庭的最终报告认定起诉方胜诉，那么被诉方应在最终报告提交之日起30日通知起诉方执行裁决的意向。如果不能立即执行，则应在合理期限内执行，该期限由双方在最终报告提交后45日内商定。通常该合理期限应在最终报告发布后15个月以内，但也可能视具体情况调整。

如果双方不能就合理期限达成一致，任何一方可以提请仲裁庭确定合理期限，仲裁庭在30日内（最多可延长15日）做出决定。

（五）一致性审查

如果起诉方认为被诉方未遵守仲裁庭的裁决，而被诉方认为己方已遵守，由此产生的争端也可以提交仲裁庭裁决，包括提交原仲裁庭裁决。

提出的时间或为合理期限届满，或为被诉方通知起诉方已遵守仲裁庭裁决时。

仲裁请求提交后，仲裁庭应尽快重新召集，客观评估被诉方是否已采取行动，采取的行动是否满足前仲裁庭裁决的要求，并在60日内向双方提交报告，阐述结论。

（六）补偿、中止减让和义务

如果被诉方未能在合理期限内执行仲裁庭裁决，或书面表示将不遵守仲裁庭裁决，被诉方应与起诉方进行谈判，以达到双方都满意的必要补偿。

如果谈判未能在20日内达成一致，起诉方可以向被诉方提交书面通知，表示将采取反制措施，对被诉方中止适用本协定下的减让或义务，程度应与仲裁庭认定不符的程度相当，限制在被诉方在协定下获得的利益的范围内。此外，反制措施应遵循以下原则：

1. 应首先在仲裁庭认定不符本协定义务的措施所影响部门进行；

2. 如认为对相同部门中止减让和义务不可行或无效，在说明原因的情况下，可中止其他部门的减让和义务。

如果被诉方反对提议的中止水平或认为上述原则未得到适用，可向原仲裁庭提出审查的书面申请。

仲裁庭应在60日内提交决定，确定起诉方拟中止的减让和义务的水平是否与不符水平相当。如果是新组建的仲裁庭，则应在指定最后一名仲裁庭成员后60日内提交决定。此仲裁庭的决定应是终裁，有约束力，可公开获得。

起诉方在提出中止意向通知30日后，或上诉仲裁庭做出裁决后开始中止减让和义务。减让和义务的中止应是临时的，且只适用到与协定不符措施取消或双方满意的解决方法达成之时。

在起诉方开始中止减让和义务，被诉方如认为已经执行最初仲裁庭的裁决，可以书面通知起诉方并描述其如何遵守义务。

起诉方如不同意，可在收到书面通知书后30日内将该事项提交原仲裁庭，原仲裁庭在该事项提交后60日内发布报告。

如果起诉方未提请仲裁，或仲裁庭认定被诉方已经消除不符之处，起诉法应立即停止中止减让和义务。

第五节　投资者—东道国争端解决

如果投资者及其投资权益因东道国政府违反协定义务而遭受损失，除求助于本国政府外，也可以依据投资者—东道国争端解决机制（ISDS）直接同东道国政府寻求解决方法，并可在必要时发起国际仲裁。需注意的是，习惯国际法要求寻求救济时须符合"用尽当地救济原则"，即受东道国侵害的投资者，除非用尽东道国所有可利用的各种法律救济，否则不能在国际层面要求救济。

一、什么是ISDS

ISDS条款是双边投资条约中的常见条款，据此，投资者可以指控东道方政府有违反条约义务的行为。ISDS允许投资者将其案件交由依照国际法规则审判的裁判机构进行裁决，而非仅依据东道方内部法律制度。

ISDS条款在自由贸易协定中也十分普遍，这一点非常关键。缔约国政府可能会出台一项与条约或自贸协定中的投资保护有所冲突的国内立法，例如，一国政府取消投资者采矿许可而不给予补偿，并通过出台地方法使该行为成为合法行为。这种情况下，如没有纳入 ISDS 条款，外国投资者就很难令该缔约方就其违反协定投资义务的行为承担责任，自贸协定中已达成的投资承诺只能是纸上谈兵。对中国赴澳大利亚投资企业而言，当与澳方发生争端时，ISDS 将起到"定心丸"的作用，为投资者提供充分的权利救济途径和有力的制度保障，进一步增强投资信心。

二、争端解决的程序

根据《中国—澳大利亚自由贸易协定》第九章（投资）第二节（投资者—国家争端解决）的规定，投资者与国家的争端解决机制的流程包括：

（一）先行磋商

根据《中国—澳大利亚自由贸易协定》关于 ISDS 的规定，投资者和东道国政府的争端必须以先行磋商的方式寻求解决方法。即"发生投资争端时，申诉方可在致使争端产生的措施或事件发生 2 个月后，向被申诉方送达书面磋商请求"。

申诉方在提交磋商请求时，需指明被诉方违反的条款、违反条款的措施或事件，明确陈述问题的法律和事实根据概要，寻求的补偿金额等。具体包括：

1. 申诉方的名称与地址，当代表当地分支机构提出诉请时，需一并注明该分支机构的名称、地址与注册地；

2. 指明被诉方违反的条款及其他任何相关条款；

3. 指明致使该诉请产生的措施或事件；

4. 指明是自行提出或代表企业提出；

5. 提供一份法律和事实根据概要；

6. 指明所寻求的救济、所主张的大致损害金额及其计算标准或依据。

提起磋商请求后，如争端双方达成了共同满意的解决方案，则双方应遵守并履行，不得延误。

被诉方也可以在收到请求30日内，向申诉方和非争端缔约方（不涉及投资争端的一方，对中国投资者而言是指中国政府）说明其立场理由（"公共利益通知"）。缔约双方采取的非歧视的和出于公共健康、安全、环境、公共道德或公共秩序等合法公共利益目标的措施，不应作为本节项下诉请的对象。

"公共利益通知"发送后的90日内，被诉方和非争端缔约方进行磋商。

（二）提交仲裁请求

如果被诉方收到磋商请求120日内双方都无法通过磋商解决投资争端，申诉方可以自行或代表其控制的当地分支机构提出仲裁请求，指出被诉方违反了投资章节的协定义务，并对己方造成了损失或损害。

投资者提交仲裁请求时，可依据《解决投资争端国际中心公约》《解决投资争端国际中心程序规则》《解决投资争端国际中心附加便利规则》或《贸易法委员会仲裁规则》，也可在和被诉方达成一致的情况下，依据其他仲裁规则，或向其他仲裁机构提请仲裁。如果以《解决投资争端国际中心附加便利规则》或《贸易法委员会仲裁规则》提交仲裁请求，争端双方及据此设立的仲裁庭应请求解决投资争端国际中心为仲裁程序提供行政服务。

依据各种机制成功提起仲裁请求的条件略有差异。

如果以《解决投资争端国际中心附加便利规则》或《贸易法委员会仲裁规则》提交仲裁请求，成功的条件是秘书长[①]收到《解决投资争端国际中心公约》第三十六条第一款所指的仲裁通知。

如果以《解决投资争端国际中心附加便利规则》提交仲裁请求，成功的条件是秘书长收到《解决投资争端国际中心附加便利规则》附录C第二条所指的仲裁通知。

如果以《贸易法委员会仲裁规则》提交仲裁请求，成功的条件是被诉方收到《贸易法委员会仲裁规则》第三条所指的仲裁通知和《贸易法委员会仲裁规则》第20条所指的仲裁申请书。

至于以双方共同约定的其他仲裁机构或仲裁规则提出的仲裁请求，以该

---

① 如无特殊说明，在本节中，秘书长是指解决投资争端国际中心秘书长。

机构或规则所指的仲裁通知为准。

仲裁通知的要求和磋商请求的要求基本一致。不同之处在于，仲裁通知需一并提供任命的仲裁员姓名或秘书长任命该仲裁员的书面同意。

需要注意的是，如果造成损失的行为或事件已久远，投资者将无法依ISDS提交仲裁请求。是否久远有两个判定标准：一是距离被诉方首次获悉已超过3年，二是行为或事件发生已经超过4年。值得注意的是，首次获悉并不以起诉方主观认定的获悉时间为准，而是以应该首次获悉的时间为准。例如，如果造成损失的事件已于3年前公示，那么即便投资者是两年前才注意到，也无法就该事件提起仲裁。

提交仲裁请求时，申诉方还需以书面方式做如下两项承诺：

1. 依据协定规定的程序进行仲裁；

2. 放弃通过其他机制就所诉违反协定的措施或事件进行任何程序的权利。

如果申诉方是代表当地分支机构发起仲裁请求，且申诉方的控制权未被剥夺，那么分支机构的其他所有人需放弃发起仲裁，并在申诉方提起仲裁时一并以书面承诺的方式提交。

在仲裁悬而未决期间，申诉方可依据被诉方法律规定，在被诉方的司法和行政庭发起（或继续要求）临时禁制令救济，以保护自身利益。

（三）仲裁

1. 组成仲裁庭

通常仲裁庭由三名仲裁员组成，其中争端双方各任命一名仲裁员，第三名仲裁员应作为主席，由争端双方共同任命。争端双方如果同意，也可以只任命一名独任仲裁员。

如果递交仲裁后90日内未能组成仲裁庭，任命机构（通常由秘书长担任）应根据争端一方的请求，从仲裁人员名单中任命余下的仲裁员。

仲裁人员名单由缔约双方共同建立，由不少于二十名拥有专业知识或经验的仲裁员构成。缔约双方各选择五名以上仲裁员，并共同选择至少十名来自非缔约方国民的个人仲裁员。

2. 确定仲裁的地点

争端双方可以约定仲裁的法定地点，如未能达成一致，则由仲裁庭确定。

3. 确定仲裁庭的管辖权

在诉讼过程中，被诉方可以挑战仲裁庭的仲裁权，即认为针对申诉方的诉请，仲裁庭不能依据协定做出有利于被诉方的裁决。在多数情况下，仲裁庭会将被诉方的挑战作为预先问题予以解决并做出决定。

此决定通常会在被诉方提出异议后的150日内做出。如果争议一方要求举行听证会，那么仲裁庭可延长30日做出裁决或决定。此外，仲裁庭也可在表明特殊原因的情况下，延迟（不超过30天）发布裁决或决定。

在合理的情况下，仲裁庭可裁决支持胜诉方在提出异议或反对异议过程中支出的合理费用和律师费。

4. 陈述

争端双方可就《中国—澳大利亚自由贸易协定》投资章的解释向仲裁庭提交口头与书面陈述。仲裁庭也可能在争取双方书面同意后，允许争端方以外的一方或实体针对争端范围内的事项，向仲裁庭递交书面法庭之友^①陈述。

即便根据赔偿、保险或担保合同，申诉方或企业已经或将得到对其全部或部分损失的赔偿，也不会成为被诉方抗辩、反诉的理由。

如被诉方同意，仲裁庭通常会举行公开听证会。如准备在听证会中使用被归为受保护的信息，应在提交仲裁庭时明确予以指定，并且在提交含有受保护信息的文件之日起7日内，提交一份编辑过的不含受保护信息的该文件版本。对于受保护信息，争端双方或仲裁庭均不得向非争端缔约方或公众披露。

5. 准据法

仲裁庭解释本条约并对争端事项做出决定的依据主要是1969年5月23日订于维也纳的《维也纳条约法公约》所规定的解释国际公法的惯例，在相关和适当的情况下，也会考虑被诉方的法律。

缔约双方通过投资委员会做出对协定某一规定如何解释的共同决定，对

---

① 法庭之友是指"不属诉讼一方而主动或应法庭邀请就案件提供意见或协助的人"。

仲裁庭也具有约束力，仲裁庭做出的决定或裁决必须符合该共同决定。特别是当被诉方抗辩称，被诉违反协定的措施属于不符措施清单所述条项范围时，仲裁庭会根据被诉方的请求，要求缔约双方做出解释，并在 90 日内提交有关声明解释的共同决定，否则将由仲裁庭对此事项做出决定。

此外，缔约双方关于某项措施是否属于《中国—澳大利亚自由贸易协定》第九章（投资）第十一条四款（"一方采取的非歧视的和出于公共健康、安全、环境、公共道德或公共秩序等合法公共利益目标的措施，不应作为本节（ISDS）项下诉请的对象"）所述类型的决定也对仲裁庭具有约束力，仲裁庭做出的决定或裁决必须符合该共同决定。此类决定旨在解释某项措施是否属于缔约方采取的非歧视的和出于公共健康、安全、环境、公共道德或公共秩序等合法公共利益目标的措施。

6. 专家报告

如果争端一方请求或双方都默认，仲裁庭可自行任命一名或多名专家，就争端一方在仲裁过程中提出的涉及环境、健康、安全或其他科学性事项的事实性问题，在符合争端双方可能同意的条件的前提下，向仲裁庭提交书面报告。

7. 合并审理

如果两项或多项仲裁诉请涉及共同的法律或事实问题，并由相同事项或情况所引发，在征得所有其他争端方同意的情况下，争端双方可寻求一项合并审理的命令。

在征求其他争端方同意时，需向秘书长和其他争端方提交书面申请，并在申请中指明涵盖的所有争端方的名称与地址，申请命令的性质，以及申请命令的理由。

在收到书面申请后，除非在 30 日内认为理由明显不充分，秘书长应根据此申请设立一个仲裁庭。仲裁庭可出于公平有效地解决诉请的目的，在听取争端各方意见后，通过命令：

（1）对所有或部分诉请行事管辖权；

（2）对其认为裁决结果有助于解决其他诉请的一个或多个诉请行事管

辖权；

（3）指示之前设立的仲裁庭对所有或部分诉请行使管辖权，前提是：

①应任何从未在该仲裁庭作为争端方的申请人请求，该仲裁庭应由原先的成员重新组建。

②仲裁庭应决定先前已进行的听证是否应重新进行。

在仲裁庭已对一项诉请或该诉请的一部分行使管辖权后，该诉请所形成的仲裁庭不应再具有管辖权。而且，争端一方可申请在合并审议仲裁庭作出决定之前，向合并审议仲裁庭申请，要求诉请仲裁庭中止仲裁程序。

投资人的诉请如之前未被列入已设立的合并审议请求中，也可向仲裁庭提出书面申请，要求列入合并审议仲裁庭作出的命令中。

8. 裁决

当仲裁庭做出不利于被诉方的裁决时，仲裁庭只可单独或一并裁决：

（1）金钱赔偿和任何适用的利息；

（2）财产返还，此时裁决应规定被诉方可支付金钱赔偿和任何适用利息来代替财产返回。如诉请是由申诉人代替在被诉方企业发起，裁决还应做额外规定，返还财产和（或）金钱赔偿和适用利息应支付给企业，以及裁决不影响任何人根据适用的国内法律法规寻求救济的权利，只要鉴于已作出的裁决，该救济不会对任何人给予或产生重复救济。

仲裁庭也可对仲裁费用和律师费做出裁决。

仲裁庭不可做出惩罚性赔偿的裁决，且除特定案件外不具约束力。

争端一方在满足如下条件的情况下可以寻求执行裁决，双方应遵守并履行裁决，不得延误。

（1）如果是根据《解决投资争端国际中心公约》作出的终裁，自裁决作出之日起已满120日，且无争端方请求修改或撤销裁决；或者修改和宣告裁决无效的程序已结束。

（2）如果是根据《解决投资争端国际中心附加便利规则》《贸易法委员会仲裁规则》或根据双方达成一致的其他规则作出，自裁决作出之日起已满90日，且无争端方启动修改、搁置或撤销裁决程序；或者法院已驳回或批准了修改、搁置或撤销裁决的申请，且无进一步上诉。

　　需要注意的是，通过 ISDS 解决投资纠纷往往需要较长的周期和较高的成本。因此，投资者在投资前应做好充分调研，尽可能规避容易产生投资纠纷的领域，或者提前做好完备的风险防范；投资后如果与东道国的投资纠纷无法避免，投资者应及时向母国政府机构报备，以便在母国政府支持的情况下通过友好协商的方式快速高效地解决纠纷。

结　语

《中国—澳大利亚自由贸易协定》是中国与世界重要发达经济体签署的第一个自由贸易协定。该协定的谈判过程相对较长，全面见证了近十年中澳双边经贸合作关系的发展历程。该协定内容包括货物贸易、原产地规则、海关程序及贸易便利化、卫生与植物卫生措施、技术性贸易壁垒、贸易救济、服务贸易、投资、自然人移动、知识产权、电子商务、透明度以及争端解决等，具有覆盖范围广、开放水平高、优惠政策多等特征。该协定是中国已签署自由贸易协定中货物贸易自由化水平最高的协定之一。同时，该协定也是我国第一个在服务贸易承诺表中以负面清单承诺形式签订的自由贸易协定。该协定致力于开拓两国合作共赢的新空间，为两国企业提供多元且持续的成长机会。本书本着通俗易懂和注重实用的原则对该协定的内容进行了全面解读和阐释，旨在帮助各方更加充分地理解及利用该协定。

货物贸易

• 在总体原则上，中澳双方承诺遵守世界贸易组织规则，相互给予国民待遇，原则上不采取非关税措施并按照承诺安排逐步取消关税，确保非关税措施的透明度，并设立货物贸易委员会对非关税措施进行审议。

• 澳大利亚已于2019年1月1日将全部原产于中国的进口产品的关税削减至零，完成了协定下的关税减让义务。这对中国出口企业而言是重要利好消息。目前，中国企业出口产品时，在取得规定的优惠原产地证明文件后，即可以零关税进入澳大利亚市场。

• 中国的关税减让安排尚未全部结束，各类产品关税的具体情况有较大差异，大部分产品已实现零关税进口，少数类别产品将在未来几年内按照承诺要求完成关税减让。中国进口企业应及时关注不同产品关税调整情况，从中寻找商机，敦促澳大利亚出口方及时开具优惠原产地证明，降低成本。中国进口竞争企业也应根据国内市场需求及关税变化等信息科学制定策略，应对挑战。

• 中国对部分羊毛、牛肉和奶粉等产品的进口采取了特殊的贸易安排。其中，中国对原产自澳大利亚的羊毛产品实施国别关税配额管理，对牛肉和奶粉产品实施农产品特殊保障措施。

原产地规则及程序

• 原产地被称为货物的"经济国籍"，在自贸协定货物贸易自由化的实施过程中，发挥着至关重要的作用。本书就《中国—澳大利亚自由贸易协定》第三章原产地规则进行深度解读。

•《中国—澳大利亚自由贸易协定》项下货物原产规则主要由原产地标准和补充规则组成。其中，原产地标准明确了原产货物的涵盖范围，列明了货物适用原产资格的具体条件；补充规则对累积、微小加工和或处理、微小含量、可互换货物或材料、包装及容器、直接运输要求等做出了规定。

• 针对《中国—澳大利亚自由贸易协定》原产地证书申领实务进行操作指导，并围绕该协定原产地规则衍生出的应用策略辅导广大企业、特别是中小企业更好地理解和应用该协定核心规则和优惠政策。

服务贸易

•《中国—澳大利亚自由贸易协定》中，中国和澳大利亚双方在众多服务部门作出的开放承诺均达到各自自贸协定的较高水平。

• 中国在入世承诺基础上，以正面清单方式承诺对澳大利亚进一步开放部分服务部门，并纳入上海自由贸易试验区的部分自主开放举措。整体来看，中国对澳大利亚服务贸易开放水平较高。商业服务中的多个部门，允许澳大利亚设立外商独资企业。环境、旅游、运输、建筑服务也达到了较高开放水平。近年来中国在银行、保险、证券等金融领域采取了进一步的开放措施，超出了中国在《中国—澳大利亚自由贸易协定》框架下做出的承诺，这些新的开放措施同样适用于澳大利亚。

• 澳大利亚以负面清单方式开放服务部门，整体而言对中国的服务开放水平较高，多数部门为中国企业进入澳大利亚大市场提供了机遇。澳大利亚专门针对中方投资项下工程和技术人员赴澳设立新的便利机制，系发达国家首次对中国作出特殊便利安排，有助于缓解中国在澳大利亚企业劳动力短缺和高用工成本等压力，促进中国企业在澳大利亚从事投资活动。澳大利亚每年为中国青年赴澳提供一定数量的假日工作签证，并向中国特色职业人员提供一定数量的入境配额，便利人员流动。

投资

• 《中国—澳大利亚自由贸易协定》中，中国和澳大利亚双方都做出了较高标准的投资保护和投资自由化承诺。协定涵盖国民待遇、最惠国待遇、不符措施、一般例外等重要条款，是两国投资者的重要权益保障。

• 中国承诺在投资的设立和获得阶段给予澳大利亚投资者最惠国待遇，在投资的扩大、管理、经营、运营、出售和其他处置阶段给予澳大利亚投资者国民待遇和最惠国待遇。

• 澳大利亚在投资的设立、获得、扩大、管理、经营、运营、出售和其他处置阶段给予中国投资者国民待遇和最惠国待遇，并放松了部分对中国投资者项目的外资审查。

其他领域

• 《中国—澳大利亚自由贸易协定》中关于其他领域规则所涵盖的合作领域非常广泛。协定就卫生与植物卫生措施、技术性贸易壁垒、自然人移动、知识产权保护以及电子商务等领域的双边合作安排均做出了详细约定。本书第六章从上述五个方面对协定进行了详细解读，并选取典型案例进行分析，以帮助企业充分利用协定中的优惠条件并从中受益。

• 电子商务方面，该协定在电子交易免征关税、为在线消费者和在线数据提供保护、鼓励使用数字证书、鼓励双方在电子商务领域的研发合作等方面做出了进一步努力，这有利于企业降低运营成本，提高工作效率，同时为电商企业发展提供了新的机遇。此外，协定特别强调对于网络消费者信息的保护，支持中澳双方以其认为合适的方式为使用电子商务的消费者提供保护，进一步提升企业信息保护自由度，推动中澳企业在电子商务方面的合作。

• 协定对于卫生与植物卫生措施信息交流的透明度做出了明确规定。卫生与植物卫生委员会以及磋商机制的建立，有利于帮助企业及时解决双边检验检疫中可能存在的问题。

• 协定在消除贸易壁垒、风险控制和持续推进贸易便利化等方面做了进一步规定，促进合格评定结果互认，以便利双边贸易。

• 协定针对知识产权保护问题做出了详细规定，在体现包容性的基础上，充分考虑两国知识产权规则的差异性和发展现状，为中国企业充分利用相关规则条款维护自身权益提供了法律依据。

贸易救济与争端解决

•《中国—澳大利亚自由贸易协定》的贸易救济条款全面涵盖了双边保障措施、全球保障措施、反倾销措施以及补贴与反补贴措施等内容。双方基本保持了在世界贸易组织相关协定中的约定义务。需要注意的是，近年来，澳方对中国提出的反倾销和反补贴调查及诉讼较多，中国企业在对外贸易实践中应对相关国际规则进行深入学习，切实保护好合法权益。

•《中国—澳大利亚自由贸易协定》的争端解决条款规定了如何解决因解释协定和适用协定而引发的争端，包括争端解决机制的适用范围、启动条件、仲裁程序和注意事项等。

•《中国—澳大利亚自由贸易协定》涵盖了 ISDS 条款。投资者在其权益因东道国政府违反协定义务而遭受损失时，可借助此条款直接同东道国政府寻求解决方法，并可在必要时发起国际仲裁。协定详细说明了 ISDS 的适用范围、提交仲裁请求的条件、仲裁程序和注意事项等。

总之，中国和澳大利亚是世界及亚太地区具有重要影响力的经济体。两国在货物贸易、服务贸易及投资等领域的经济联系不断深化，中国已经发展成为澳大利亚重要的贸易和投资伙伴。《中国—澳大利亚自由贸易协定》是一项高质量和全面综合的自由贸易协定，该协定的签署具有重要的战略意义，对双边经贸关系具有深刻长远的影响。同时，该协定的实施也将为中国企业创造了更加可观的市场机会。中国企业应高度重视该协定相关政策措施的落实与实施情况，通过对协定内容的深入学习，把握机遇，发掘市场潜力，在更加广阔的国际市场实现开拓创新。

后　记

　　自由贸易协定商务应用指南丛书终于付梓出版，与广大读者见面了。作为多年自由贸易协定谈判的参与者、见证者，我感到无比欣喜。这套丛书共计16册，涵盖了从《中国—东盟自由贸易协定》到《区域全面经济伙伴关系协定》我国迄今签署并生效的所有自由贸易协定，是对中国自由贸易协定最全面最详实的解读，希望能够成为广大企业和从业人员利用自由贸易协定规则、开展国际贸易和跨境投资活动的最直接、最有效的工具书。

　　当今世界，自由贸易协定作为世界贸易组织规则的有益补充，正在发挥着越来越重要的作用。据世贸组织统计，截至2021年10月，世界各国已经生效并正在实施的自由贸易协定达到353个，而且数量呈加速增长态势，仅2021年上半年就有17个自由贸易协定被通报至世贸组织。目前，每一个世贸组织成员均参与了至少一个自由贸易协定。就货物贸易而言，自由贸易协定覆盖了世界近50%的贸易额，有20%的全球贸易发生在基于优惠关税税率的自贸伙伴之间。自贸协定成员间的服务贸易和相互投资也呈现上升态势。同时，现代的自由贸易协定已经超越传统的世贸组织规则范围，纳入了投资、竞争、电子商务、政府采购、环境、劳动力、中小企业等新条款，涉及内容从"边境上"向"边境后"拓展，成为国际经贸新规的探路者和先行军，对国际经贸规则重构具有重要的示范和导向意义。

　　积极商签自由贸易协定、建立自由贸易区是我国的一项重要战略。截至目前，我国已同26个国家和地区签署了19个自由贸易协定，涵盖了我国35%的货物贸易、33%的服务贸易和80%的相互投资。充分利用自由贸易协定的优惠政策，可以极大改善我国企业的市场准入条件，降低经营成本，增强我国产品、服务和投资的国际竞争力。与此同时，自由贸易协定所包含的规则制度也逐渐成为我国企业开展国际化经营必须掌握和遵循的营商准则。据我国海关统计，2020年，我国享受优惠关税进口的货值达到10340.7亿元，税款减免832.6亿元，企业从中得到了实实在在的利益。我国"十四五"规划提出，加快推进规则、规制、管理、标准等制度型开放，构建与国际通行规则相衔接的制度体系和监管模式，自由贸易协定就是一个不容忽视的重要参照系。

由于每一份自由贸易协定都是一份法律文件，为了保证协定法律上的严谨性和规范化，自由贸易协定的文字往往比较晦涩难懂，甚至有些佶屈聱牙，广大企业和从业人员阅读理解起来并非易事。为了解决这一问题，中国贸促会组织各方专家力量，历时近一年时间，编写了这套丛书，从商务应用的角度对我国目前签署并且生效的全部自由贸易协定进行解读，目的就是便于相关企业和人员学习掌握，真正把这些自由贸易协定转化为企业开展进口与出口、吸引外资与对外投资的"通行证"和"优惠券"。

本套丛书有以下突出特点：

一是全面性。目前对我国自由贸易协定的解读文本不少，但总体上还是比较零散的，尚没有形成一个完整的体系。本套丛书按照协定签署的时间顺序，从2002年11月我国达成的第一个自由贸易协定《中国—东盟自由贸易协定》写起，到2022年1月生效的《区域全面经济伙伴关系协定》收笔，依时排列，共计16册，囊括了我国正在实施的每一个自由贸易协定，时间跨度近20年，既做到了"一区一册"，又实现了系统集成，使得读者一套丛书在手，便可尽览我国所有自由贸易协定。

二是系统性。本套丛书对每一个自由贸易协定的解读都独立成册，但在编写过程中也充分考虑到整套丛书内容和体例的协调统一。每册指南都包含了协定签署的时代背景、货物贸易、原产地规则、卫生与植物卫生措施、技术贸易壁垒、贸易救济、海关合作与贸易便利化、服务贸易、投资、电子商务、知识产权、争端解决等内容，章节顺序也尽可能保持一致，以便于读者系统把握每个自由贸易协定的核心要义和横向比较各个自由贸易协定的规则异同。

三是专业性。本套丛书的编写者都是多年从事国际贸易投资研究的专家学者，在写作过程中又广泛听取了商务部、海关总署等有关政府部门直接参与协定谈判人员的意见建议。文稿内容涵盖了我国自由贸易协定的全部主要章节要素，既有对经贸术语的释义，也有对案文条款的解读，结构完备，体系严密，内容全面，分析严谨，逻辑性强，对每一项规则的解释说明都力求准确到位，具有较高的专业水准，是当前关于自由贸易协定最具权威性的参考文献之一。

四是实用性。本套丛书面向的读者对象主要是广大企业和从业人员，因此，实用性始终是编写者追求的重要目标。丛书聚焦自由贸易协定的两大核心主题，即市场准入安排和规则制度设置，着重对自由贸易协定所包含的货物贸易、服务贸易、投资领域的市场准入机会按产品、分行业进行详细分析；同时，又对竞争政策、知识产权保护、贸易救济措施、争端解决机制等规则应用展开具体解读，并在每一章节辅以案例予以生动说明。通过阅读本套丛书，读者不仅可以充分掌握各类市场准入机遇，更好开拓国际市场，而且能够有效利用协定规则，维护自身的合法权益。

五是通俗性。作为对自由贸易协定这类法律文件的解读，本套丛书在保证各个协定法律原意的基础上，力求通俗易懂，尽量使用非专业人士容易理解的文字解释协定的条款内容；同时，为应对协定可能引发的各类问题，如贸易救济、争端解决等，制定了清晰明白、可以直接参用的路线图，从而使阅读本套丛书的每一家企业、每一个从业人员都能够读得懂、用得上。

本套丛书的中国—韩国篇、亚太贸易协定篇、中国—格鲁吉亚篇、中国—瑞士篇、中国—巴基斯坦篇、内地与港澳篇和海峡两岸篇由山东大学组织编写，刘文教授担任负责人；中国—新加坡篇、中国—智利篇、中国—秘鲁篇和中国—哥斯达黎加篇由中国人民大学和对外贸易经济大学组织编写，王亚星教授、卢福永副教授担任负责人；中国—新西兰篇、中国—冰岛篇和中国—澳大利亚篇由南开大学组织编写，于晓燕副教授担任负责人；中国—东盟篇和《区域全面经济伙伴关系协定》篇由南京大学组织编写，韩剑教授担任负责人。此外，丛书每篇中的原产地规则解读及应用章由中国贸促会商事认证中心组织编写，闫芸主任担任负责人。对于他们的专业精神和辛勤付出，在此表示衷心感谢！本套丛书在编写过程中也得到了商务部、海关总署等有关领导和同志的悉心指导和斧正，在此一并致谢！

　　本套丛书涉及的协定内容广博，条文复杂，受主观和客观条件的制约，解读未必完全精准，疏漏错误在所难免，诚恳希望广大读者朋友批评指正。

　　中国贸促会将以本套丛书的出版发行为契机，认真落实党中央关于实施自由贸易区提升战略的决策部署，立足新发展阶段，贯彻新发展理念，围绕构建新发展格局要求，与时俱进，履职尽责，密切跟踪我国商签自由贸易协定的新进展，继续做好未来新签自由贸易协定商务应用指南的编写工作；同时，进一步加强宣传推广，让我国在自由贸易领域的最新开放成果，更快更好地惠及我国企业和人民，为服务我国建设社会主义现代化国家的宏伟目标作出积极贡献。

中国国际贸易促进委员会副会长

张少刚

2022年10月8日